应用经济学论丛——金融保险系列

金融发展差异与中国区域经济增长非均衡性研究

Research on Differences of Financial Development and Imbalance of Regional Economic Growth in China

王婷　叶军　著

南开大学出版社

天津

图书在版编目(CIP)数据

金融发展差异与中国区域经济增长非均衡性研究 /
王婷,叶军著. —天津:南开大学出版社,2012.8
(应用经济学论丛. 金融保险系列)
ISBN 978 -7-310-03888-6

Ⅰ.①金… Ⅱ.①王… ②叶… Ⅲ.①区域经济－经济增长
－研究－中国 Ⅳ.①F127

中国版本图书馆 CIP 数据核字(2012)第 089348 号

南开大学出版社出版发行
出版人:孙克强
地址:天津市南开区卫津路 94 号 邮政编码:300071
营销部电话:(022)23508339 23500755
营销部传真:(022)23508542 邮购部电话:(022)23502200

＊

天津泰宇印务有限公司印刷
全国各地新华书店经销

＊

2012 年 8 月第 1 版 2012 年 8 月第 1 次印刷
230×155 毫米 16 开本 13.75 印张 4 插页 209 千字
定价:30.00 元

如遇图书印装质量问题,请与本社营销部联系调换,电话:(022)23507125

前　言

　　区域经济的非均衡增长是改革开放以来中国经济发展格局的鲜明特征，也成为困扰我国当前和今后一个时期经济发展的重要矛盾之一。区域金融的发展在节约交易成本、影响储蓄率、促进资本加速形成、提高资本配置效率以及为产业结构的优化升级提供资金支持等方面，对于区域经济发展有着重大意义；同时，区域经济的增长也在维护和改善金融生态、动员和累积金融资源等方面为金融系统的培育和发展提供了土壤及动力。因此，区域金融与区域经济增长之间实际上存在着一种双向反馈作用。从金融发展差异的角度审视区域经济增长的非均衡格局，对于认识金融因素在区域发展过程中的影响和作用，进而通过金融环境的塑造和金融工具的运用促进区域经济的均衡增长和协调发展，具有积极的政策意义。

　　本书首先从理论上深入揭示了区域经济增长与金融发展之间存在着双向反馈的内在机理；然后在全面系统地界定并测算区域经济增长与金融发展差异的基础之上，使用实证方法对三大类金融资产的区域差异与经济增长非均衡性之间的相互作用进行了检验及比较分析；接着对我国区域经济增长与金融发展非均衡的演变态势进行了估测。主要研究内容及结论如下：

　　第一，对金融发展和区域经济增长的内生关系，以及金融发展差异的形成机理及其对区域经济非均衡增长的作用机制进行理论阐述。

　　第二，从总量、结构和效率三个方面分别探讨中国区域经济发展的非均衡性：在总量差异渐次扩大的过程中，经济增长速度有收敛的趋势，同时省际人均差异呈现出 U 形的变化特征；在结构方面，区域经济增长差异与三次产业构成有直接关系，随着工业化水平的提升，省际差异降低；在效率方面，区域固定资本形成总额差异逐步扩大并表现出逆周期波动的特征。

第三，将城乡和省际金融差异纳入统一的框架使用泰尔指数分解方法进行分析：三大类金融资产的省际差异方面，证券类金融资产分布的省际差异最大，货币类和保险类金融资产的地区配置差异相当；城乡金融发展差异普遍高于省际差异。

第四，从实证角度考察金融因素对区域经济增长贡献度的阶段性特征。通过将金融市场的引入按属性和时段进行划分，发现对经济总量增长、产业结构提升和生产效率改进的综合推动作用，以信贷市场为最大，其次为证券市场，而保险市场的影响较小且多不具有显著性。

第五，使用省际面板数据分别从经济发展与社会培育两个方面对地区间货币类、证券类及保险类金融资产配置的影响做出验证：地区经济发展水平和社会发育程度对货币类金融资产地区配置差异有着显著影响，并且社会发育程度对金融发展的影响作用更加深远；证券类金融资产区域分布与地区经济社会发展水平的联系程度不高；保险类金融资产的相关程度最低。

第六，使用 VAR 模型，对区域经济非均衡发展与地区金融差异的双向反馈效应进行了实证检验，从而分析改革开放以来我国区域金融差异与区域经济增长非均衡性的演变特征。通过对省际金融发展差异、经济增长差异以及金融市场效率差异之间的关系进行协整分析，得知这三个变量之间具有稳定的协整关系，并且省际金融资产总量差异与省际经济总量差异之间互为格兰杰原因；金融发展区域差异的产生主要由地区经济增长的非均衡性来解释。

第七，基于 β 收敛方法检验区域金融发展和区域经济增长的趋同性，发现省际金融发展差异总体呈显著收敛态势，省际经济增长差异总体呈弱收敛态势；基于 ARMA 模型的预测显示，区域金融发展差异缩小的趋势仍将延续，而区域经济增长在弱收敛的长期趋势下，今后一个时期内的短期特征仍以弱发散性为主。

本书最后从欠发达地区金融生态环境培育、充分发挥政策性金融作用和差异性区域金融及货币调控等方面给出了本研究的政策含义。

目　录

第一章　导　论

第一节　研究的背景和意义

改革开放以来，我国总量经济的增长取得了举世瞩目的巨大成就，而反观这一时期区域经济的发展则呈现出了较明显的空间非均衡性，区域经济发展差异的演化进程也呈现出阶段性的变化态势。从改革发端到20世纪90年代初期的十余年间，我国区域经济增长差距总体呈现出逐渐缩小的趋势，但此后至今的二十多年来，区域间的经济增长差距又在渐次拉大。省际之间和东中西三大地带之间在经济总量、产业结构和增长效率等层面的差距扩大，并已经形成了区域经济的非均衡增长格局，区域经济发展的失衡已成为困扰我国当前和今后一个时期经济发展的重要矛盾之一。

虽然在改革开放以来东部沿海率先发展的"梯度性"区域制度与资金供给的背景之下，我国地区经济的非均衡增长具有现实必然性，并且其在某种程度上也反映了市场经济条件下资源优化配置的效率要求，但是这种非均衡增长客观上拉大了区域间的贫富差距，造成区域发展的"极化效应"远高于"涓滴效应"，也是不争的事实。因此，在承认区域经济非均衡增长格局具有现实性的同时，必须控制区域经济发展的非均衡程度，充分发挥经济发达区域对欠发达区域的示范和辐射作用，以解决我国经济发展中区域严重失衡的瓶颈问题。

对于我国区域经济发展差异或非均衡性的考察，现有的研究大多侧重于从地理区位、资源禀赋、政策制度等角度加以解释。但是，无论是在短期还是长期，资本积累和技术进步（生产效率）都是经济增长的主要源泉，进而也是影响区域经济增长差异的重要因素，而区域金融的发展至少在（也恰好在）节约交易成本、影响储蓄率、促进资本加速形成、提高资本配置效率以及为产业结构的优化升级提供资金支持等方面，对于区域经济发展有着重大意义；同时，区域经济的增长也在维护和改善金融生态、动员和累积金融资源等方面为金融系统的培育和发展提供了土壤及动力。因此，区域金融与区域经济增长之间实际上存在着一种双向的反馈效应，从这个意义上讲，区域金融发展的差异应当是区域经济增长非均衡性的一个重要解释变量。从金融发展差异的角度审视区域经济增长的非均衡格局，对于认识金融因素在区域发展过程中的影响和作用，进而通过金融环境的塑造和金融工具的运用促进区域经济的均衡增长和协调发展，具有积极的政策意义。那么区域金融发展差异到底体现在哪些方面？如何界定并系统地测度区域间的金融发展差异？我国区域经济增长非均衡的性质及其演变态势是怎样的？金融发展的区域差异是以何种机理并且在多大程度上加剧了区域经济增长的非均衡性？这两方面差异的发展趋势是收敛还是发散的？如何从改善金融环境入手实现区域经济的均衡发展？对这一系列问题进行深入研究，有着较大的学术意义和现实价值，对其分别予以解答和阐释也将是本书的主题。

第二节　相关研究综述

区域金融理论在很大程度上是一个由区域经济学与金融学交叉形成的研究领域。从国内外的已有文献来看，这两个学科在各自的理论发展过程中，除对某些共同关心的现实问题，如区域间或国际间的增长趋同问题，曾有过交叉研究之外，关于区域金融发展这一主题的较完整的理论探讨为数不多。虽然所涉及的两个学科长期以来彼此相对独立，但现有的金融发展理论和区域经济增长理论的研究成果极为丰富，从而为在金融视野下审视区域经济的发展，以及基于区域经济来探讨空间金融发展与板块经济增长之间的互动关系提供了有力的理论指引。有鉴于此，我们在综述相关研究时，主要侧重于区域金融理论研究方面的文献，旨在通过对金融发展理论与区域经济增长理论的回顾，进一步厘清二者之间的理论关联，从而为本书对我国金融发展差异与区域经济非均衡增长关系的实证研究奠定理论基础。此外，为了明确我国金融和区域经济发展差异研究的现状，突出本书在研究角度、论证方法以及观点结论方面可能的创新点，我们对近年来我国区域金融方面的实证研究也做了综述。

1.2.1 金融发展的一般理论

二战以后，西方国家金融机构的数量和金融资产的规模迅速扩张，战后经济增长的"黄金时期"始终伴随着金融业的繁荣。于是自 20 世纪中期开始，金融本身在经济发展过程中的地位和作用日益受到经济学界的重视。20 世纪 50 年代，格利（Gurale，1955）和肖（Shaw，1956）的两篇论文开启了金融发展理论的研究，他们将货币经济学的范式延伸应用于对金融与经济发展之间关系的研究，探讨了金融中介在动员储蓄资源、促进资本积累和投资增长过程中的作用。格利和肖在 1960 年出版的《金融理论中的货币》中进一步深入分析了货币资产和非货币金融资产的性质，强调金融工具尤其是金融制度和金融市场的完善对于经济发展的重要意义。虽然这是关于主权经济体的金融理论的早期探讨，但是其研究国际经济层面的金融视角也为后来区域金融理论的发展提供了借鉴。

金融发展概念的厘清，最早是由戈德史密斯（Goldsimith，1968）完成的。在《金融发展与金融结构》一书中，戈德史密斯分析了经济发展的不同阶段所对应的金融模式，强调经济发展过程中金融结构的变动，把金融发展的推动因素归结为金融结构、金融工具存量和金融市场交易等三个方面。在对金融发展与经济增长的实证研究中，虽然戈德史密斯未对经济增长与金融发展之间相互关系的方向做出明确界定，但是确认了经济与金融"平行发展"的关系。此外，戈德史密斯开创性地研究了国家之间的金融差异问题，指出金融发展的差异是各国处于不同发展水平的反映，在经济由低级阶段向高级阶段过渡的道路上，金融发展的差异也会呈现出一定的规律性，如金融相关比率（Financial Interrelations Ratio）、资产的规模、金融机构的数量以及银行系统的地位等都将呈现出某种阶段性的变化。

20 世纪中后期，发展中国家与发达国家之间在金融环境和收入水平方面的巨大差异成为经济理论研究的热点之一。麦金农（McKinnon，1973）和肖（Shaw，1973）将金融发展理论关注的重点和研究对象明确转移到了发展中国家和地区，研究金融发展与资本积累、生产率水平以及经济增长之间的关系，探讨货币金融变量与经济增长之间的作用机制。他们将发展中经济体货币金融体系的特征归结为"金融抑制"（Financial Repression），指出经济管理当局对金融市场准入、金融机构设置和金融资金运营的管制，限制了信贷资金的供给，造成金融资源配置的低效率。因此，麦金农和肖主张发展中国家应推进"金融深化"（Financial Deepening），即放松对金融业的行政管制，通过对金融市场的培育，建立高效的金融体系，从而理顺储蓄—投资转化机制，促进本国的资本积累和经济增长。此外，麦金农和肖还提出了测度发展中国家金融深化状况的指标，如货币供应量和金融资产在一国经济总量中的比重等，后来均成为衡量国家间乃至区域之间金融发展差异的通行指标。

20 世纪八九十年代，一方面，新增长理论、新古典宏观经济学等学说和流派兴起，进一步拓宽了审视经济运行的金融视角，从而为金融发展理论注入了新的内容。如斯蒂格利茨和维茨（Stigilitz and Wiess，1981）将信息经济学引入了金融发展理论，指出利率的市场化并不能解决信贷配给问题，从而建议发展中国家在开展金融自由化时，须慎重对待金融市场中的信息不对称问题。另一方面，此前的金融发展理论在指导这一时期各国经济政策实践的过程中也出现了形形色色的问题，从而为理论本身的发展提供了丰富的现实课题。Sheila 和 Carlos（1997），Fernandez、Maudos 和 Joaquin（2007）等人的研究证实，一些发展中国家在推进金融深化时，忽略了自身同发达国家在制度、传统和文化等方面的差异，金融自由化的效果并不理想，投机与风险的泛滥扭曲了金融市场配置资源的作用，因此现实要求对金融发展理论本身进行反思。

随着新分析框架的建立和新分析方法的应用，作为经济增长过程的重要内生因素，金融变量的作用被进一步明确（Woo，1986；Romer，1986）。金融发展理论对经济发展与金融市场、金融变量之间的关系做了更加深入细致的研究，更加全面地揭示了金融的功能作用。首先，理论界对于金融中介动员储蓄资源转化为资本积累的过程和作用机理有了更为细致的刻画（Romer，1986；Lucas，1988）。其次，对于金融中介在推动技术创新、促进风险分散、降低信息处理成本等方面的作用也进行了广泛的研究（Agion，1991；Hwitt，1992；Boyd and Smith，1992）。博迪和莫顿（Bodie and Merdon，1995）较早地对金融系统的功能进行了划分，认为金融具有资金支付清算、资源跨期配置、企业兼并重组、政府决策支持、风险管理和经济激励等六大核心功能。随后，众多经济学者如列文（Levien，1997）等基于功能角度界定了金融在经济发展中的角色，但基本上与博迪和莫顿的划分大同小异。

随着20世纪末墨西哥债务危机、东南亚金融危机等突发经济事件的爆发，金融发展理论更加注重对货币金融体系稳定性的研究。区域金融研究，其关注对象大多是一个地理区域内的主权国家或地区之间的金融发展差异和金融协作等问题（Gorden，2002；Stevenson，2004；Amyx，2005）。实证领域的大量研究检验并证实了在新的国际经济条件下，货币金融体系通过配置金融资源作用于产出，进而影响区域经济增长的作用机理，并且强调区域金融交往过程中防范金融风险的重要性（Garcia-Herreo and Wooldridge，2007；Mckillop and Hutchinson，2008）。由于发展中国家的金融体系大都不健全，金融环境发育迟缓，金融机制存在不同程度的扭曲，类似于一个不平衡的生态系统，而金融生态正是从金融发展理论的角度对金融发展规律的抽象，是借助仿生学的概念对金融内部各要素相互关系的有机反映，强调金融体系发展的可持续性。但是"金融生态"这一概念本身尚无确切的英文单词相对应，与此相关的理论创新大多发生在金融生态失衡的发展中国家，如我国学者白钦先（2001）和周小川（2004）较早地对金融生态的若干问题进行了理论探讨。虽然金融生态在概念和内涵上仍不尽统一，基本原理也较为零散，但仍不失为我们考察区域间金融发展差异的一个新视角。

由于发展中国家金融体系发展欠成熟，尤其是在二元经济条件下存在着相当规模的非正规金融，Montiel（1993）的研究表明，发展中国家的非正规金融约占其金融总量的33%至75%，因此在分析其区域金融差异时非正规金融的区域间对比不容忽略。相比于制度要求更高的正规金融而言，具有灵活性与适应性的非正规金融在促进农村或落后地区的经济发展方面更具现实意义（Schreiner，2001；Fernandez，Maudos and

Joaquin，2007）。关于非正规金融的形成机制，Anders（2002）认为政府监管政策的扭曲和金融抑制是产生非正规金融的重要原因，由于金融资源配置过程中的歧视，被正规金融排斥的潜在客户不得不依赖于非正规金融以获得融资。非正规金融在发展中国家，特别是农村金融体系中广泛存在，构成了区域经济发展的一个重要特征，把握这一特征显然对于分析我国城乡以及区域之间的发展差异具有重要的理论启示作用。

1.2.2　区域经济非均衡增长理论

以上所综述的金融与经济发展一般理论，从适用范围与研究对象来看，主要是针对某一个或某一类完整的主权经济体。而现实世界中的一个特征事实（Stylized Facts）是，不单国与国之间的经济增长与金融发展存在着广泛的差异，而且具体某一个国家或地区的内部区域板块之间，经济发展水平与金融市场完善程度也不同程度地存在着差别。区域经济非均衡增长理论研究的内容正是区域间增长差异的形成原因与发展趋势。较早对区域经济非均衡发展进行理论解释的是熊彼特（Schumpter，1912），他指出创新引致的"创造性毁灭"会在企业乃至地区之间形成"非均衡的增长状态"。熊彼特强调不同的投资环境或生产环境下创新水平的差异将使资源和产业在地区之间的分布不均衡，这为后来产业集聚理论的形成与发展奠定了基础。

20世纪中后期，面对世界范围内国家之间乃至区域之间不断拉大的经济发展差距，迫切需要对区域经济的非均衡增长进行新的理论解释，并为缩小区域增长差距、促进区域经济均衡发展提供政策支持。其间涌现出众多的区域经济增长学说。佩鲁（Perroux，1950）和布德维尔（Boudville，1955）提出并发展了区域经济增长极理论。增长极理论把基于经济中产业部门的增长极概念推广到了地理区位方面，强调经济增长在行业间和地区间的差异，以不同的强度制造出一些增长点或者增长极，市场机制下区域增长极将形成"支配效应"，通过技术创新扩散、资源集聚与外溢等机制带动其他区域板块的经济增长。实际上，增长极理论所指的支配效应与后来缪尔达尔提出的"扩散效应"较为接近，二者都注意到了区域经济非均衡发展过程中的规模经济效应和集聚—外溢效应。但是，较之缪尔达尔，增长极理论的创始者对区域经济的非均衡格局过于乐观，对区域发展差异的负面影响估计不足。通过对作为增长极的区域内产业体系关联效应的研究，增长极理论认为，带动落后地区的经济增长，必须在完善投资环境和生产环境的同时，加强区域产业体系内部以及区域间产业体系的联系。

二战以后，经济增长理论在其演进过程中日益注意到增长率在同一时期不同国家和同一国家不同时期的差异，并将对这种差异的解释作为塑造理论框架的重要基准。索洛（Solow，1956）最早在新古典分析框架下对区域经济非均衡增长问题进行了研究，在假设资本与劳动完全替代、规模报酬不变、储蓄率和技术进步外生的前提下，得出结论：距离稳态位置的收入水平越远，收入水平越低，则其增长速度越快，从而区域经济增长最终会收敛于相同的增长速度，所以发展水平上的差异最终会被消除。索洛增长理论一方面与区域经济发展差距不断拉大的现实不符，另一方面理论本身也存在缺陷，索洛增长模型所描述的经济增长朝稳态均衡点收敛的过程，解释现有的区域发展差异时，所要求的资本存量规模和要素报酬的理论差异过大，与现实存在明显出入。

缪尔达尔（Myrdal，1957）从社会经济制度动态演进的角度对区域经济的二元结构进行了分析，提出了"循环累积因果理论"。缪尔达尔认为，欠发达国家在发展的早期阶段，区域之间的发展差异较小，随着外部因素的累积作用，区域之间在要素报酬率方面的均衡格局将逐渐被打破。这种累积作用的循环将进一步导致要素的集聚，区域之间收入水平、工资率等方面的差距也会逐渐扩大。当人口、资源、环境方面的矛盾不断加剧并造成要素集聚的非经济时，需要将先前的"回波效应"转变为"扩散效应"，以此来缩小区域经济发展差距。但是缪尔达尔也指出，依靠自发的市场力量促进区域经济的均衡发展耗时太长，而且代价高昂，因此政府在决策时须对此予以关注，尽量控制累积因果作用导致的回波效应，避免区域发展差距的拉大进入恶性循环。

着眼于非均衡增长在区域之间的传递与扩散，赫希曼（Hirschman，1958）提出"核心—边缘区"理论。赫希曼对核心区的定义类似于佩鲁的增长极概念，都是指经济体内部收入增速相对较快、发展程度相对较高的区域。核心—边缘区理论认为，在区域经济非均衡发展过程中极化效应与涓滴效应并存，前者是指核心区的高工资和高利润吸引边缘区的人力资本和其他各种要素向本地区集聚，从而拉大区域之间的投入与产出差距；后者是指核心区增加对边缘区的要素和产品购买，扩大对边缘区的投资，从而改善边缘区的劳动生产率，提高其经济增长水平。但是赫希曼也强调，在市场机制作用下极化效应通常大于涓滴效应。因此，赫希曼的核心－边缘区理论与缪尔达尔的循环累积因果理论都呼吁政府应为协调区域经济增长积极作为，都主张在区域经济非均衡增长过程中增加国家干预，抑制市场力量的负面作用。

在区域经济学寻找外部因素来解释经济发展差异的同时，经济增长理论则试图通过将储蓄率和技术进步内生化来分析区域间的非均衡增长过程及其发展趋势。卡斯（Cass，1965）和库普曼斯（Koopmans，1965）基于拉姆赛消费者行为最优化的分析框架，将索洛增长模型中的外生储蓄率内生化，从而使得增长理论更加贴近现实。但是，由于仍假定市场完全竞争、规模报酬不变，而且技术进步依然外生，导致模型对现实经济增长水平和增长差异的解释力相比于索洛模型并未有实质性的改进。经济增长理论的突破需要面对怎样将影响经济增长的人力资本、文化制度等因素作为自变量引入生产函数中的难题，除此之外，最重要的是怎样处理技术进步内生化的问题。直到进入 20 世纪八九十年代，这些问题才得到了真正解决。罗默（Romer，1986，1990）、卢卡斯（Lucas，1986）和萨拉依马丁（Sala-I-Martin，1995）等人的研究突破了新古典增长理论的分析框架，对经济增长现实的解释不再是只着眼于外生技术进步和人口增长，而是从知识外溢、技术研发、人力资本积累等角度力图对经济体之间、区域之间的增长差异做出新的解释。随着新增长理论对区域非均衡增长的认识不断深化，该理论本身的政策含义也逐渐凸显，Smith（2006）以及 Dring 和 Schnellenbach（2006）分别从理论和实证两个层面研究了促进区域经济均衡增长过程中的政府角色，指出政府应在财税制度设计、金融市场监管以及知识产权保护等方面积极作为，以缩小国内区域间增长差异，促进区域内均衡增长，实现内在的均衡收敛（Within Convergence）。

对于任何谋求经济发展的国家或地区而言，必须充分关注内在经济资源的调动，包括促进区域金融发展在内的政府决策都需要科学的理论指引。区域经济非均衡增长理论在其发展过程中始终保持着强烈的现实感，即立足于区域经济非均衡发展的现实，通过对区域间增长差异的形成原因与发展趋势的研究，为促进发展中国家区域经济增长提供理论和政策支持。

1.2.3 区域金融与区域经济发展关系的研究综述

在现有的有关金融发展与经济增长、收入差距的研究文献中，国外的相关研究侧重于在理论上分析金融差异以何种机制或路径影响了经济发展差异。Greenwood 和 Jovanovic（1990）的研究可以认为是该领域的开篇之作，他们的模型首先给定了初始的分配条件，在此基础上建立了动态模型，以金融市场融资中的固定成本支付作为分析前提，认为只有富人才具备支付这一固定成本的能力，才能在金融市场上取得借款并进行高回报的投资，这导致了穷人和富人财富增长方式和速度的差异，进而造成收入差距的扩大。当经济发展到一定阶段，穷人积累的财富使其也能够支付固定成本以进入金融市场融资，使得经济主体在财富增长方式上的差异缩小并趋同，收入差距开始收敛。这实际上从金融发展的角度印证了库兹涅茨的倒 U 理论。Agihon 和 Bolton（1997）的模型本质上与 Greenwood 和 Jovanovic 是相同的，但区别在于 Agihon 和 Bolton 更加侧重于所谓的变动成本，即金融市场上并不存在固定成本壁垒，而是由于市场上资金供需矛盾导致利率太高使穷人无法承受，伴随着经济的发展和富人投资高回报的获取，大量的剩余资金将进入市场以缓解供需矛盾，这必将平抑市场利率，而使穷人也能取得借款并投资于高回报的项目，收入差距开始逐渐缩小。Matsuyama（2000）模型的最大贡献在于将金融市场的门槛内生化：穷人之所以无法取得融资，其原因不在金融市场，而在于他们无法满足投资项目本身所需要的最低资本额度，只能出借自己的资本以获取微薄的利息。但是金融市场需求的增长将最终推高利率，并因此使穷人获得较高的利息，收入差距开始下降。这实际上肯定了倒 U 趋势是"条件性"存在的。Galor 和 Zeira（1993）的结论与上述假说并不一致，他们认为在代际馈赠和金融市场不完善的情况下，财富分配未必会出现收敛。马草原（2009）认为，无论是金融市场的固定成本要求还是自身财富约束，本质上都只是一种投资规模约束，无法进入金融市场并获得信贷支持的原因不应当仅是自身的财富无法达到最低投资规模的要求，随后他对 Matsuyama 的模型做了修正和扩展，将金融机构风险预期引入模型，从而为其赋予了金融歧视的色彩。

金融深化理论认为，货币金融体系的健全与经济增长之间存在着良性互动关系，通过推进货币化进程，加快金融市场体系构建，从而增强金融资源配置的市场化特征，对于促进发展中国家的经济增长，缩小与发达国家之间的差距具有重要意义（Mckinnon，1973；Shaw，1973）。大量的经验研究也证实，完备的金融市场往往伴随着货币金融资产的快速累积和总体经济的快速增长，经济全球化条件下国际间的竞争正越来越多地表现为各国金融体系之间在效率和规模上的竞争（Garcia-Herreo and Wooldridge，2007；Mckillop and Hutchinson，2008）。可见，金融发展对促进国家整体经济增长的积极意义已成为理论界和决策层的普遍共识。

1.2.4　中国区域经济非均衡增长与金融发展差异的研究综述

作为一个发展中大国，改革开放以来我国总量经济的增长取得了巨大成就，但与此同时我国区域经济的发展进程却呈现出较明显的阶段性差异。尤其是自 20 世纪 90 年代起我国区域间的经济增长差距正渐次拉大，并且已逐渐形成区域经济的非均衡增长格局。对这一问题，学界一直给予极大的关注，近年来涌现出了一大批研究成果，对于认识我国当前的金融发展与区域经济增长现状，进而促进省际之间、地区之间的协调发展具有重要的理论和现实意义。

1.2.4.1　中国区域金融差异的研究综述

对于区域金融差异现状的研究，早期文献主要关注金融资源在区域分布上的失衡问题。贝多广（1995）对我国改革开放至 20 世纪 80 年代中期地区之间的资金配置和流动进行了分析，但是所选取样本的时间跨度较窄，统计数据显得零散。张军洲（1995）较早地探讨了区域金融发展状况与发展战略，但同样囿于历史时期的限制，而且缺乏对相关统计数据的分析，对我国改革开放以来区域间资金配置特征的揭示有待深入。张绍基（2000）的研究认为，我国东中西三大地带的金融差异表现在金融机构存款总量、外资利用规模、资本市场发育程度以及动员民间资本投资等方面的非均衡上。周立和胡鞍钢（2002）通过对 1978 年至 1999 年各地区金融资产相关比率等指标的计算分析了我国区域金融发展的特征，认为改革开放过程中金融业的作用很大程度上是对政府财政功能的替代，金融市场化的改革要求政府改变在财政能力上的缺位。李兴江和赵峰（2003）对三大区域的存贷款规模、经济货币化程度、金融市场发育程度和居民储蓄等几个方面进行了比较，得出中国区域金融的非均衡性特征。陆文喜和李国平（2004）分析了我国区域金融发展的收敛性，认为1985年以来我国地区金融发展存在收敛趋势的同时，也呈现出了阶段性和区域性的变化特征，并证实这一特征与政府的经济金融政策安排相关。周立（2004）对中国各地区1978年至2000年间的金融发展和经济增长进行了实证研究，描述了中国各地区金融发展水平的差异状况，认为中国金融发展具有"高增长、低效率"的总体特征。

关于区域金融差异产生的原因，研究主要集中于金融制度安排和城乡金融发展的差异。王维强（2005）以及崔光庆和王景武（2006）均认为政府制度安排是决定区域金融差异的关键因素，从而使得区域金融的发展具有一定的外生性，因此政府在为培育地区金融环境而进行制度和政策设计的过程中，既要遵循市场原则也要考虑各地区金融发展的现状。宋宏谋、陈鸿泉和刘勇（2002）分析了我国东部、中部、西部地区的农村金融发展差异，认为地区农村金融发展存在巨大差异。王维强（2005）通过对区域金融发展现状和模式的分析，把区域金融发展差异归于城乡金融差异，并提出构建农村金融制度、发展农村金融以缩小城乡金融差异的政策建议。

在区域金融差异的测度方面，田霖（2005）建立了一个较为全面的金融综合竞争力指标体系，并将其分为显示性指标和解释性指标两部分。其选取31个地区作为样本，运用主成分和因子分析法对各个区域的金融成长状况进行计量分析研究和排序，并在此基础上进行聚类分析；在解释性指标的模糊曲线分析中，选取了经济力、开放力、设施力、劳动力、科技力、聚集力、文化力和环境力这八项分力指标，通过分析得出各个分力及各个分力的构成要素均对金融综合竞争力有正向贡献。赵伟和马瑞永（2006）依据泰尔指数测度方法，分析了1978年至2001年间中国区域金融增长的差异，并对总体差异进行了分解。研究表明，我国区域金融增长差异主要来源于区域间金融差异，而区域内金融增长差异只构成金融增长总体差异中的小部分；区域内东部地区对总体差异的贡献较大，而中西部地区对总体差异的贡献则很小。他们认为区域金融增长差异呈现上述特征是与地区经济发展差距、市场化改革的深入以及中央实施的区域协调发展政策紧密联系的。也有不少研究使用某个区域内部的样本数据进行研究，显然，这类研究虽然由于数据可获得性强而显得更为细致深入，但无法显示中国区域金融发展差异的全貌。罗望、胡国文、何乐、秦丽（2004）对四川与上海、浙江等沿海省市在金融发展总量、速度、效益及环境等方面的差异进行了比较分析，认为四川金融发展与全国及东部沿海省市相比仍有较大的差距。董金玲（2009）从金融发展规模、金融发展深度与广度等方面，建立了区域金融发展水平的评价体系，并利用因子分析和 Q 型聚类等方法对江苏 13 个地区的金融发展及其差异情况进行了测度，研究认为江苏区域金融具备"数量型"发展特征，转变金融增长方式、提高金融效率是江苏区域金融发展的路径选择。上述文献对中国区域金融发展差异的测度主要体现在金融深化方面，所使用的指标本质上是对金融深化及货币化程度的度量。

除此之外，也有些学者对资本市场的区域差异进行了实证研究。如金雪军、田霖（2004）采用证券市场投资潜力模型对河南、山西、浙江的证券市场发展状况做了比较，通过计算得出了浙江、河南和山西的证券潜力系数。

关于非正规金融的发展，一方面非正规金融是我国政府取缔的对象，因而其发展受到压制；另一方面在农村存在着对非正规金融的广泛需求。据估计，我国农户中依靠非正规金融获得贷款的比率在 80%以上（陈锡文，2004）。中国人民银行 2005 年发布的《中国区域金融运行报告》显示，我国非正规金融规模达 9500 亿元，占 GDP 的 6.96%。对于我国非正规金融的形成原因，史晋川（1998）和林毅夫（2005）指出，由于政府对货币金融体系运行的干预和抑制，使得农户和中小企业的融资需求无法通过正规金融得到满足，从而非正规金融应运而生。对于非正规金融的效率，已有研究（崔慧霞，2005；高艳，2007）大多肯定了农村非正规金融在促进农村经济发展方面具有积极意义。因此，有学者主张政府应当承认农村非正规金融的制度创新意义，应该改变对农村非正规金融发展堵而不疏的做法（杜朝运，2001）。但是，也有学者认为单纯依靠非正规金融，农村无法实现持久繁荣，区域经济增长也难以持续（官兵，

2005）。虽然理论界关于非正规金融的立场观点不尽一致，但是我国非正规金融乃至整个农村金融体制的改革，应始终围绕缩小城乡发展差距和促进区域经济均衡增长展开。

1.2.4.2 中国区域经济非均衡发展的研究综述

已有的研究大多确认了我国自20世纪90年代以来区域经济发展非均衡和不协调的事实，但是对于区域经济非均衡发展格局的演变趋势，以及是否存在区域内部的增长趋同，则存在着一些不同的观点。魏后凯（1997）运用绝对趋同模型分阶段考察了我国1978年至1995年的省际人均实际GDP数据，认为我国区域经济发展的差异呈现出缩小趋势，并且存在明显的增长收敛或者趋同。而林毅夫、蔡昉和李周（1998），蔡昉和都阳（2000）以及沈坤荣和马俊（2002）分别运用俱乐部收敛方法对我国区域经济之间的收敛性进行了计量分析，认为20世纪末期以来，尤其从20世纪90年代起我国区域经济差异不断拉大。王小鲁和樊纲（2004）在关于中国地区差距变动趋势的研究中也持类似的观点。王诤和葛昭攀（2002）则认为我国区域经济发展存在着多重均衡态，我国正处于整体同步均衡发展的关键时期。徐现祥和舒元（2004）则认为20世纪90年代以来我国区域经济发展逐渐呈现出"双峰趋同"即俱乐部趋同，沿海与内陆地区组内的增长差距趋于缩小，但组间的增长差距却在逐渐拉大。贾俊雪和郭庆旺（2007）基于1978年至2004年我国地区人均GDP的面板时间序列数据，分析了我国区域增长趋同和增长分布的动态演进方式，认为20世纪90年代以来我国区域发展差距呈上升趋势，但是进入本世纪以后明显趋缓，并且在2003年出现反转，进入区域发展差距缩小阶段，并未出现严重的两极分化现象；此外，研究也发现，并不存在全国范围内的增长趋同，而是存在着区域趋同的"子俱乐部"。郑京海和胡鞍钢（2005）通过对我国省际全要素生产率（TFP）的测算，在技术进步和技术效率的层面评估了区域经济增长的现状和趋势，为研究区域经济非均衡增长提供了新的实证依据。通过对以上研究的综述，我们发现，针对我国区域经济非均衡发展格局的演变趋势以及是否存在区域内部增长趋同的问题，存在着一些不同的见解，这在一定程度上是由各个分析所选择数据的时间跨度和分析方法不同所造成的，同时也从一个侧面反映出我国区域经济非均衡增长的复杂性和动态性。

1.2.4.3　中国区域金融与区域经济发展关系的研究综述

1. 区域金融对区域经济发展的影响

关于这一问题，张杰（1998）从金融制度变迁对经济增长的作用机理角度出发，认为高效率的金融产权制度将催生高效率的金融组织和金融市场，从而改善资源配置，促进经济增长。虽然对于区域经济层面金融发展对经济增长的影响逻辑，张杰在理论分析中涉及较少，但这毕竟为后来者对我国区域金融与经济发展关系的考察奠定了初步的理论基础。

在实证研究方面，多数研究已经证明了中国金融发展差异对区际经济增长差异具有较大的解释力（冉光和、李敬、熊德平和温涛，2006；王纪全、张晓燕和刘全胜，2007；李江和冯涛，2004；姜春，2008）。周立和王子明（2002）对我国1978年至2000年区域金融与经济增长的关系进行了实证研究，分析表明金融发展与经济增长之间具有显著的正相关关系，区域间的金融发展差异可部分地解释经济增长差异。周文好和钟永红（2004）通过建立多变量的VAR系统，运用1988年至2002年的时间序列数据考察了金融中介与地区经济增长的关系，分析结果表明金融中介的规模和效率与经济增长之间的因果关系方向在地区之间并不一致，这种关于空间不一致性的分析也启发了我们进一步分析区域金融差异与增长差异之间的因果关系在时间上的不一致性。

此外，实证研究还多集中于国内城乡收入差距与金融因素的关系方面。具有代表性的研究文献有温涛（2005）、姚耀军（2006）、程开明（2007）等，多数文献得出了基本相同的结论，即"金融发展在城乡差距的扩大中产生了重要影响"。由于城乡收入差距的根本原因是农民收入过低，因此金融发展对中国农民收入的影响作用也应当被归入分析框架。多数文献认为金融深化将会促进农村发展以增加农民收入，但温涛（2005）的实证分析却否定了这一结论，认为金融发展实际上对中国农民收入增长产生了不利影响，效应为负。

2. 区域经济发展对区域金融的影响

对于这一问题，我国较早进行系统理论探讨的是张杰（1995），他分析指出，造成我国地区之间金融发展差异的重要原因是由经济结构差异所导致的区域金融制度安排差别，并认为区域金融成长过程中政府政策作用的发挥将很大程度上主导区域金融发展差异的演变。

在实证研究上，张俊生和曾亚敏（2005）以中国省际数据为样本，研究了各地区社会资本与金融发展之间的关系，结果表明，社会资本相对优势与地区金融发展之间存在着正相关关系。李敬、冉光和和万广华（2007）建立了一个基于劳动分工理论的金融发展模型，并运用 1992 年至 2004 年的省际面板数据估计出区域金融发展的协整方程。研究发现，区域金融发展水平和商品交易效率、金融交易效率、投资品的生产弹性系数、地区人均受教育年限、社会福利水平之间具有稳定的协整关系，并且各省市区之间经济地理条件和国家制度倾斜等方面的差异是形成区域金融发展差异的主要原因。崔光庆和王景武（2006）认为区域经济发展差异和政府制度安排是形成区域金融差异的两大因素，政府应为区域金融发展提供更多的符合市场化规则的外部制度安排，从而为区域经济发展构筑有效的金融环境，但遗憾的是，该研究仅停留在对数据的描述性统计上。

一些文献还从金融生态环境角度对金融发展差异问题展开研究。如前文所述，白钦先（2001）从金融资源利用过程和配置效率的角度较早地对金融生态概念进行了界定，并初步描述了金融生态环境对社会经济活动的影响。周小川（2004）从法制的角度提出通过改进金融生态环境来促进金融系统的发展，并将法制环境作为金融生态环境的重要组成因素。李扬等（2005）强调金融生态环境是影响我国金融资产质量的关键因素，并进一步扩展了金融生态的外延，指出金融生态不仅涉及所在区域的政治、经济、法制等"环境要素"，还包括具体环境要素的变化及其对整个金融生态系统的影响。李扬等（2005）、苏宁（2005）以及程亚男等（2006）分别主张从政府职能、法制环境以及社会文化等多个角度优化我国的金融生态系统，进而实现金融发展与经济增长的良性互动。在区域金融生态的实证研究方面，周志平（2005）从资源配置层次与结构的角度，比较分析了我国经济落后地区的金融生态，发现在县域经济层面存在着一定程度的金融生态与金融发展的恶性循环。徐小林（2005）通过对山东地区金融生态的考察，认为区域间发展水平和发展模式的差别造成了区域金融生态系统效能的差异化，并进一步拉大了区域之间的发展差距。韩大海、张文瑞和高凤英（2007），黎和贵（2007）也分别从不同角度研究了金融生态环境对金融差异的影响。中国社会科学院金融研究所 2006 年以来每年出版的《中国地区金融生态环境评价》对我国区域金融生态进行了较系统深入的分析，成为研究我国区域金融生态问题的重要参考。但这类研究通常囿于数据可得性而得不到实证的检验，而且金融生态环境本质上仍然根植于区域经济社会的发展之中。

综观区域经济增长差异与金融发展的研究成果，现有研究在样本时间跨度的确定、变量指标的选取以及所采用的分析方法等方面对我国区域金融与经济发展问题进行了多角度和多阶段的考察，这为本书进一步深入分析金融差异与区域非均衡增长提供了理论和实证参考。

第三节　基本思路与结构

1.3.1　基本思路与框架

第一，对金融发展和区域经济增长的内生关系、金融发展差异形成机理及其对区域经济非均衡增长的作用机制进行理论阐述。

第二，从总量、结构和效率三个方面分别探讨中国区域经济发展的非均衡性。首先，从我国区域经济发展战略演变的角度分析区域增长差异的历史和制度背景，进而从总量层面对省际和东部、中部、西部三大地带经济增长的非均衡性进行考察，并在此基础上归纳出空间非均衡性的总体特征；其次，进一步从结构角度审视我国区域经济发展的差异，着重研究区域之间在产业结构和改革开放过程中外向型经济发展方面的差异；最后，考察省际和地区之间生产要素包括资本存量、劳动力以及全要素生产率（TFP）等方面的差异。

第三，对中国区域金融发展的差异进行系统的、全方位的测度，对区域金融资源的分布状况、结构和配置效率做出评价。对于区域间金融发展差异的分析主要从金融规模、金融效率、金融结构等三个方面进行，每个方面的测度首先都从省际样本出发，进而分别对东中西三大地带之间及其内部的差异进行分解，对有些可获得数据的指标还将从城乡差异的角度进行测算，最后将综合上述三方面差异对中国省区之间的金融竞争力差异进行考量。

第四，在数据测算的基础之上，从实证角度分别检验信贷、保险和证券三大金融市场的发展差异对区域经济增长非均衡性的影响。通过将各个市场的引入按时段进行划分，分别加以回归分析，然后对比各个时期信贷、保险和证券市场对经济增长的影响，全方位地考察金融因素对区域经济增长贡献度的阶段性特征。

第五，使用 2000 年至 2008 年中国省际面板数据，分别从经济发展与社会培育两个方面对地区间货币类、证券类和保险类金融资产配置的影响做出验证。

第六，使用 VAR 模型，对区域经济非均衡发展与区域金融差异的双向反馈效应进行实证检验，从而分析改革开放以来我国区域金融差异与区域经济发展非均衡性的演变特征。

第七，出于对改革以来金融发展与区域增长关系的综合考量，基于 β 收敛方法检验区域金融发展和区域经济增长的趋同性，并使用 ARMA 模型对二者的演变态势做出估测，讨论这两种非均衡发展路径的未来趋势。

第八，提出对策建议。立足于如何缩小区域经济发展差异，以及促进区域金融与经济均衡增长的良性循环，重点从差别化区域金融发展战略和培育发展中区域的金融生态角度给出政策建议。

1.3.2 本书的结构安排

本书逻辑结构见图 1.1。

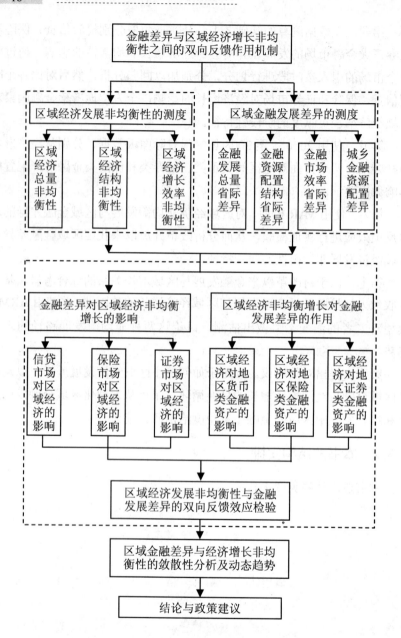

图 1.1 本书逻辑结构图

第四节 研究方法及创新

1.4.1 本书的研究方法

本书综合运用区域经济学、产业经济学、发展经济学、区域金融发展理论等学科的交叉分析方法和比较分析方法，把理论分析与实证研究有机结合起来，以国内外的现有研究为基础，结合中国实际对金融发展差异与区域经济增长的非均衡性问题进行深入研究，并提出可操作的政策建议。

总体来讲，本书将归纳与演绎相结合的研究方法贯彻研究始终。一方面，在分析测算大量数据的基础上，归纳中国区域金融差异和经济增长非均衡性的演变轨迹和发展规律；另一方面，当囿于数据可得性而不具备定量分析的条件时，将通过理论推演和描述来揭示中国区域金融差异与经济增长非均衡性的深层次问题。同时，本书也注重静态分析与动态分析相结合，不但要在静态截面上展开区域差异研究，更要通过动态时间序列展开纵向比较，以反映区域金融与经济发展差异的演化路径及规律。

本书使用的技术手段如下：第一，在理论研究上，本书的数理模型将在借鉴以往研究的基础上展开，但既有的理论模型多为国外学者所开发，其中存在很多与中国经济发展实践不相符合的地方，因此本书将在借鉴基础上对相关理论加以修正、调整及引申，使理论与实践能够达到较好的结合。第二，在实证分析上，本书将综合使用参数估计和非参数估计的计量方法。具体地讲，在测算区域金融与经济增长差异时，将使用基尼系数测算方法、泰尔熵指数及其分解方法、随机前沿面函数估计方法等；在综合考察区域金融发展差异与经济增长非均衡性的关系时，主要使用基于面板数据的多元 OLS 估计、基于时间序列数据的协整分析、格兰杰因果检验、脉冲响应函数及方差分解分析等方法。

1.4.2 本书的创新点及不足之处

1.4.2.1 本书的创新点

第一，现有文献对金融发展与区域经济增长关系的研究，大多集中于金融发展差异将会在一定程度上造成区域经济增长的非均衡这一观点。本书尝试从微观金融机构的风险规避和成本收益角度，构建数理模型进行分析，着重研究区域金融发展差异自身的形成机理及其与经济增长非均衡性之间的双向反馈效应。

第二，在差异测度方面，本书尝试从总量、结构和效率三个层面，对中国省际、东中西三大地带以及城乡之间的金融发展差异和经济增长非均衡性进行有数据基础的全方位测度，对以往研究的广度和深度有所扩展和深化。此外，本书结合中国金融实践，尝试对区域金融发展的测度指标进行系统规范，改进了现有金融发展差异的测度指标体系。

第三，本书尝试将中国金融发展的三大行业——银行、证券和保险纳入统一框架，研究三类金融资产各自对区域经济非均衡增长的影响程度，并对三类金融资产对中国区域经济增长的贡献度进行比较研究，对以往文献大多仅考虑银行类金融资产对经济增长的影响这一研究模式进行了补充。

1.4.2.2 本书研究的不足之处

第一，从广义上讲，对地区金融发展的研究应当包含非正规金融发展部分，但是限于资料可得性，系统研究区域非正规金融差异及其对经济增长的影响是无法彻底实现的。

第二，虽然本书的理论部分尽力尝试使用规范的数量模型对所涉及的问题进行分析，但受个人水平所限，一些理论与思想仍然无法全面地在理论部分得以体现，而且由于同样的原因，在理论分析时可能不够深入。

第三，虽然本书尽力地扩展样本期限以保证计量分析的可靠性，但改革至今只有短短三十余年，在进行基于时间序列数据的分析时，这一样本容量仍然偏少。而且，由于部分地区统计资料缺失，一些计量模型的面板数据研究只能在更短的期限内进行，因此在时间跨度上难以反映改革至今金融发展与区域差异问题的全貌。

第二章 金融差异与区域经济增长非均衡性之间的双向反馈作用机制

第一节 金融发展促进经济增长与造成区域差异的机理分析

从理论层面上讲,区域经济与总体经济增长的过程与路径具有很高的相似性,经典理论中的增长模型在一定程度上同样适用于刻画和分析地区经济增长过程。鉴于此,本书将通过对现有经典增长理论模型的改进与方向性调整,一方面探讨金融因素在经济增长过程中的作用,另一方面揭示金融差异对区域间经济非均衡增长的影响。

2.1.1 基于扩展的哈罗德—多马增长模型的分析

哈罗德—多马模型是现代经济增长理论的开端。在此后的经济学理论演进过程中,学者们通过对该模型前提假定的不断修正,开发出一系列经济增长模型,虽然结论不尽一致,但是这些理论和模型在一定程度上都留有哈罗德—多马模型的影子。

2.1.1.1 哈罗德—多马基本模型

哈罗德—多马模型的核心假设是:

(1)投资率 $\frac{I(t)}{Y(t)} = i$ 既定,储蓄率等于投资率 $s = i = \frac{I(t)}{Y(t)}$,即储蓄转化为投资的机制畅通。

(2)单位产出的资本和劳动投入不变,即资本产出比 $\frac{K(t)}{Y(t)} = k$ 既定,劳动生产率 $\frac{Y(t)}{L(t)} = l$ 既定。

（3）劳动力按外生给定的速度 n 稳定增长，$\dot{L}(t)=nL(t)$。

由各期劳动生产率不变，由 $\dfrac{Y(t)}{L(t)}=l$，取对数则有 $\ln Y(t)-\ln L(t)=$ $\ln l$，等式两端求导得 $g_n=\dfrac{\dot{Y}(t)}{Y(t)}=\dfrac{\dot{L}(t)}{L(t)}=n$，$g_n$ 为经济增长速度，表明均衡状态下国民收入增长速度等于劳动力的增长速度，此时的 g_n 为自然增长率。

又，各期资本产出比恒定，则由 $\dfrac{K(t)}{Y(t)}=k$，等式两端取对数求导得 $g=\dfrac{\dot{Y}(t)}{Y(t)}=\dfrac{\dot{K}(t)}{K(t)}$，故均衡状态下国民收入增长率须等于资本存量的增长速度。资本积累过程中的储蓄－投资转化机制畅通，从而储蓄等于投资，故有以下等式成立：

$$g_w=\frac{\dot{Y}(t)}{Y(t)}=\frac{\dot{K}(t)}{K(t)}=\frac{I(t)}{K(t)}=\frac{sY(t)}{K(t)}=\frac{s}{\dfrac{K(t)}{Y(t)}}=\frac{s}{k} \tag{2.1}$$

（2.1）式中的 g_w 为有保证的增长率。

哈罗德－多马模型中稳态的经济增长率要求自然增长率与有保证的增长率一致，即 $g_n=g_w=\dfrac{s}{k}$。哈罗德认为由于模型假设储蓄率、劳动生产率、资本产出比和劳动力增速外生给定，而真实世界中不存在可以确保自然增长率与有保证的增长率始终一致的经济机制，因此，该结论所描述的充分就业的稳定增长，其现实性是极其脆弱的，是一种"刀锋"（Knife edge）状态。

2.1.1.2 哈罗德－多马模型的修正与扩展

哈罗德－多马模型稳态增长路径的不稳定性，首先包含在充分就业的隐含假定里，而失业的存在并不与经济的均衡增长冲突，充分就业本身也随着经济周期波动而波动。因此，如果放松充分就业这一假定，将哈罗德－多马模型置于经济周期的背景下，就可以通过分解有保证的增长率 g_w 来揭示经济增长过程中的动态特征。哈罗德－多马模型强调资本积累在经济均衡增长过程中的重要作用，但是模型假定储蓄－投资转化无摩擦，而现实中投融资渠道的梗阻和金融抑制的现象普遍存在，尤其在发展中国家更是如此。因此，为全面分析金融因素在经济增长过程中的角色，我们将放松哈罗德－多马模型框架下储蓄－投资转化机制畅通的假定。现实经济中，储蓄在转化为投资时存在一定"漏出"，设 λ 为储蓄转化为投资的系数，它表征了经济体金融市场发展状况，$1-\lambda$ 则是转化过程中的"漏出率"，从而有 $I = \lambda s Y$。

基于哈罗德－多马增长模型的框架，经济增长的分解过程如下：

$$g_w = \frac{\dot{Y}(t)}{\dot{K}(t)}\frac{\dot{K}(t)}{Y(t)} = \frac{\dot{Y}(t)}{\dot{K}(t)}\frac{I(t)}{Y(t)} = \frac{\dot{Y}(t)}{\dot{K}(t)}\frac{\lambda s Y(t)}{Y(t)} = \frac{\dot{Y}(t)}{\dot{K}(t)}\lambda s \qquad (2.2)$$

（2.2）式中 $\dfrac{\dot{Y}(t)}{\dot{K}(t)}$ 表示单位资本增量对应的产出增量。增量资本产出比

（ICOR, Increased Capital-Output Ratio）是通行的投资效率衡量指标。$\dfrac{\Delta K}{\Delta Y}$ 表示单位产出增量所需的资本增加额。ICOR 越高，表明投资效率越低；反之，投资效率越高。而 $\dfrac{\dot{Y}(t)}{\dot{K}(t)}$ 恰好是 ICOR 的倒数，我们将之设为 E，表示投资效率，从而结合（2.2）式得到经济增长率：

$$g = \frac{\dot{Y}(t)}{\dot{K}(t)}\lambda s = \frac{\lambda s}{ICOR} = E\lambda s \qquad (2.3)$$

由（2.3）式可知，经济体的增长状况将取决于三个因素，即投资效率、储蓄－投资的转化效率和储蓄率。设区域 A 和 B，则 $g_A = E_A \lambda_A s_A$，$g_B = E_B \lambda_B s_B$，从而区域经济增长速度的差别也是三个因素综合作用的结果。比较区域间的增长差异，须立足于投资效率、投融资渠道的发展和储蓄率的高低比对。一般而言，同一经济体内部由于社会文化制度的相似性，使得不同区域的储蓄率较为接近；由于资源禀赋地理区位的差异，各区域在经济结构和金融市场的发展状况方面普遍存在差异。由此可以推断，区域经济增长的非均衡性主要来源于区域间金融资源总量结构及

其配置效率方面的差异。

2.1.2 新古典增长理论框架下金融发展对经济增长的影响分析

2.1.2.1 新古典增长理论的基本模型

索洛－斯旺开创的新古典增长模型，进一步放松了哈罗德－多马模型中单位产出所需资本和劳动投入外生给定的假设，采用新古典主义的生产函数代替了哈罗德－多马模型的固定系数生产函数。在索洛－斯旺模型的生产函数中，资本和劳动具有同质性和可替代性，且边际收益递减，规模收益不变。接下来本书将在新古典增长模型的框架下，分析金融因素在经济增长过程中的作用机理，探索金融差异对区域经济非均衡增长的影响。

模型设定形式为 $Y=F(K,AL)$，哈罗德中性的技术因素和劳动投入一起以有效劳动的形式进入生产函数。规模报酬不变，则有：

$$F\left(\frac{K}{AL},1\right)=\frac{1}{AL}(K,AL) \tag{2.4}$$

定义 $k=\dfrac{K}{AL}$ 为单位有效劳动资本，$y=\dfrac{Y}{AL}$ 为单位有效劳动产出，令 $f(k)=F(k,1)$，（2.4）式表示为 $y=f(k)$，从而忽略技术因素的差异，则地区之间人均产出的差别取决于人均资本。区域经济增长的非均衡性主要来源于区域资本积累状况的差异，从这一点来看，索洛－斯旺模型与哈罗德－多马模型对于区域经济增长差异的认识具有一致性。

考虑要素投入对经济增长的影响，设劳动投入的增长速度为 n，即有 $n=\dfrac{\dot{L}(t)}{L(t)}$；技术进步速度为 g，$g=\dfrac{\dot{A}(t)}{A(t)}$。设折旧率为 δ，储蓄率外生给定为 s，则资本增量方程为：

$$\dot{K}(t)=sY(t)-\delta K(t) \tag{2.5}$$

由单位有效劳动资本 $k=\dfrac{K}{AL}$，则有人均资本增量的演进路径：

$$\dot{k}(t) = \frac{\dot{K}(t)}{A(t)L(t)} - \frac{K(t)}{A(t)L(t)}\frac{\dot{L}(t)}{L(t)} - \frac{K(t)}{A(t)L(t)}\frac{\dot{A}(t)}{A(t)} \quad (2.6)$$

将资本增量方程和劳动与技术变动方程分别带入（2.6）式得：

$$\dot{k}(t) = \frac{sY(t) - \delta K(t)}{A(t)L(t)} - k(t)n - k(t)g$$

进一步化简，得到人均资本增量方程：

$$\dot{k}(t) = sf[k(t)] - (n+g+\delta)k(t) \quad (2.7)$$

（2.7）式的意义在于，经济在储蓄率外生给定的情况下，稳态时的资本积累将使单位有效劳动资本保持在 $\dot{k}(t)=0$，即 $\dot{k}(t)=sf[k(t)]-(n+g+\delta)k(t)=0$，此时总资本存量和总产出以 $n+g$ 的速度增长。因此，在储蓄率相同，并且都达到增长稳态的情况下，经济总量和增长速度取决于地区劳动力投入和技术水平。由此模型得出的结论是，同一经济体在不同发展阶段，以及处于不同发展层次的经济体，其人均收入水平的差异来源于人均资本和技术进步率。

2.1.2.2 基于柯布—道格拉斯生产函数的新古典增长理论模型推广

基于柯布—道格拉斯生产函数推广索洛—斯旺模型的结论，设区域 A、B 两地的储蓄率、技术水平以及资本产出弹性一致，单位有效劳动产出 $y_A = k_A{}^\alpha$，$y_B = k_B{}^\alpha$，设 A 地单位有效劳动产出是 B 地的 c 倍，则 $y_A = cy_B$，有 $k_A = y_A^{\frac{1}{\alpha}} = (cy_B)^{\frac{1}{\alpha}} = (ck_B{}^\alpha)^{\frac{1}{\alpha}} = c^{\frac{1}{\alpha}}k_B$。现实中资本产出弹性约为 1/3 左右，那么若 A 地人均产出是 B 地的 2 倍，则 A 地人均资本将是 B 地的 2 的 3 次方倍，即 8 倍，这与现实经济中区域人均收入差别所对应的人均资本差别过大。从资本边际产出的对比来看，$f'(k_A) = \alpha y_A^{\frac{\alpha-1}{\alpha}}$ $= \alpha(cy_B)^{\frac{\alpha-1}{\alpha}} = \alpha c^{\frac{\alpha-1}{\alpha}} y_B^{\frac{\alpha-1}{\alpha}} = c^{\frac{\alpha-1}{\alpha}} f'(k_B)$，意味着如果资本产出弹性为 1/3，当 A 地人均产出是 B 地的 2 倍时，A 地的资本边际产出只相当于 B 地的 1/4，这也远高于现实经济中区域人均收入差别所对应的资本边际产

出差别。

索洛－斯旺模型在经济体人均收入差别上的理论解释与现实差距甚大，但是新古典增长理论为我们分析区域经济增长差异，及非均衡增长过程中的资本和金融因素提供了一个有益的框架。我们注意到，索洛－斯旺模型的资本增量公式中同样隐含了储蓄向投资无摩擦转化的假定，我们采用扩展哈罗德－多马增长模型时的做法，加入反映货币金融体系运作状况的储蓄－投资转化率 λ，$\lambda = \dfrac{I(t)}{sY(t)}$，则有 $\dot{K}(t) = \lambda s\, Y(t) - \delta K(t)$，由此可以得到引入金融因素的人均资本演进方程：

$$\dot{k}(t) = \lambda s f\left[k(t)\right] - (n+g+\delta)k(t) \tag{2.8}$$

由（2.8）式求得稳态时的单位有效劳动资本存量为 $k^* = k(\lambda, s, n, g, \delta)$。因此，货币金融体系对投资形成的影响必然包含在地区资本积累的差异中，这一点可以解释区域人均资本的差异。另一方面，由于货币金融体系的运作不单影响储蓄向投资转化的情况，而且还影响投资资金的产出效率，因此地区间的资本产出弹性并非绝对一致，由于资金配置效率的差异，导致具有成熟金融市场的经济体往往资本的产出弹性较高。

纳入区域金融差异，则柯布－道格拉斯生产函数描述的索洛－斯旺模型为 $y = k(\lambda, s, n, g, \delta)^{\Phi(\lambda)}$，$\dfrac{\partial k}{\partial \lambda} > 0$，$\Phi'(\lambda) > 0$。假设 A、B 两地储蓄率和技术进步率相同，储蓄－投资转化系数 $\lambda_A > \lambda_B$，金融发展水平较高的 A 地人均产出是金融发展滞后的 B 地的 c 倍，则有：

$$k_A(\lambda_A) = y_A^{\frac{1}{\Phi(\lambda_A)}} = (cy_B)^{\frac{1}{\Phi(\lambda_A)}} = \left[ck_B(\lambda_B)^{\Phi(\lambda_B)}\right]^{\frac{1}{\Phi(\lambda_A)}} = c^{\frac{1}{\Phi(\lambda_A)}} k_B(\lambda_B)^{\frac{\Phi(\lambda_B)}{\Phi(\lambda_A)}}$$

由于 $\Phi'(\lambda) > 0$，即资本产出弹性是投资转化率的增函数，故 $\dfrac{\Phi(\lambda_B)}{\Phi(\lambda_A)} > 1$，

所以 $\dfrac{k_A(\lambda_A)}{k_B(\lambda_B)} > \dfrac{k_A(\lambda_A)}{k_B(\lambda_B)^{\frac{\Phi(\lambda_B)}{\Phi(\lambda_A)}}} = c^{\frac{1}{\Phi(\lambda_A)}}$，可见当纳入金融差异因素时，相同的

人均收入差异对应的人均资本差异小于初始的索洛－斯旺模型，这与现

实经济更为接近，从而提高了模型对区域经济增长差异的解释力。

通过纳入经济体之间的金融差异，进一步考察各自的资本边际产出对比：

$$f'\left[k_A\left(\lambda_A\right)\right]=\Phi\left(\lambda_A\right)y_A^{\frac{\Phi(\lambda_A)-1}{\Phi(\lambda_A)}}=\Phi\left(\lambda_A\right)\left(cy_B\right)^{\frac{\Phi(\lambda_A)-1}{\Phi(\lambda_A)}}=\Phi\left(\lambda_A\right)c^{\frac{\Phi(\lambda_A)-1}{\Phi(\lambda_A)}}y_B^{\frac{\Phi(\lambda_A)-1}{\Phi(\lambda_A)}}$$

又因为 $\Phi\left(\lambda_A\right)y_B^{\frac{\Phi(\lambda_A)-1}{\Phi(\lambda_A)}}<\Phi\left(\lambda_B\right)y_B^{\frac{\Phi(\lambda_A)-1}{\Phi(\lambda_A)}}<\Phi\left(\lambda_B\right)y_B^{\frac{\Phi(\lambda_B)-1}{\Phi(\lambda_B)}}$，故此时 A、B

两地的资本边际产出对比有 $\dfrac{f'\left[k_A\left(\lambda_A\right)\right]}{f'\left[k_B\left(\lambda_B\right)\right]}<c^{\frac{\Phi(\lambda_A)-1}{\Phi(\lambda_A)}}$。所以，当纳入金融市

场差异因素时，相同的人均收入差异对应的资本边际产出差异小于初始的索洛－斯旺模型，这也进一步验证了扩展后的模型对区域经济增长差异的解释力显著增强。

2.1.3　基于内生增长理论的进一步考察

以索洛－斯旺模型为代表的新古典增长理论抽象掉了经济体之间的金融差异，假设技术水平一致，认为稳态时人均收入的增长率最终表现为统一的外生技术进步率。由于假定资本的边际产出递减，因此在人口和技术不变的情况下，总体经济的增长无法依靠资本积累来维系。前文通过引入金融市场发展因素扩展了索洛－斯旺模型，对经济体之间的增长差异给出了初步的解释，但是面对长期存在的收入差距和增长差异，需要进一步将能够抵消资本积累过程中边际产出下降的因素内生化，从而使得经济增长随着资本的积累延续下去，进而解释经济体之间的增长差异在较长时期内存在。内生经济增长理论或新经济增长理论正是通过假定除资本之外的增长因素随资本积累等比例增长，而克服了资本边际产出的递减。AK 模型就是这类内生增长理论的代表模型之一。

AK 模型假定产出是总资本存量的线性函数，$Y(t)=AK(t)$，其中 A 为常数，表示资本的边际产出率。这里的资本 K 在内涵上较新古典增长理论更为丰富，除实物资本外还包括人力资本和智力资本等。

由 $Y(t)=AK(t)$ 两端取对数并对时间 t 求导，得到 $\dfrac{\dot{Y}(t)}{Y(t)}=\dfrac{\dot{K}(t)}{K(t)}$，表明非资本增长因素的变动保持了资本存量与产出的线性关系，从而资本积累与产出同步增长。定义资本增量为 $\dot{K}(t)=I(t)-\delta K(t)$，其中 δ 为折旧率，$I(t)$ 为 t 年的总投资。我们同样引入储蓄－投资转化率 λ，储蓄率为 s，得到资本增量公式：

$$\dot{K}(t)=\lambda s Y(t)-\delta K(t) \tag{2.9}$$

由上式得到经济增长率 $g=\dfrac{\dot{Y}(t)}{Y(t)}=\dfrac{\dot{K}(t)}{K(t)}=\dfrac{\lambda s Y(t)-\delta K(t)}{K(t)}$，将 AK 模型带入，得到内生增长模型框架下的经济增长率：

$$g=A\lambda s-\delta \tag{2.10}$$

由（2.10）式可知，AK 模型中由于非资本增长因素的变化是在保持资本边际产出不变的前提下以资本积累为参照的，所以经济体之间产出规模与增长速度的差异根本上仍然来源于资本积累。这就意味着，即使将技术因素内生以保持资本边际产出不变，解释经济体之间非均衡的增长格局仍须立足于对各自资本积累情况的考察，不能脱离对金融差异的分析。所以，促进后进地区的经济增长、缩小地区间的收入差距必须注重发挥金融系统或金融市场的作用。

2.1.4　金融发展促进经济增长的中国实践

改革开放以来，中国的金融总量保持快速增长，金融机构在多元化的同时，经营和发展能力增强；金融活动的市场化程度大幅提高，金融产品的种类不断增多，服务领域不断扩展，金融商品和金融服务对社会需求的满足程度越来越高。总体来看，金融快速发展极大地促进了经济增长，有力地支撑了改革至今中国经济的持续高位运行。在现代经济中，经济运行与金融活动总是相伴而行的，经济的高速发展必然伴随着金融总量的迅速增长，金融总量的增长对经济增长也提供着强有力的支持。

　　一般而论，在经济增长的不同阶段，各种因素的作用路径及力度存在显著的差异。金融发展因素对经济增长的作用也具有同样的特点。王广谦（2004）[①]对中国金融发展与经济增长的实践进行了阶段性划分，他认为，在计划经济体制下，金融体系的作用受到了严重抑制，只是被作为一种计划手段来使用，实际上长期以来中国金融体系在经济发展中扮演了一种财政化角色，金融成为财政分配资金的辅助性手段。改革以来至本世纪初期，随着计划经济体制的破除和市场经济的逐步确立，金融的作用逐步显现，但在这一时期，金融作用的发挥仍然是初步的、适应性的，行政手段仍然是推动金融发挥作用的主要力量，市场因素的主导地位并不显著。近年来，随着中国经济市场化程度与开放程度的进一步提高，金融体系的作用发生了重大转变，主要体现在：第一，金融对经济发展的促进作用更加突出，作用途径不再仅体现为提供信贷和货币，而是通过全方位的、系统的金融服务来实现；第二，金融推动经济发展的主要阵地不再仅限于银行机构，资本市场的作用力度大大增加；第三，金融业作为第三产业的重要组成部分，在自身创造产值和就业机会的同时，也通过为实体经济提供资金支持的结构性转变来促进经济结构的优化升级；第四，金融运行的市场化程度大幅提高，金融体系的"去财政化"趋势逐步增强。

第二节　区域经济增长非均衡性造成金融发展差异的机理分析

　　前文主要讨论了金融发展因素在区域经济增长及其差异形成中的作用机理，由于资本积累无论在短期还是长期都是经济增长的主要源泉，同时金融发展在节约交易成本、影响储蓄率、提高资本配置效率、促进资本加速形成以及为产业结构优化升级提供资金支持等方面对区域经济发展都有着重大意义，因此可以得出的一个基本判断是，金融发展差异在资本配置层面对区域经济非均衡增长应当具有显著解释力。

　　那么，区域金融发展差异本身又是如何形成的？在地区金融发展差

[①] 王广谦. 中国经济增长新阶段与金融发展[M]. 北京：中国发展出版社，2004.

异加大区域发展非均衡性的同时，区际非均衡性是否对地区金融发展差异具有反馈效应？从现实来看，中国金融体制改革使金融机构逐渐成为真正的市场交易主体，尤其是 20 世纪 80 年代中后期以来股份制银行的设立以及近年来各地城市商业银行的涌现，使得中国金融机构逐渐呈现出一种"去财政化"趋势，开始真正独立做出交易决策，并面临着利润约束的"硬化"，这必然导致金融机构的经营活动更多地考虑利润与风险因素。中国欠发达地区金融风险大、交易成本高是客观存在的事实，这使得在金融资源的配置过程中，金融机构出于成本及规避风险的考虑而不自觉地产生了金融歧视倾向。这一倾向导致区域间金融发展差异逐渐形成，并通过金融与经济发展的循环累积效应造成区际金融发展差异不断固化。在现有文献中，已经有不少研究注意到了地区经济社会发展差距对金融差异的加深作用，但与以往研究相比，本书更加注重从金融市场的微观主体角度来解释由区际差异而引起的金融歧视现象。

Greenwood 和 Jovanovic（1990），Matsuyama（2000）分别建立了初始分配外生给定条件下，基于微观个体之间融资能力差异的金融发展、经济增长和收入分配之间关系的动态理论模型，并将个体无法进入金融市场并取得融资的原因归结为金融市场的固定成本要求或者自身财富约束。马草原（2009）认为，无论是金融市场的固定成本要求还是自身财富约束，本质上都只是一种投资规模约束，无法进入金融市场并获得信贷支持的原因不应当仅是自身的财富无法达到最低投资规模的要求，随后他对 Matsuyama 的模型做了修正和扩展，将金融机构风险预期引入模型，从而为其赋予了金融歧视的色彩。这一理论假说在中国城乡差距的检验中得到了数据支持。

本书将在对上述理论框架做出方向性调整并适当扩展之后[①]，引入利润函数来说明金融机构歧视性金融资源配置方式的动机与根源（这显然有助于进一步厘清金融歧视的微观基础），并借此来揭示群体差异如何引起金融歧视，进而导致不断固化的金融发展差异。[②]

[①] 原模型可参见 Matsuyama, K. Endogenous Inequality[J]. Review of Economic Studies, Vol. 67, 2000 Oct.: 743-759 以及马草原. 金融双重门槛效应与城乡收入差距——基于风险预期的理论模型与实证检验[J]. 经济科学，2009，（6）。

[②] 王婷. 区域发展的非均衡性与金融资源配置差异研究——基于 2000~2008 年中国省际面板数据[J]. 经济问题，2010，（10）：22-28.

2.2.1　模型推演及其结论

2.2.1.1　模型基本假设

1. 经济中资本是财富增长的唯一源泉。[①]

2. 存在高收益项目，设项目的投资收益率为 R^+ [②]，但这些项目存在最低投资要求，为简便考虑记为 1；投资是有风险的，经济中每个主体在期初都被金融机构赋予了既定的风险预期，设 t 期投资成功的可能性为 p_t，显然 $0<p_t<1$；若经济主体在某个项目上投资失败，则最终得益为 0。

3. 经济中所有主体的初始财富外生给定（记为 W_t），并且假定其小于最低投资要求；所有经济主体可以选择出借资金以获得利息收益（记为 r_t），或者向金融机构申请资金支持以投资于高收益项目，但必须以 R^- 的利率向金融机构支付利息（$r_t<R^-<R^+$）。

4. 在 t 期内，任何主体除了金融市场活动所获得的收益之外，还有一个外生的收入 I。

5. 设每次贷款发生时，金融机构都要支付固定成本 C，假定这一成本对于所有主体都是相同的。

2.2.1.2　模型推导及命题

项目投资总额为 G_t，从金融机构的风险预期角度考虑，该项目的预期收益为：

$$F(G_t)=(1-p_t)\times 0+p_t R^+ G_t \qquad G_t \geqslant 1 \qquad (2.11)$$

金融市场存在违约风险，如果项目投资失败，则违约必然发生，此时金融机构收益为 0；投资成功的条件下也可能发生违约，设此时金融机构可通过一定的途径（如法律手段）获得收入为投资收益的 a 倍。故

[①] 当然，在现实经济中财富增长至少源自劳动、资本以及技术进步等方面，但考虑到本模型研究的主题在于金融资源配置差异与经济发展非均衡性的相互作用机理，亦即主要分析由于金融资源配置的不均等导致区域生产活动中资本参与程度的差异，而劳动和技术进步等因素对本模型的分析并不具有实质性的意义，为简化模型，抽象掉除资本之外其他影响经济增长的因素。中国是发展中国家，依据发展经济学理论并联系中国发展历程，改革至今，资本约束一直是中国经济发展最大的制约瓶颈，因此这种简化也有着现实基础。

[②] 为简便计，这里的 R^+ 相当于平常意义上的资金终值，即本利之和，模型中的 R^-、r_t 都具有与此相同的含义。

若发生违约，金融机构可获得的预期收益为：

$$(1-p_t)\times0+p_taR^+G_t \tag{2.12}$$

在这种情况下，金融机构基于风险规避的考虑，愿意出借资金的上限为：

$$p_taR^+G_t/R^- \leqslant G_t \tag{2.13}$$

显然 $1 < r_t < R^- < p_tR^{+①}$。

1. 金融市场"财富门槛"的约束

由投资总额 G_t 和（2.13）式可得，要在金融市场上取得融资并投资于高收益项目，并注意到最低投资要求为 1，则经济主体的期初财富 W_t 必须满足：

$$W_t \geqslant G_t - p_taR^+G_t/R^- \geqslant 1 - p_taR^+/R^- \tag{2.14}$$

（2.14）式实质上就是经济主体能否进入金融市场融资并取得借款的门槛约束条件，由（2.14）式立即可得：

$$G_t \leqslant W_t(1 - p_taR^+/R^-)^{-1} \tag{2.15}$$

分析（2.14）式可知，表面上看，经济主体能否在金融市场上取得融资似乎取决于自身的财富 W_t，只要 W_t 高于（2.14）式所表示的财富门槛约束，即可获得金融机构借款并进行投资。但门槛值 $1 - p_taR^+/R^-$ 显然是对 p_t 严格递减的，这意味着由于金融机构对经济主体风险预期的存在，使得不同的经济主体面临不同的金融市场财富门槛，若金融机构认为经济主体投资风险较小，此时将会赋予其较大的 p_t 值，使其面临较低的门槛约束条件，反之则反是。这事实上恰好反映了金融歧视的本质。

2. 金融市场有效需求分析

从金融机构借款并投资于高收益项目的经济主体 t 期末的期望总财富为：

$$Y_t = p_tR^+G_t - R^-(G_t - W_t) + I \tag{2.16}$$

---

① 若 $p_tR^+ < R^-$，则在投资失败概率存在的情况下，经济主体（在风险中性时）将不会有通过金融机构借款的意愿，金融市场的需求将萎缩。

由于 $R^- < p_t R^+$，则（2.16）式对 G_t 是严格递增的，即能够取得金融市场的借款并投资的经济主体，其投资额必然达到其投资的上限，上限由（2.15）式给出，即此时该主体的投资需求为 $W_t(1 - p_t a R^+ / R^-)^{-1}$。

设 $f_t(w)$ 为期初财富分布的概率密度函数，则综合考虑所有经济主体在金融机构金融歧视下的"有效"投资需求为：

$$\int_{1-p_t a R^+/R^-}^{\infty} W_t(1 - p_t a R^+ / R^-)^{-1} f_t(w) \mathrm{d}w \tag{2.17}$$

而不存在金融歧视的条件下，金融市场的需求为：

$$\int_{1-a R^+/R^-}^{\infty} W_t(1 - a R^+ / R^-)^{-1} f_t(w) \mathrm{d}w \tag{2.18}$$

显然，（2.17）式小于（2.18）式，这表明在金融机构风险预期衍生成为金融歧视的情况下，金融市场的有效需求将会变小，出现了金融抑制现象。当然，金融抑制主要发生在被赋予较高投资风险预期的群体当中。

3. 金融机构利润函数分析

结合（2.13）式并考虑到（2.16）式对 G_t 严格递增的情况可得，对有条件获得借款支持的单个经济主体，金融机构的贷款额度为 $p_t a R^+ G_t / R^-$，故金融机构对于单个项目的预期利润函数可以表示如下：

$$\pi = (p_t a R^+ G_t / R^-)(R^- - r_t) - C_t^{①}$$

则在金融机构对经济主体进行投资风险区分情况下的预期总利润为：

$$\sum_{i=1}^{n} \pi_i = \sum_{i=1}^{n} \left[(p_{ti} a R^+ G_t / R^-)(R^- - r_t) - C_t \right] \tag{2.19}$$

若金融机构对所有经济主体赋予相同的（平均的）风险预期水平 $\sum_{i=1}^{n} p_i / n$，那么所有经济主体将面临相同的财富门槛约束（金融歧视不存在），此时所有符合约束条件的经济主体所能得到的金融机构借款额是

---

① 在（2.13）式中已经考虑了在投资成功情况下经济主体的违约可能，这一条件已经反映在最高贷款上限中，故在利润函数中不再涉及。

相同的，均为 $\left(\sum\limits_{i=1}^{n} p_i \bigg/ n\right) aR^+ G_t \big/ R^-$。

此时，对于投资风险水平低的群体，即 $p_i^+ > \left(\sum\limits_{i=1}^{n} p_i \bigg/ n\right)$ 时，金融机构损失的预期利润为：

$$\sum\limits_{i=1}^{k} \{[(p_i^+ - \sum\limits_{i=1}^{n} p_i \big/ n)\, p_i^+ aR^+ G_t \big/ R^-](R^- - r_t)\} \tag{2.20}$$

而对于投资风险水平高的群体，即 $p_i^- < \left(\sum\limits_{i=1}^{n} p_i \bigg/ n\right)$ 时，金融机构增加的预期利润为：

$$\sum\limits_{i=k}^{n} \{[(\sum\limits_{i=1}^{n} p_i \big/ n - p_i^-)\, p_i^- aR^+ G_t \big/ R^-](R^- - r_t)\} \tag{2.21}$$

综合（2.20）式和（2.21）式并注意到 $R^- < R^+$，容易证明，若不区分经济主体的预期风险，将会导致（2.19）式所表示的预期总利润减少。这意味着金融机构完全可以通过对不同经济主体赋予不同风险预期的金融歧视而获取更高的预期利润。

4. 在稳态中金融歧视极化为长期金融发展差异的过程

设 β 为经济主体的储蓄倾向，且长期保持不变。未能取得贷款的经济主体在 $t+1$ 期的财富总额为：

$$W_{t+1} = \beta(r_t W_t + I) \tag{2.22}$$

而取得金融机构借款的经济主体在 $t+1$ 期的财富总额（不同于（2.16）式）为：

$$W_{t+1} = \beta(R^+ G_t - R^-(G_t - W_t) + I) \tag{2.23}$$

对（2.22）式和（2.23）式分别求极限可得：

$$\lim_{t \to \infty} W_t = \beta I / (1 - \beta r_\infty) \tag{2.24}$$

$$\lim_{t \to \infty} W_t = \beta I / \{1 - \beta r_\infty [(R^+ - ap_\infty R^+)/(R^- - ap_\infty R^+)]\} \qquad (2.25)$$

显然，由于 $R^- < R^+$，（2.24）式所表示的稳态财富必然小于（2.25）式，并且出借资金的经济主体与借入资金的经济主体之间存在财富增长率的差异。这表明，面临金融机构财富门槛的约束时，主体之间的差异不仅在当期得到反映，使部分主体得到金融支持并获得高回报的投资机会，而剩余群体只能依靠向金融机构提供资金来获取低额的利息报酬，而且在长期发展中，金融歧视造成的群体之间的财富差异必定不断地反馈到金融市场融资过程当中，使得一些群体在金融市场的资金竞争中始终处于劣势，这势必导致在长期经济中逐渐形成二元的金融发展差异格局。

2.2.2　模型理论分析的现实意义

本节基于金融机构的微观角度，使用一个简单的动态模型刻画了由经济主体差异而引发的金融歧视现象。理论分析表明，由于经济主体之间的差异，使得金融机构为不同的主体赋予了不同的金融风险预期水平，这导致不同群体在金融市场的资金竞争中面临着不同的财富门槛约束，这一问题本质上是一种金融歧视现象。金融机构的利润函数分析显示，对经济主体之间不同风险水平的区分将会提高金融机构自身的预期利润水平，这激励了金融机构的金融歧视动机。由于金融歧视的存在，一方面引致了经济中的金融压抑现象，同时使得经济主体逐渐出现分化，这一分化不仅体现在财富的增长速度上，而且会更进一步地反馈到下一期的金融市场资本竞争中，从而导致经济中金融发展的差异逐渐固化。

中国金融体制改革的推进使金融机构的经营主体地位逐渐确立，其利润约束也不断地得以"硬化"，这使得金融机构在分配贷款的时候必然更多地考虑利润及风险因素。中国区域发展的非均衡性不仅体现为经济总量方面的差异，而且更主要地表现在社会总体发育程度上，欠发达地区社会发育程度低下，信用环境落后，金融交易成本高是不争的事实，这必然引起金融机构在市场交易中"嫌贫爱富"的金融歧视倾向。这一倾向严重削弱了欠发达区域应有的金融支持，使其面临不利的资金竞争地位，而且通过财富与资本的双向反馈效应，形成一种循环累积效应，在长期时段内导致中国区域之间的金融发展与经济社会发展同时出现巨大差异，并交织沉淀，相互加深。

第三节　区域金融发展影响经济增长差异敛散性的机理分析

前文分别对地区金融差异与区域经济增长非均衡性的双向反馈效应进行了理论分析，本节将就两者的敛散性机理展开讨论。

2.3.1　经济增长敛散性的条件

一般而言，经济体之间以及经济体内部各地区之间收入水平的对比不外乎两种趋势：一是收敛或者趋同（Convergence），即地区间的收入差距随着时间的推移趋于缩小；二是发散或者趋异（Divergence），表示收入差距在地区经济发展的过程中趋于扩大。关于经济增长敛散性的实证结论取决于样本所选择的经济体的特征、范围和时间跨度，趋同或收敛问题的研究可以归结为以下几种类型：一是绝对 β 收敛。绝对收敛意味着不论经济结构、经济体制的差别，经济体之间收入水平的差距将不断缩小，初始收入水平低的国家或地区将具备更高的增长速度。假设 $\bar{g}_i = \alpha + \beta \ln(y_{i,t=1}) + \varepsilon_i$，等式中 $\bar{g}_i$ 表示经济体 i 在样本期内的平均增速，$y_{i,t=1}$ 表示经济体初始的经济发展指标，如人均 GDP 或实际 GDP。绝对 β 收敛，即总体样本的回归方程中 β 为负值，从而初始收入水平低的经济体的平均增速高于人均收入水平高的经济体，保证了整体收入水平的趋同。二是条件 β 收敛，即各经济体收入水平的演进将收敛于自身的稳态，收敛过程中经济体的增长速度与距其稳态的距离成正比，$\bar{g}_i = \alpha + \beta \ln(y_{i,t=1}) + \gamma X_i + \varepsilon_i$，其中 X_i 是经济体的稳态向量，β 为负值。绝对收敛和条件收敛是对新古典增长理论趋同结论的细化，作为对经济增长差异演进趋势的理论预见，其存在较严格的理论前提。关于经济体之间收入水平差异演进趋势的假说还包括 σ 收敛和俱乐部收敛。σ 是样本经济体收入水平的标准差，$\sigma_{t=1} > \sigma_{t=T}$ 表示期初样本经济体收入水平的标准差小于期末，标准差的下降趋势表明各经济体人均 GDP 的分布趋于集中。俱乐部收敛是指在经济结构和经济体制相似、初始收入水平和资源禀赋相近的国家或地区，人均收入水平在长期内有趋同倾向。

关于经济增长敛散性的实证研究，鲍莫尔（Baumol，1986）对 OECD 国家间的比较研究认为，后进国家存在向先进国家收敛的趋势，而且收敛的速度与初始收入水平的对比有关。虽然该研究存在样本选择方面的不足，但是证实了经济结构相似的国家在收入水平上的差距将趋于缩小，这与新古典增长理论的趋同结论一致。Romer（1986）和 Lucas（1988）基于新增长理论的框架指出，经济体之间收入水平的对比并不是必然收敛的，包含人力资本的广义资本具有边际收益递增的特征，从而先进国家可能因此而富者愈富，落后国家则可能陷入贫困陷阱而贫者愈贫。Barro 和 Sara-I-Martin（1995）等的实证研究认为，没有证据显示世界范围内存在绝对收敛，相比之下新古典增长模型的条件收敛具有一定的现实基础，虽然经济体彼此的稳态状况不尽相同，但是当其发展水平距离这一均衡状态越近，其增长速度一般将会放慢。由于同一经济体内部的各个区域在经济结构、资源禀赋、文化制度等方面的差异小于经济体之间的差异，而且要素的流动性、产业的转移、政策的模仿都对促进区域间的趋同起到积极作用，因此有理由认为区域之间条件收敛的特征将更为明显，甚至会表现出绝对收敛的趋势。实证研究也证实了这一点，Barro 和 Sara-I-Martin（1995）有关美国各州收入差距演变趋势的分析表明，1880 年至 1990 年各州之间收入水平差距的演变呈现出绝对收敛特征；而进一步按区位划分，美国东部、西部和南部各地区内部同样存在俱乐部收敛的特征。可见，经济增长理论和相关的实证研究对于经济体之间收入差异的演变趋势尚未有一致的结论，经济增长敛散性的实证结论取决于样本所选择的经济体的特征、范围和时间跨度。但是，条件收敛对国家和地区间乃至对同一经济体内部不同区域间增长差异的解释力，也进一步启发我们通过纳入金融因素深入考察区域经济增长的敛散性。由于条件收敛本身是新古典增长模型趋同结论的推广，因此接下来本书将在新古典增长理论的框架下讨论金融因素对区域经济增长敛散性的影响。

2.3.2 金融因素影响区域经济增长敛散性的机理分析

前文讨论了纳入金融因素的索洛－斯旺模型的扩展形式，此时经济增长与资本的累积同步，因此分析经济增长差异须立足于各自的资本累积情况。扩展的索洛—斯旺模型中，人均资本增量的演进路径为：

$$\dot{k} = \lambda sf(k) - (n + g + \delta)k \tag{2.26}$$

接下来引入金融因素考察资本向稳态收敛时的速度。定义资本增量的函数为 $\dot{k}(k)$，当人均资本累积抵达稳态 k^* 时，$\dot{k}(k^*) = 0$，$k^* = k(\lambda, s, n, g, \delta)$。$\lambda$ 是储蓄转化为投资的系数，表征金融系统运行效率。以柯布—道格拉斯生产函数表示索洛—斯旺模型，资本收入在产出中所占份额为 α，$0 < \alpha < 1$，从而有 $y = f(k) = k^\alpha$。稳态时的资本存量满足 $\lambda sk^{*\alpha} = (n + g + \delta)k^*$，解之得 $k^* = \left[\dfrac{\lambda s}{n + g + \delta}\right]^{1-\alpha}$，等式两端对 λ 求导，因此有：

$$\frac{\partial k^*}{\partial \lambda} = (1 - \alpha)\frac{\dfrac{\lambda s}{n + g + \delta}}{\left[\dfrac{\lambda s}{n + g + \delta}\right]^\alpha} > 0 \tag{2.27}$$

金融系统运行效率越高，则稳态时的人均资本存量越大。

由 $k = k^*$，带入资本增量变动方程得到 $s = \dfrac{(n + g + \delta)k^*}{\lambda f(k^*)}$，设资本的边际产出弹性 $\alpha_k(k) = \dfrac{kf'(k)}{f(k)}$。令 $\eta = -\dfrac{\partial \dot{k}(k)}{k}\bigg|_{k=k^*} = n + g + \delta - \lambda sf'(k^*)$，将 s 和 α_k 分别带入，得到：

$$\eta = -\frac{\partial \dot{k}(k)}{k}\bigg|_{k=k^*} = \left[1 - \alpha_k(k^*)\right](n + g + \delta) \tag{2.28}$$

由资本边际产出弹性与资本存量的关系，根据定义得：

$$\frac{\mathrm{d}\alpha_k(k^*)}{\mathrm{d}k} = \frac{\left[f'(k^*) + k^*f''(k^*)\right]f(k^*) - k^*\left[f'(k)\right]^2}{f^2(k^*)} \tag{2.29}$$

由 $f''(k') = \dfrac{f'(k^*) - f'(0)}{k^* - 0}$，$0 < k' < k^*$，从而有 $f''(k')k^* + f'(0) = f'(k^*)$，

又因为索洛－斯旺模型须满足 $\lim\limits_{k \to 0} f'(k) = \infty$，所以必有 $\dfrac{d\alpha_k(k^*)}{dk} > 0$。

又因为 $\dot{k} \cong \left[\dfrac{\partial \dot{k}(k)}{\partial k} \Bigg|_{k=k^*} \right] (k - k^*)$，所以可得到资本增量的演进路径：

$$\dot{k}(t) = -\eta \left(k(t) - k^* \right) \tag{2.30}$$

（2.30）式表明，资本收敛于稳态时，资本增量累积的速度与当期资本存量距稳态时资本存量的距离成正比，其他条件不变，距离稳态越远则资本累积的速度越快。

假设区域 A 和 B，除金融系统运行效率外，储蓄率、人口增长、技术水平和折旧率等相关经济特征均相同，A 地为金融先进地区，B 地为金融后进地区，两地的储蓄－投资转化系数有 $\lambda_A > \lambda_B$，$\alpha_k{}'(k^*) > 0$，结合（2.27）式和（2.28）式，必有 $\eta_A < \eta_B$，此时金融后进地区的收敛速度更快，经济保持条件收敛的特征。又 $\dfrac{\partial k^*}{\partial \lambda} > 0$，由（2.26）式得 $k_A{}^* > k_B{}^*$。

假设初始的资本存量相同，则 A、B 两地的资本收敛速度的对比

$\dfrac{\dot{k}(t)_A}{\dot{k}(t)_B} = \dfrac{-\eta_A \left(k(t) - k_A{}^* \right)}{-\eta_B \left(k(t) - k_B{}^* \right)}$，令 $\dfrac{\dot{k}(t)_A}{\dot{k}(t)_B} > 1$，则 $\dfrac{\eta_A \left(k_A{}^* - k(t) \right)}{\eta_B \left(k_B{}^* - k(t) \right)} > 1$，即：

$$\dfrac{k_A{}^* - k(t)}{k_B{}^* - k(t)} > \dfrac{\eta_B}{\eta_A} \tag{2.31}$$

（2.31）式表明，如果两地金融系统运行效率的悬殊使得金融先进地区与其稳态资本存量的距离相对于后进地区足够大，以至大于金融后进地区资本收敛速度与金融先进地区资本收敛速度的比值，则在收敛过程中金融先进地区的资本累积速度必然大于金融后进地区。反之，若金融后

进地区的投融资效率得到改善，缩小了同先进地区稳态资本存量的差距，并且使得 $\dfrac{k_A^* - k(t)}{k_B^* - k(t)} < \dfrac{\eta_B}{\eta_A}$ ，即两地与各自稳态资本存量的距离之比，小于金融后进地区与金融先进地区的资本收敛速度之比。此时，条件收敛的特征最为显著，因为后进地区不单经济体趋近于稳态的速度高于先进地区，而且在收敛过程中资本累积的速度也高于先进地区。

第三章 我国区域经济发展的非均衡性分析

　　本章将从总量、结构和效率三个方面分别探讨中国区域经济发展的非均衡性。首先，从我国区域经济发展战略演变的角度分析区域增长差异的历史和制度背景，进而从总量层面对省际和东中西三大地带经济增长的非均衡性进行考察，并在此基础上归纳出空间非均衡性的总体特征；其次，进一步从结构角度审视我国区域经济发展的差异，着重研究区域之间产业结构与改革开放过程中外向型经济发展的差异；最后，考察省际和地区之间生产要素方面，包括资本存量、劳动力以及全要素生产率（TFP）等的差异。

第一节 改革以来我国区域经济发展战略的演变

　　改革开放以前，面对特定的历史条件和国内外政治经济形势，我国区域经济布局大体遵循着"在全国配置生产"的均衡发展指导思想，强调地区之间在产业体系和资金分配方面的平衡。这种生产力布局的平衡观念以及个别历史时期的平均主义做法，虽然使得我国在改革开放之初地区之间的经济发展差距较小，但是这种低水平的均衡格局抑制了区域比较优势的发挥，从而造成了我国经济发展水平的整体滞后。1978年，中共十一届三中全会决定把党的工作重心由阶级斗争转移到社会主义现代化建设上来。自此，长期以来贯穿我国生产力布局的平均主义思想，开始转变为允许区域发展差距存在，并着力通过优先开发部分地区的增长潜力，带动其他地区协调发展的非均衡发展思路。随着我国总体经济的迅速增长，为适应各阶段社会经济发展的需要，我国区域经济发展战略也经历了一系列的演变和调整。以各个时期我国国民经济和社会发展规划中区域发展战略重心的转换为基准，可初步划分为以下三个阶段。

3.1.1　以效率为中心的区域优先发展战略阶段：1978～1990 年

改革开放之初对建国以来经济建设的经验教训进行了总结，在区域经济发展战略方面开始认识到区域经济的均衡发展在现阶段尚不具备实现条件，区域经济非均衡发展是不可避免的，同时也是最终实现区域经济均衡发展的必经阶段，因此要转变原先片面追求地区平衡的具有平均主义倾向的做法，借鉴国外区域经济发展方面的理论和实践成果，在立足我国现有条件的基础上，从改善产业体系、提高投资效率入手，调整区域经济布局。这一时期，在突破资源约束的过程中，国家注重运用政策和资金倾斜，先行发展具有比较优势和较强带动效应的部分地区的产业、部门，形成具有一定层次的区域经济发展布局，进而通过先行领域较高的投资效率和较快的经济增长带动其他领域的经济发展，最终促进整体经济运行效率的提高。

20 世纪 80 年代初邓小平提出"两个大局"思想，其中的"第一个大局"即"东部沿海地区要加快改革开放，使之较快地发展起来，中西部地区要顾全这个大局"。同时，这一时期明确了以优先发展东部沿海地区为重点的区域发展战略，并将提高投资效率和经济效益作为区域经济发展的目标。《国民经济和社会发展第六个五年计划》中提出了沿海－内地经济互动的概念，指出"要积极利用沿海地区的现有基础，充分发挥他们的特长，带动内地经济进一步发展"。"六五"期间，继 1980 年设立深圳、珠海、汕头和厦门四个经济特区之后，1984 年又进一步增设了天津、上海、广州等 14 个沿海开放城市作为对经济特区的延伸，1985 年把长江三角洲、珠江三角洲和闽南厦（门）漳（州）泉（州）三角地区开辟为沿海经济开放区。在给予东部沿海地区政策优惠的同时，也实行了投资的倾斜，整个"六五"期间东部地区投资约占全国基本建设投资总额的 50%。

随后在《国民经济和社会发展第七个五年计划》中，首次把全国划分为西部、中部和东部三大经济区域，突出了通过发挥区域比较优势促进区域经济互补协调发展的思路，指出"要加快东部沿海地区的发展，同时把能源、原材料建设的重点放到中部，并积极做好进一步开发西部地带的准备"。1988 年国务院扩大了经济开放区的范围，将辽东半岛、山东半岛和环渤海地区的部分县市纳入经济开放区，当年设立海南经济特区和海南省。1990 年又启动了浦东的开发开放。"七五"期间除继续扩大沿海的对外开放以外，资金投入也进一步向东部地区倾斜，东部地区投资已占全国基本建设投资总额的 53.1%。在产业政策的引导方面，鼓励东部地区发展出口导向型产业，集中力量发展出口加工型企业，同时着力培育东部沿海地区在重化工业和现代服务业方面的优势。至"七五"期末，我国已初步形成了"经济特区－沿海开放城市－沿海经济开放区－内地"的推进式区域经济发展布局。

3.1.2　注重缩小地区差距的兼顾公平发展阶段：1990～1999 年

进入 20 世纪 90 年代，我国改革开放已迈入全方位、多层次发展的新时期，经过"六五"和"七五"计划的实施，以效率为中心的区域优先发展战略基本达到了预期效果，东部地区已初步建立起较完善的出口导向型工业体系，经济增长速度明显加快，并且逐渐拉开了与内陆地区的发展差距。与此同时，社会经济环境的变化也进一步要求原先强调效率的优先发展战略做出调整。

首先，为突破东部地区发展的资源瓶颈，迫切需要加大对中西部地区的开发。随着东部沿海地区的迅速发展，其对能源、资源的需求不断扩大，市场压力也逐步凸显。一方面，沿海地区本地资源禀赋较差，无法满足自身需求，市场的供需结构不匹配；另一方面，资源相对丰富而市场发展滞后的内陆地区又难以对东部地区形成有力支援。其次，随着全球经济一体化和国际贸易的发展，加上东部地区的示范效应，参与对外贸易的机遇也摆在了我国广大内陆地区面前，而无论是抢占国际市场还是开发本地市场，都需要政策和资金支持。最后，如果延续上一阶段的区域经济发展战略，一方面东部沿海地区可能享受的政策优惠和资金倾斜已基本到位，专注于沿海的开发不利于改革开放的全面推进；另一方面东部与中西部地区的发展差距将进一部拉大，不利于全国统一市场的形成和总体经济的持续增长。这就要求区域经济发展战略由原先强调效率的优先发展向注重平衡区域差距的兼顾公平发展转变。

1990 年,《关于制定国民经济和社会发展十年规划和"八五"计划的建议》明确提出把全国经济的统一性和地区经济的特点结合起来,促进地区经济的合理分工和协调发展。1991 年正式颁布的《国民经济和社会发展十年规划和第八个五年计划纲要》中进一步指出:"正确处理发挥地区优势与全国统筹规划、沿海与内地、经济发达地区与较不发达地区之间的关系,促进地区经济朝着合理分工、各展其长、优势互补、协调发展的方向前进。"1995 年,党的十四届五中全会把缩小地区差距作为一项长期的指导方针,把促进地区协调发展作为改革和发展的重要任务。1996 年颁布的《国民经济和社会发展"九五"计划和 2010 年远景目标纲要》也强调"坚持区域经济协调发展,逐步缩小地区差距"。这一时期的区域发展战略注重发挥区域比较优势,平衡地区发展的差距,体现了"效率优先,兼顾公平"的原则。

随着区域发展政策的调整,我国逐渐由东部地区的带状发展扩展为沿海、沿江、沿线的轴线发展格局,新型区域经济布局和区际关系的形成为控制和平衡区域间发展差距创造了良好的条件。由于东部地区与内陆省份之间存在着固有的地理区位差异,并且改变中西部地区相对薄弱的发展基础也非短时间内可以完成,因此虽然国家通过在政策、资金、技术等方面支持内陆地区,对缓解区域之间发展差距的不断拉大起到了积极作用,但是正如把缩小地区差距、兼顾公平发展作为一项长期指导方针一样,区域经济的非均衡协调发展也成为此后一个时期区域经济发展战略的主题。

3.1.3 全面发挥区域比较优势促进区域经济协调发展阶段: 1999 年至今

经过二十年的改革开放,我国总体经济实力有了显著提升,东部地区的发展水平也达到了较高层次,党的十五届四中全会做出实施西部大开发战略的决定,这是我国区域经济发展的一个战略性举措。邓小平在 20 世纪 80 年代提出的"两个大局"中的"第二个大局",就是"当发展到一定时期,比如本世纪末达到小康水平时,就要拿出更多的力量帮助中西部地区加快发展，东部沿海地区也要服从这个大局"①。世纪之交，我国区域经济政策的重点也由"第一个大局"转向"第二个大局"，进入全面发挥区域比较优势促进区域经济协调发展阶段。

通过明确地区功能定位及发展方向，发挥区域比较优势，加强区域间的分工协作和优势互补，促进区域经济协调发展，成为这一时期我国区域经济政策的重点。关于区域比较优势，早在1996年颁布的《国民经济和社会发展"九五"计划和2010年远景目标纲要》中已按照区位特征和经济基础把全国划分为七个经济区，即环渤海综合经济圈，长江三角洲及沿江综合经济带，东南沿海外向型经济区，西南华南能源及热带亚热带经济基地，东北重化工及农业基地，中部农业、原材料及机械工业基地，西北畜产品、棉花、石化及有色金属基地。"十五"计划也强调指出，国家要继续推进西部大开发战略，实行重点支持西部大开发的政策措施，增加对西部地区的财政和资金投入，并在对外开放、税收等方面给予政策优惠；充分发挥中部区位优势和综合资源优势，提高城市与工业化水平；东部地区继续发挥制度、技术创新方面的优势，提升对外开放和经济发展水平。

进入21世纪以来，我国在继续实施西部大开发战略的同时，先后提出实施振兴东北老工业基地战略和促进中部崛起战略。至此，我国区域经济协调发展的战略布局已逐渐清晰。2003年提出支持东北三省的工业调整和改革，支持以资源开采为主的地区发展接续产业。2006年的"十一五"规划中提出，增强中部六省的粮食生产能力，支持中部地区的能源生产基地建设，加快产业结构调整，建设原材料供应基地以及构建综合交通体系。虽然东部、西部、东北和中部的区域板块经济发展定位已基本明确，但是这种全面发挥区域比较优势的非均衡协调发展战略并不是片面追求区域之间的同步增长，而是要最大化地促进区域经济协作，把不同发展层次所释放出的辐射和带动效应利用好，在非均衡的格局下实现区域之间经济发展的良性互动。

目前我国正处在加速工业化城市化的新阶段，这就决定了非均衡协调发展战略的实施更加关注城市发展、产业结构调整以及发展制度的创

---

① 邓小平.邓小平文选（第三卷）[M].北京：人民出版社，1993：277-278，373-374.

新，不断丰富原有区域发展规划的内涵。应着眼于全国区域发展的总体战略，通过部分地区设立国家级"综合配套改革实验区"，在一批"新特区"先行先试，以点带面，创新区域发展模式，为全国总体经济社会的发展提供经验和思路。2005年起，批准上海浦东新区成为第一个综合配套改革实验区，探索政府职能转变，以及完善社会主义市场经济体制。2006年设立天津滨海新区，开展综合配套改革试点，探索新的城市发展模式和新型工业化发展模式，把滨海新区作为国家产业发展战略和深化经济体制改革的试验区，支持推进金融创新、土地管理制度、城乡规划管理体制和农村体制等方面的改革。2007年国家批准重庆市和成都市设立（成渝）全国统筹城乡综合配套改革实验区，支持两市探索统筹城乡协调发展方面的制度创新，积累解决"三农"问题和提高城镇化水平方面的经验，从而为促进其他地区城乡经济的协调发展做出示范。2007年底，武汉城市圈，长沙、株洲和湘潭（长株潭）城市群被批准成立资源节约型和环境友好型社会建设综合配套改革实验区，探索经济社会与人口、资源、环境的协调发展。此外，2010年初国务院正式批准设立了皖江城市带承接产业转移示范区。首个国家级产业转移示范区的设立是国家实施促进区域协调发展战略的又一重大举措，这也从侧面反映了在今后一个时期内区际间产业的转移与承接必将构成区域经济发展的重要内容。加快东部沿海地区产业向中西部地区的转移，形成更加有效、合理的区域产业分工布局，是促进区域经济协调发展的重要任务。

第二节   研究区域经济发展非均衡性的测度方法

3.2.1   指标体系的构建

1. 为全面分析我国改革开放以来区域经济发展历程中出现的非均衡特征，我们将从总量、结构和效率三个方面构建测度区域或省际非均衡发展格局的指标体系。

在指标选取方面，我们遵循的原则是，一方面通过相关指标的描述，力求全面、客观地揭示改革开放以来我国区域间的经济发展差异；另一方面限于部分样本、指标和年份数据的可得性，我们在保持数据可靠性的基础上对部分相关数据加以推算。具体的指标选择如下：

（1）总量非均衡性：地区生产总值[①]，人均地区生产总值。

（2）结构非均衡性：产业结构，经济开放度。

（3）效率非均衡性：资本积累，全要素生产率。

总量非均衡性的描述主要通过地区生产总值、人均地区生产总值、地区生产总值增速等变量的比较分析，从总量意义上表现区域间的经济增长差异。结构非均衡性的描述首先通过测算三次产业增加值所占 GDP 比重来分析产业结构差异，此外分别以进出口总额和利用外资占 GDP 比重来反映经济外向化程度方面的差距。揭示经济增长效率差异的效率非均衡性指标，首先是在测算资本存量的基础上描述包括资本积累在内的要素投入差异，其次通过测算全要素生产率分析区域经济增长过程中的技术进步状况，计算区域经济发展过程中的增长效率差异。

2. 为细化探索区域经济增长的非均衡特征，须对上述指标的原始数据进行必要的统计处理。在实证研究中，测度差异的指标有很多种，包括极值差（或全距）、离均值、标准差、变异系数、泰尔指数以及基尼系数等。在测度区域经济发展的绝对差异方面，我们采用了标准差和极差两个统计指标；在测度区域经济发展的相对差异方面，我们采用了变异系数和相对极差两个统计指标。具体如下：

（1）用相关经济指标的标准差和极差来测度区域绝对发展差异。

标准差：$SE = \sqrt{\sum_{i=1}^{n}(X_i - \bar{X})/n}$。其中，$X_i$ 表示各区域经济板块或各省级单位的经济指标；$\bar{X}$ 表示对应指标的总体样本均值，即全国的平均水平；n 表示所测度的样本经济单位的个数。

绝对极差：$AP = X_{Max} - X_{Min}$。其中 X_{Max} 表示对应经济指标的样本最大值，相应地，X_{Min} 为对应经济指标的样本最小值。

（2）用相关经济指标的变异系数和相对极差来测度区域相对发展差异。

---

① 国家统计局规定，2004 年起"地区 GDP"的中文名称统一改为"地区生产总值"，例如"北京市生产总值"为规范名称，不再使用"北京市国内生产总值"的名称。

变异系数： $CP = \sqrt{\left[\sum_{i=1}^{n} (X_i - \bar{X})/n\right]} / \bar{X}$ 。

相对极差： $RP = X_{Max} / X_{Min}$ 。

变异系数与相对极差计算公式中，各变量和参数的经济意义同前。

（3）应用基尼系数和泰尔指数及其分解方法综合测度区域经济增长差异，全面描述区域经济的非均衡性。

这两种方法各有优劣之处。基尼系数的最大优点是其值域介于 0 到 1 之间，利于比较；但要进行组群分解的话，则会出现一个交叉项，并且这个交叉项的具体含义不易解释。泰尔指数则正好可以克服这一问题，在组群之间能够完全分解，故涉及实证的分解分析时，学者们通常采用泰尔指数方法；但是泰尔指数也有自身的缺陷，最大的问题是没有上下界限而不利于横向比较及价值判断，即给定一个泰尔指数，我们无法确知这一指数所代表的差异到底是大还是小。基尼系数的测度方法在很多国内同类著作中一般均有介绍，此不赘述，但国内很多研究在使用泰尔指数方法时通常会忽略正负相抵的情况（周云波，2009），故本书将对此方法稍做分析并进行修正。

假设样本总数为 P ，分为 I 个组，每个组的样本数为 P_i ；每个组内再分为 J 个组，每个组的样本数为 P_j ； $\bar{y}$ 表示总平均值， $\bar{y}_i$ 表示第 i 组的平均值， $\bar{y}_i$ 表示第 i 组中第 j 组的平均值，则泰尔系数的分解公式如下：

$$T = \sum_{i=1}^{I} \frac{P_i}{P} \mathrm{Log} \frac{\bar{y}_i}{\bar{y}} + \sum_{i=1}^{I} \frac{P_i}{P} \sum_{j=1}^{J} \frac{P_j}{P_i} \mathrm{Log} \frac{\bar{y}_j}{\bar{y}_i}$$

公式中的第一项表示组间差别，这里的组间差别并非组与组之间的差别，而是每个组的均值与总样本均值之间的差别。公式中的第二项表示组内差别。可见，由于分组数据的均值与总样本均值相比，肯定有大有小，所以无法保证它们的商大于 1，因此上述公式中的对数值必然有正有负，如果不做调整将会导致正负相抵的情况出现，这势必低估了群组之间的差异。所以，在使用泰尔指数方法时，将对所有的对数值取绝对值，以保证对差异的正确衡量。

作为"综合"测算方法，基尼系数和泰尔指数将与上述方法测算出的绝对、相对差异相互对比，相互佐证，以求全面反映区域经济增长的非均衡性。由于泰尔指数可在组内和组间进行分解，这将为分析地区内增长差异和地区间差异提供定量描述，量化增长差异中的地区内贡献和地区间贡献，从而进一步揭示经济增长非均衡性的内在结构特征。

3.2.2　指标的基本描述与数据采集说明

3.2.2.1　指标描述

分析区域经济增长的非均衡性，首先引入的是地区生产总值。作为对地区产出价值总量的计算，地区生产总值绝对值的大小从直观上反映了区域之间经济规模的差异。描述区域经济绝对差异时采用地区人均地区生产总值，目的是为了规避地区人口数量差别的影响，从而更全面地反映省际和地区间的总量非均衡性。

三次产业的增加值既是地区生产总值的组成部分，也表征了地区的产业结构，因此三次产业占比及其变动态势将反映区域经济的结构差异。进出口贸易额表征着地区经济的开放性。外国直接投资（FDI）则兼有固定资产投资和对外贸易的特点：一方面，作为重要的外部资本，其有利于本地资本积累和区域经济增长，同时当地市场环境包括金融环境都是吸引 FDI 流入的重要因素；另一方面，FDI 的引入和跨国公司的入驻既要求当地经济的开放性，也对扩大本地开放和参与对外经济交往产生积极影响。所以，我们采用产业结构和经济开放度作为结构指标分析区域经济非均衡发展过程中的结构特征。

在分析区域经济增长效率差异时，我们将测算改革开放以来我国的省际全要素生产率（Total Factor Productivity），从而涉及对各省资本投入数据的处理。在资本存量的估计方面，遵循永续盘存法描述资本积累，通过剔除价格因素累加实际投资，并从当年资本存量中按照合适的折旧率予以扣减，计算历年各省资本存量。考虑到按永续盘存法测算资本存量，基期的选择将影响估计质量，而基年选择得越早，资本存量的估计误差对后续测算的影响也就越小。尽管本书分析的时间跨度始于 1978年，但有鉴于此，我们在估算资本存量时将基期确定在 1952 年，所采用的资本数据是按照张军（2004）的方法对其 1952 年不变价格的 1952～

2000 年数据进行更新得到的。关于投资数据和折旧率，与张军（2004）方法的口径保持一致，投资指标与国内生产总值核算中的"固定资本形成总额"对应，资本折旧率为 9.6%。由于测算实际资本存量须扣除投资中的价格变动因素，而且要以 1952 年价格为基准，在数据更新过程中，2001～2008 年各省以 1952 年为基期的固定资产价格指数的计算过程如下：我们首先倒推出各省 1952 年价格的 2000 年实际固定资本形成总额，然后按 2000 年各省固定资产投资价格指数计算 1999 年不变价格的实际固定资本形成总额，通过这两项数据可计算出各省 2000 年的以 1952 年为基期的固定资产投资价格指数，由后续各年以上年为基期的固定资产价格指数与之累乘，从而得到对应年份的以 1952 年为基期的实际固定资本形成总额，进而按给定折旧率得到各年的省际资本存量。关于劳动力的投入，由于缺乏劳动时间的数据，我们选取各省历年三次产业就业人口总数为替代指标。

在采用人均指标时须注意的一个问题是，现有的人均经济指标可能在一定程度上夸大了区域之间的发展差异。各地区的劳动力投入是从本地区总人口中产生的，而总人口又是按当地行政区划内具有户籍的常住人口来计算的。由于我国中西部农村剩余劳动力中存在大量的外出务工人员，区域之间的劳动力季节性流动使得本地产出与本地户籍劳动力投入之间的关系并不确切。从户籍人口的角度衡量劳动生产率，则中部、西部地区作为劳动力的输出方，其劳动生产率可能被低估；而接收劳动力的东部沿海地区，其劳动生产率可能会被高估。同样地来看各经济指标的人均值，东部地区可能存在高估，中部、西部地区则可能存在低估，所以由于未考虑劳动力转移，因此现有人均经济指标对区域发展差距的表述可能不够客观[1]。这也从另外一个角度说明，区域生产要素的流动表现了区域间的非均衡增长格局，同时也是发挥区域溢出效应、协调区域增长的途径。

---

[1]《中国统计年鉴》的支出法地区生产总值中是按"地区"口径核算的，而不是按"户籍"口径核算。在国家统计局公布的《国民经济核算综合统计报表制度》中也指出："地区收入总值等于地区生产总值加地区外净要素收入。由于各地区计算地区外净要素收入比较困难，目前仍有部分地区没有开展这项工作，因此，对于地区收入总值的上报暂不作统一规定。"参见国家统计局网站 http://www.stats.gov.cn/tjzd/gjtjzd/t20090601_402562303.htm；《中国将统一按常住人口计算各地人均国内生产总值》，见 http://news.sina.com.cn/c/2003-12-24/11131420234s.shtml。

3.2.2.2 数据采集

本书的主题是分析改革开放以来我国金融发展差异和区域经济增长的非均衡性，因此数据的选取一般始自 1978 年，延至 2008 年。考察区域经济的发展涉及省级单位和在此基础上的区域划分。而在省级行政区划方面，重庆 1997 年成为直辖市之前隶属四川省，导致其统计数据相对于整个分析时段而言不尽完整，考虑到西藏的经济数据也不全，在接下来的实证分析中两地一般不予包含；当个别分析所选取的时间跨度较短时，则视数据的可得性予以纳入，届时将做具体说明。此外，我国台湾、香港和澳门地区未纳入分析之列。

已有的研究中对我国区域经济板块的划分不尽相同。本书按照国家区域经济发展战略实施过程中"西部大开发"、"中部崛起"的相关定义，对我国区域板块中的西部、中部和东部地区的范围做出界定。"振兴东北老工业基地"战略中的东北三省，即黑龙江、辽宁和吉林，所涉省份相对较少，我们在分析过程中将黑龙江省和吉林省并入中部地区，辽宁省并入东部地区。本书所做的区域经济板块划分具体如下：西部地区包括四川、贵州、云南、陕西、甘肃、宁夏、青海、新疆、内蒙古、广西；中部地区包括安徽、河南、山西、湖北、湖南、江西、黑龙江、吉林；余下的沿海省市归入东部地区，即北京、天津、河北、辽宁、山东、江苏、上海、浙江、广东、福建、海南。

数据来源主要为历年的《中国统计年鉴》，各省、市、自治区历年统计年鉴，《新中国五十五年统计资料汇编》以及中经网－中国经济统计数据库。

第三节 区域经济总量的非均衡性

3.3.1 区域经济总量 GDP 差异

如果撇开地区之间行政区划面积、人口数量等的差异，单从地区加总 GDP 来比较区域经济发展差异，则可以为审视区域经济发展的非均衡性提供一个总量视角。如图 3.1 所示，1978 年东部、中部、西部区域总量 GDP 之比为 1:0.57:0.37，在区域经济总量方面东部相对领先，这也进一步印证了改革之初我国区域经济增长已存在着一定的非均衡性。随后，区域总量 GDP 规模差距有所扩大，集中体现在中部地区总量扩展相对缓慢。例如 1992 年时东部、中部、西部地区总量 GDP 之比调整为1:0.48:0.36，中部地区经济总量与东部地区的对比较之 1978 年已下降0.09，而西部地区的这一比值则基本不变，所以，从总量角度来看这一时期的区域经济非均衡性进一步加大了。"九五"期末，东部、中部、西部总量 GDP 之比进一步调整为 1:0.42:0.27，中西部地区经济总量与东部地区的差距进一步扩大，区域经济总量非均衡性加剧。至 2007 年，东部、中部、西部区域经济总量的对比为 1:0.31:0.23，西部地区比例保持稳定，而中部地区较本世纪初进一步下降，这也反映出中部地区经济发展的相对滞后。

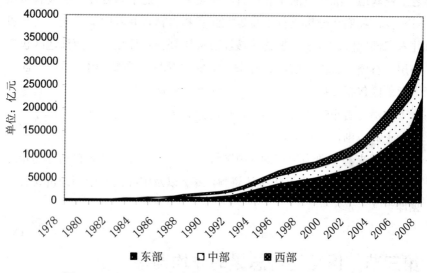

图 3.1　1978～2008 年东部、中部、西部地区总量 GDP 对比

从地区 GDP 占全国 GDP 总量的比重变化来看，1978 年东部地区为51%，名副其实地占据了全国总量 GDP 的"半壁江山"。中部、西部区域总量 GDP 所占比重分别为 30% 和 19%，区域总量 GDP 占全国总量GDP 比重的层次相对平衡。随着区域总量 GDP 规模差距的扩大，中部、西部地区总量扩展相对缓慢，至样本区间的中期 1992 年，东部、中部、

西部总量 GDP 占全国总量 GDP 的比重分别为 54%、26%、20%。中部地区在全国总量 GDP 中的占比迅速下降，西部地区占比基本不变。这一时期，区域经济总量的非均衡性主要体现为中部地区地位的下降。如图 3.2 所示，2008 年东部、中部、西部地区总量 GDP 占全国总量 GDP 的比重进一步调整为 65%、20%、15%。东部地区占比较期初提高了 14 个百分点，而中部、西部地区占比则分别下降了 10 个百分点和 4 个百分点，凸显了区域经济总量的非均衡性，这也构成了世纪之交国家先后实施西部大开发战略和促进中部崛起战略的现实背景。

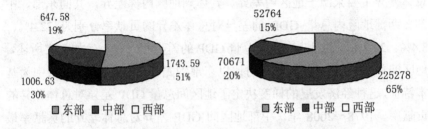

图 3.2　1978 年与 2008 年地区总量 GDP（亿元）占全国总量 GDP 比重

改革开放之初，虽然我国长期实行平均主义的区域经济布局，但由于地区间人口密度的差异等因素使得地区间平均 GDP 存在一定差距：东部地区省际平均 GDP 为 158.51 亿元，中部、西部地区省际平均 GDP 则分别为 125.83 亿元和 64.76 亿元，东部、中部、西部地区平均 GDP 之比为 1:0.79:0.41。从这个角度来看，我国区域经济增长的起点存在着不一致性，但发展非均衡性尚不明显。此后，随着东部地区加快开放，区域间平均 GDP 规模的差距不断拉大，至"七五"期末的 1989 年，东部、中部、西部地区省际平均 GDP 分别为 786.66 亿元、574.98 亿元、293.22 亿元，东部、中部、西部省际平均 GDP 之比已经调整为 1:0.73:0.37，东部地区平均 GDP 已接近西部地区的 3 倍，区域经济规模的非均衡性进一步加大。"九五"期末，2000 年时东部、中部、西部地区省际平均 GDP 分别为 5219.26 亿元、3000.46 亿元、1536.76 亿元，东部、中部、西部省际平均 GDP 之比为 1:0.57:0.29，区域经济的非均衡性进一步凸显。延至 2008 年，东部、中部、西部地区省际平均 GDP 分别为 20478.9 亿元、8833.87 亿元、5276.4 亿元，东部、中部、西部省际平均 GDP 之比为

1:0.54:0.29，中部地区发展滞后，西部地区与东部地区平均水平的对比则保持稳定。这反映了西部大开发战略的实施对西部省市的发展起到了明显的促进作用，同时说明提出中部崛起战略的背景正是中部省份相对滞后，即所谓"中部塌陷"。

根据省际 GDP 计算泰尔指数，并分解地区内和地区之间的总量 GDP 差异对总体差异的贡献率，揭示东部、中部、西部地区经济总量差异的结构特征。根据表 3.1 计算可得，1978～2008 年地区内和地区之间的经济总量差异对全国 GDP 非均衡性的贡献率分别为 55.5%和 44.5%，表明总体差异主要来源于地区内差异。具体到地区内部差异，其间东部、中部、西部地区内总量 GDP 的差异对总体差异的贡献率分别为 22.4%、8.4%、22.7%，中部八省之间总量 GDP 的差异相对较小。如前文所述，地区间总量 GDP 的平均规模对比以东部领先、西部最后、中部居中为基本特征，这种经济发展的梯度决定了地区间总量 GDP 差异对总体差异的贡献率。1978～2008 年，中部地区间 GDP 差异对总体差异的贡献率最小，为 4.9%，落后于全国平均水平的西部地区贡献率最大。从地区内和地区间差异的演变趋势来看，一方面，地区内差异的变动对总体差异的贡献率先升后降，略呈总体下降趋势，这从侧面印证了改革过程中地区总量 GDP 差异的扩大主要由地区间差异造成，但仍不足以说明地区内部总量经济的趋同，所谓的"俱乐部收敛"并不明显；另一方面，地区间差异的扩大主要表现为东部、西部地区总量 GDP 的两极分化，东部的组间差异对总体差异的贡献率上升，西部地区的贡献率虽有下降，但期末仍达到了 24.7%。中部地区接近全国平均水平，因此对总体差异的贡献率相对较小，但是近年来伴随着"中部塌陷"问题的出现，其对总体差异的贡献率有所上升。因此，综合来看，改革开放以来我国地区间总量 GDP 差异无收敛趋向，相反，地区间经济总量的差异在扩大而不是缩小，并成为区域经济增长非均衡性的一个重要特征。

表 3.1 地区总量 GDP 差异对总体差异的贡献率

年份	地区内差异对总体差异的贡献				地区间差异对总体差异的贡献			
	东部	中部	西部	合计	东部	中部	西部	合计
1978	0.2691	0.0911	0.2288	0.5891	0.0239	0.2480	0.4109	0.4109
1980	0.2552	0.0999	0.2249	0.5801	0.0303	0.2545	0.4199	0.4199
1985	0.2520	0.0875	0.2239	0.5634	0.1450	0.0251	0.2664	0.4366
1990	0.2646	0.0912	0.2680	0.6239	0.1441	0.0064	0.2256	0.3761
1995	0.2345	0.0846	0.2287	0.5478	0.1673	0.0224	0.2625	0.4522
2000	0.2251	0.0804	0.2130	0.5185	0.1751	0.0303	0.2761	0.4815
2005	0.2382	0.0715	0.2078	0.5176	0.1741	0.0394	0.2688	0.4824
2008	0.2435	0.0567	0.2183	0.5185	0.1779	0.0563	0.2473	0.4815

3.3.2 区域人均 GDP 差异

从地区人均 GDP 的变化态势来看,改革开放以来,我国东部、中部、西部地区人均 GDP 差距变化也呈现出明显的阶段性特征。20 世纪 80 年代由于中部、西部地区农业占比较高,农村经济体制改革极大地提高了占人口比重多数的农村人口的生活水平,较改革初期中部、西部在人均 GDP 方面与东部地区的差距持续缩小。如图 3.3 所示,"七五"期末,东部、中部、西部地区人均 GDP 对比为 1:0.54:0.48,与 1978 年的 1:0.46:0.41 相比,地区间的人均经济指标对比有了明显的改善。从后期的发展态势来看,这也是改革开放以来地区人均 GDP 差距最小的时期。进入 20 世纪 90 年代以后,中部、西部地区农村经济体制改革的增量效应趋于衰减,东部地区市场经济的发展释放出更大的增长效应,因此地区之间人均 GDP 的差距由持续缩小转为持续拉大,而且中部和西部地区人均 GDP 平均指数也明显低于东部地区。2000 年的东部、中部、西部地区人均 GDP 对比为 1:0.44:0.35,人均差距甚至比 1978 年还要大。较之 1990 年的数据,对比东部地区人均 GDP,中部地区下降了 10 个百分点,西部地区则下降了 15 个百分点。至此,也验证了改革开放以来至 20 世纪末我国区域经济发展差距呈现出 U 形变化的特征。

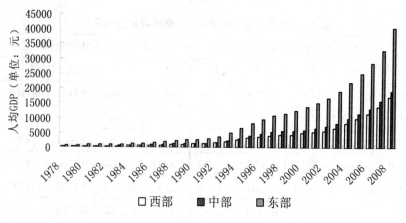

图 3.3　1978～2008 年东部、中部、西部地区人均 GDP

　　进入本世纪以来，我国区域经济政策着力缩小地区差距，并在促进区域间协调发展方面做出了战略性调整，从而使这一时期区域之间的发展失衡局面有所好转。从地区人均 GDP 对比状况来看，2004 年起中部、西部地区相对东部地区占比缩小的趋势双双得以扭转，从前一年的 1:0.43:0.35 调整为 1:0.44:0.38，这与省际人均 GDP 的变化趋势相一致。随后，地区间人均 GDP 的对比基本保持了缩小的态势，人均 GDP 增长速度也基本趋同，至 2008 年，东部、中部、西部地区人均 GDP 对比进一步调整为 1:0.47:0.42，尤以西部地区人均 GDP 的增势最为明显。

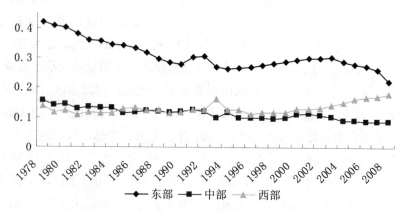

图 3.4　1978～2008 年地区内省际人均 GDP 基尼系数

同一地区内的各省级单位在区位条件、经济基础和制度环境等方面具有相似性，因此相互之间经济发展水平的差异通常低于与地区外的差异。另一方面，由于各地区之间存在梯度差异，处于不同发展层次的各地区，其内部省际发展差异也不尽相同，而且随着时间的推移，地区内的省际差异也会呈现出不同的变化态势，东部、中部、西部三个地区人均 GDP 的基尼系数也反映了这一情况。地区内差异的大小与地区发展水平近似对应。如图 3.4 所示，样本期内东部地区的基尼系数平均为 0.31，大于中部地区的 0.11 和西部地区的 0.13。东部地区长期以来是我国经济增长的引擎，人均 GDP 在高于其他地区的情况下保持了适中的区内差距，且呈现出缩小态势，其间基尼系数由 0.42 下降至 0.22。中部地区省际人均 GDP 差距相对最小，2000 年以前基尼系数基本稳定在 0.1 左右，2000 年以后人均 GDP 差距趋于缩小，至期末基尼系数已下降至 0.09，降幅是三个地区中最大的。西部地区省际人均 GDP 差距的变动在 2000 年以前与中部地区相近，系数本身及变动幅度均较小，基尼系数始终稳定在 0.2 以下，2001 年以来基尼系数略有上升，意味着其省际人均 GDP 差距有所扩大。

根据省际人均 GDP 计算泰尔指数，进一步分解人均 GDP 的组内和组间差异对总体差异的贡献率，揭示东部、中部、西部地区人均收入差异的结构特征。根据表 3.2 计算可知，1978～2008 年地区内和地区间的人均 GDP 差异对区域人均 GDP 非均衡性的贡献率分别为 39.5%和 60.5%，表明区域人均收入差异主要来源于地区间的收入差异。具体到地区内部差异，其间东部、中部、西部地区内人均 GDP 差异对总体差异的贡献率分别为 23.4%、6.8%、9.3%，这佐证了前文关于东部地区内部人均收入差距的结论，也进一步表明东部地区内差距是区域人均收入差距的重要来源。相比之下，中部、西部地区内部 GDP 规模较小，人均 GDP 水平在地区内各省间相对接近，较小的地区内差异决定了其对总体差异的贡献率也较小。地区间总量 GDP 规模的梯度特征进一步表现在地区间人均 GDP 的对比上，从而也决定了各地区人均 GDP 的组间差异对总体差异的贡献率。1978～2008 年，中部地区人均 GDP 组间差异对总体差异的贡献率仍然最小，为 13.6%；落后于全国平均水平的西部地区贡献率最大，为 27.3%；领先的东部地区则为 22.7%。

表 3.2　地区人均 GDP 差异对总体差异的贡献率

年份	地区内差异对总体差异的贡献				地区间差异对总体差异的贡献			
	东部	中部	西部	合计	东部	中部	西部	合计
1978	0.3238	0.0749	0.0878	0.4865	0.1147	0.1962	0.5135	0.5135
1980	0.3184	0.0712	0.0838	0.4734	0.1072	0.2113	0.5266	0.5266
1985	0.2796	0.0732	0.1010	0.4538	0.2194	0.1075	0.2193	0.5462
1990	0.2421	0.0839	0.0984	0.4244	0.2358	0.1210	0.2188	0.5756
1995	0.1842	0.0628	0.0883	0.3353	0.2558	0.1378	0.2710	0.6647
2000	0.1920	0.0650	0.0784	0.3354	0.2490	0.1375	0.2780	0.6646
2005	0.1989	0.0502	0.1065	0.3555	0.2477	0.1429	0.2539	0.6445
2008	0.1923	0.0577	0.1295	0.3796	0.2467	0.1396	0.2341	0.6204

　　从地区间和地区内人均收入差异的演变趋势来看，一方面内陆地区的组内差异变动相对稳定，合计对总体差异的贡献率在期末和期初分别为 16% 与 18%，基本持平，这也进一步印证了改革过程中地区内人均 GDP 差异的缩小对促进区域人均收入均衡增长起到了积极作用。此外，东部地区内人均收入差距的缩小也成为"俱乐部收敛"的一个有力证明。另一方面，虽然地区间差异本身的变动不大，泰尔指数较期初降幅不足 0.01，但是各地区的组间差异对比却发生了显著变化，并且对总体差异的贡献率明显上升。1978 年地区间差距主要表现为西部地区人均收入水平过低，当时西部的组间差异对总体差异的贡献率超过 50%，而且同期东部地区的领先优势尚不明显，对总体差异的贡献率为 11.5%。改革过程中，人均收入组间差异的演变特征集中体现在西部地区的赶超和东部地区的跨越上。2008 年，东部人均收入的组间差异对总体差异的贡献率提高至 24.7%，西部地区的贡献率则下降至 23.4%。

　　通过对比东部、中部、西部地区的总量 GDP 和人均 GDP，考察地区经济总量的非均衡性，可以发现，改革开放之初我国地区经济总量发展的起点存在着不一致性，但地区之间的非均衡性尚不明显。1978 年以来，区域间总量 GDP 和平均 GDP 规模的差距持续拉大，梯度差异逐渐形成，从而进一步凸显了区域经济的非均衡性。其间，东部地区在总量 GDP 和地区平均 GDP 方面始终保持对中西部地区的绝对优势。进入本世纪以来，西部地区经济总量提升较快，但同期中部地区经济总量的发展相对滞后。地区人均 GDP 的变化方面，20 世纪 80 年代中西部地区与东部地区的人均 GDP 差距持续缩小，90 年代以后转为持续拉大，而且中西部地区人均 GDP 平均指数也明显低于东部地区。至 2004 年后，地区人均 GDP 对比状况有所改善，中部、西部地区对东部地区比例有所提高，值得注意的是，这一时期地区人均 GDP 增长速度也表现出收敛态势。

第四节 区域经济结构的非均衡性

1978 年以来，区域经济增长的非均衡性既反映在总量 GDP 差异方面，同时区域经济的结构性差异也是非均衡性的深层体现。从宏观产出角度分析区域非均衡增长是对区域之间经济总量层面差异的描述，而全方位地剖析区域经济增长的非均衡性需要进一步深入到结构层面，即产业结构、经济开放度等方面的区域差异。

3.4.1 区域产业结构的非均衡性

1. 省际产业结构的演变

20 世纪 80 年代是我国农村经济体制的调整改革阶段，也是我国省际第一产业占比绝对差距最大的时期。表 3.3 显示，农村人口较多和耕地面积较大的农业省份第一产业占比明显提高，中西部农业大省如河南、四川等都达到了 40% 以上，个别年份甚至高于 50%，这就使得绝对差距相对于东部省份逐步拉大。但是相对差距仍较小，因为这一时期无论从全国范围来看还是纵向的省际对比，农业产值占比都较高，平均在 30% 以上，二、三产业发展滞后，省际之间产业结构差异并不突出。可见，较大的绝对差异建立在第一产业产值占比高基数的基础之上。此后，随着我国工业化水平的提升，第一产业增加值占比总体回落，同样随着基数的普遍下降，省际绝对差异降低。1992 年，第一产业增加值占比的极大值降至 35.9% 以下，平均占比也下降到 23.3%；至 2008 年平均占比已降至 12.3%。当年，发展热带农业的海南农业产值比重最大，为 30%；最小值为上海的 0.8%。2008 年，省际第一产业产值比重的绝对极差和标准差均达到历史最低点，而相对极差和变异系数则达到历史最大，这也同样源于农业产值占比的总体下降。省际第一产业增加值的基尼系数从改革之初的 0.22 持续下降到 1990 年的 0.19，随后趋于上升。进入本世纪以来，第一产业占比的省际差距进一步扩大，且扩大速度快于以往，2008 年其基尼系数已经提高至 0.28。

表 3.2　主要年份省际三次产业产值占 GDP 比重的差异

		1978	1980	1985	1990	1995	2000	2005	2008
第一产业	绝对极差	49.14	52.63	46.21	40.59	33.31	34.84	32.74	29.17
	标准差	12.41	12.66	11.31	9.84	8.63	7.74	6.87	6.30
	相对极差	13.19	17.25	12.04	10.42	14.92	22.68	38.31	36.74
	变异系数	0.40	0.40	0.37	0.35	0.39	0.45	0.50	0.51
	基尼系数	0.22	0.22	0.20	0.19	0.22	0.25	0.27	0.28
第二产业	绝对极差	55.11	57.02	48.27	44.18	35.18	35.21	32.80	35.80
	标准差	12.40	12.33	10.87	9.26	7.57	7.33	7.55	7.94
	相对极差	3.48	4.05	3.25	3.25	2.63	2.78	2.33	2.39
	变异系数	0.25	0.26	0.25	0.23	0.18	0.17	0.16	0.16
	基尼系数	0.14	0.14	0.13	0.13	0.10	0.10	0.09	0.09
第三产业	绝对极差	13.00	14.33	15.42	14.47	24.63	33.28	39.10	44.61
	标准差	3.31	3.83	4.19	3.83	4.88	6.18	6.72	8.01
	相对极差	1.94	2.06	1.86	1.59	1.89	2.05	2.30	2.56
	变异系数	0.17	0.18	0.17	0.12	0.14	0.15	0.17	0.21
	基尼系数	0.09	0.10	0.09	0.07	0.07	0.07	0.07	0.09

1978 年以来，省际第二产业产值占比的差异总体呈稳步下降态势，这种差异的缩小也反映了我国工业化进程的整体推进。由于我国处于加快工业化进程的发展阶段，改革开放以来地方省市纷纷加快了第二产业发展步伐，其间第二产业产值平均占比维持在 40% 以上，从四个测度指标来看，省际的工业化程度差异也在持续缩小。产业结构升级过程中，处在较低发展阶段的省市加快发展重化工业，提升第二产业产值占比，处在较高发展阶段的省市则在加快调整工业结构的同时，着力提升第三产业产值比重。因此，正是不同发展阶段中产业结构升级的不同内容使得

省际第二产业产值占比的总体分布趋于集中。绝对极差由期初的 55.11 下降至 2008 年的 35.8；省际第二产业产值占比区间明显收窄，最大值由期初上海的 77.36% 下降至 2008 年山西的 61.5%，最小值由期初海南的 22.3% 提高到 2008 年北京的 25.7%。在第二产业产值占比区间分布收窄的同时，其集中度也在提高，标准差从 1978 年的 12.4 下降至 2008 年的 7.94，相对极差则从期初的 3.48 降至 2008 年的 2.39。省际第二产业增加值的基尼系数演变表明省际工业化进程和节奏的收敛性，20 世纪 90 年代前第二产业占比基尼系数从改革之初的 0.14 缓慢下降到 1990 年的 0.13，此后下降节奏明显加快，至 1995 年已下降到 0.1，随后再次趋于稳定。进入本世纪以来，第二产业占比的省际基尼系数基本保持在 0.09 左右。

我国服务业起步较晚，1978 年省际第三产业产值占比平均不足 20%，在较低的起点上省际第三产业产值占比的差异也较小，事实上改革初期也是省际第三产业发展差异最小的时期。1980 年、1990 年和 2000 年省际第三产业产值平均占比分别突破了 20%、30% 和 40%。随着服务业发展水平的提高，省际第三产业产值占比的分布也趋于分散。尤其是 20 世纪 90 年代以来，绝对极差至 2000 年扩大了 18.8 个百分点；标准差升至 6.18，表明分布集中度下降。2000 年以后，省际绝对差距不断扩大的趋势进一步延续，2008 年时绝对极差和标准差都达到了历史最大值。从省际第三产业比重的相对差异来看，同样由于基数较低，所以初期相对差异较小，而且 20 世纪 80 年代第三产业占比的相对差异呈缩小态势，相对极差和变异系数在 1989 年同步达到历史最小值。随后，省际之间发展阶段的差异表现在第三产业产值占比的调整上，尤其是进入本世纪以来甚至呈现出两极分化态势，即发达省份相继完成工业化任务，工业产值比重下降，服务业产值比重进一步上升，同期欠发达省份则集中资源发展第二产业，第三产业占比变动幅度较小。2000 年以后，省际第三产业产值占比相对极差不断提高，2004 年至 2008 年变异系数每年上升 1 个百分点，省际相对差异持续扩大。

2. 地区产业结构的演变

1978 年中部、西部地区三次产业产值占 GDP 比重相近，产业结构基本相同，东部地区一、二产业增加值占比分别低于和高于内陆地区 10 个百分点以上（见表 3.4）。

表 3.4　主要年份地区三次产业产值占 GDP 比重

年份	东部地区			中部地区			西部地区		
	第一产业	第二产业	第三产业	第一产业	第二产业	第三产业	第一产业	第二产业	第三产业
1978	0.22	0.59	0.19	0.36	0.46	0.18	0.37	0.43	0.20
1980	0.24	0.56	0.20	0.35	0.46	0.18	0.38	0.41	0.21
1985	0.24	0.51	0.25	0.34	0.43	0.22	0.37	0.38	0.25
1990	0.22	0.46	0.32	0.33	0.39	0.28	0.34	0.35	0.31
1995	0.16	0.49	0.35	0.27	0.42	0.31	0.27	0.39	0.33
2000	0.11	0.48	0.41	0.20	0.42	0.38	0.22	0.39	0.39
2005	0.08	0.51	0.40	0.16	0.47	0.36	0.18	0.43	0.39
2008	0.07	0.52	0.41	0.14	0.51	0.35	0.16	0.48	0.36

20 世纪 80 年代东部地区在保持较高的工业产值比重的同时，期末第三产业产值占 GDP 比重较期初提高了 12 个百分点，达到 32%，产业结构升级进程明显快于中西部地区。值得注意的是，其间第一、第二产业产值比重在所有三个地区均呈下降趋势，而第三产业产值比重则均有所提高。

20 世纪 90 年代我国地区间产业结构的演化趋势较 80 年代有所改变，主要体现在工业产值占比的变化趋势由上一时期的快速下降转为缓慢上升。其中，东部地区上升 2 个百分点，工业产值比重仍占地区生产总值的"半壁江山"；中部和西部地区也略有上升，分别较期初提高了 3 个和 4 个百分点。农业产值占比在三大地区延续上期的下降态势，其中东部地区农业产值占比已降至接近 10%，而作为我国农产品主产区的中部和西部地区农业产值占比同期也分别下降了 13 个和 12 个百分点。这一时期各地区第三产业提升幅度相近，而且服务业产值占比的地区差距相对最小，期末东部、中部、西部地区第三产业产值占比基本维持在 40% 左右。进入本世纪以来，随着我国进入工业化中期阶段，地区间产业结构存在横向差别的同时基本保持同步变动的态势。工业产值和服务业产值占比继续上升，农业产值占比则继续下降。

考察 2000 年以来地区产业结构的演变，工业化进程的确加快了，但是产业结构的高级化节奏却放慢了。具体而言，2008 年东部地区农业产值占比较 2000 年下降了 4 个百分点,收缩至个位数,工业产值占比则上升了 4 个百分点,服务业产值占比维持在 41%。同期,中部和西部地区产业结构的变动幅度恰好一致,农业产值占比都较 2000 年下降了 6 个百分点,工业产值占比提高了 9 个百分点,更主要的是服务业产值占比下降了 3 个百分点。综观这一时期区域产业结构的演变,正是由于各地区产业基础和发展层次上的差别,导致了各自在产业结构高级化过程中呈现出不同的变化特征。

地区内产业结构的趋同表现为区域内省级单位之间各产业产值占比近似,各产业发展水平差距不断缩小。以第二产业增加值占 GDP 比重来衡量工业化水平,则地区内省际工业化进程存在一定的收敛性,工业化程度的差异与地区经济发展水平相对应,并且均呈缩小态势,与此同时,地区间工业化进程差异对总体工业化水平差异的贡献率明显下降。如图 3.5 和表 3.5 所示,1978 年地方省市工业发展水平参差不齐,尤以东部为甚,期初基尼系数 0.15 远高于中部的 0.11 和西部的 0.1;对工业化水平总体差异的贡献率东部为 34.9%,也远大于中部和西部的 17.5% 和 17.9%。

表 3.5 地区工业化水平差异对总体差异的贡献率

年份	地区内差异对总体差异的贡献				地区间差异对总体差异的贡献			
	东部	中部	西部	合计	东部	中部	西部	合计
1978	0.3491	0.1748	0.1790	0.7029	0.0580	0.0970	0.2971	0.2971
1980	0.3711	0.1707	0.1574	0.6992	0.0270	0.1307	0.3008	0.3008
1985	0.3575	0.1748	0.1319	0.6642	0.1582	0.0088	0.1689	0.3358
1990	0.3240	0.1596	0.1401	0.6237	0.1769	0.0123	0.1872	0.3763
1995	0.2992	0.1839	0.1503	0.6334	0.1761	0.0512	0.1392	0.3666
2000	0.4024	0.2029	0.1043	0.7096	0.1407	0.0137	0.1361	0.2904
2008	0.4840	0.1876	0.2302	0.9017	0.0244	0.0487	0.0252	0.0983

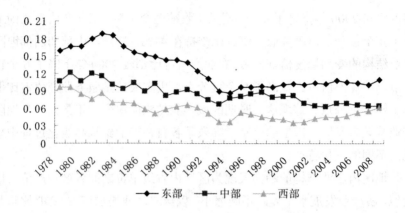

图 3.5　1978～2008 年各地区省际工业化水平基尼系数

　　东部区内差异在 20 世纪 80 年代前半期有所扩大，对工业化水平总体差异的贡献率也持续提高，工业化水平基尼系数一度达到 0.19 的峰值，此后东部省际产业结构调整步调趋于一致，工业化水平差异明显缩小，1994 年基尼系数下降到 0.09，对总体差异的贡献率也下降至 27.9%。随后的一个时期里，东部地区省际工业化水平差异趋于稳定，至 2008 年基尼系数均维持在 0.1 左右。工业化水平的基尼系数表明，内陆地区不仅产业结构的初始差异低于东部地区，工业化进程中的区内差异也小于东部地区，平均基尼系数小于东部的 0.13；同时中部省份与西部省份在产业结构的调整过程中也包含了彼此在发展水平上的梯度差异，两地平均基尼系数分别为 0.09 和 0.06，表明中部省际工业化程度差异略大于西部地区。值得注意的是，东部、中部、西部地区内工业化水平的差异总体上略呈下降趋势，这说明区域内的产业结构存在趋同现象，从而在一定程度上支持了所谓"俱乐部收敛"。此外，1978 年地区间差异对总体差异的贡献率为 29.7%，2008 年则为 9.8%，下降了近 20 个百分点，这就意味着地区内差异是工业化水平非均衡性的主要来源，地区之间的产业结构演变存在趋同倾向。

3.4.2 区域经济开放度的非均衡性

1. 省际经济外向度差异

改革开放以来，尤其是自 20 世纪 90 年代起，我国进出口贸易总额和引进外商直接投资的规模增长迅速，与此同时，区域之间外向型经济的发展呈现出明显的非均衡性，并成为区域经济非均衡增长的重要诱因。东部沿海地区在经济迅速增长的过程中，对外贸易总额和实际利用外资规模均远远高于中西部地区，外向型经济增长的非均衡性集中表现为对外贸易和 FDI 在东部沿海地区集聚。根据 2009 年统计年鉴的数据，从 1992 年至 2008 年[①]东部、中部、西部地区进出口贸易总额和实际利用外资占全国的比重来看，外贸占比分别为 89.6%、6.3% 和 4.1%，利用外资占比分别为 84.9%、10.4% 和 4.7%。2008 年，东部地区进出口贸易总额占全国的 90.6%，中部地区占 5.6%，西部地区只占 4.1%；外国直接投资的引入东部地区占 77.9%，中部地区占 15.3%，西部地区占 6.8%。可见，东部地区在发展外向型经济过程中表现出了绝对优势，对外贸易和实际利用外资所占份额绝对领先，而中西部地区的对外贸易和实际利用外资所占份额甚小。有鉴于此，我们将不再以绝对份额描述地区间外向型经济发展差距，而是基于各年人民币对美元汇率的平均价换算对应年份按美元计价的进出口贸易额和实际利用外资，通过对地区之间和省际进出口贸易总额及实际利用外资占 GDP 比重的统计处理，来揭示我国区域外向型经济发展的非均衡性，见表 3.6。

20 世纪 90 年代之前，我国对外开放的层次较低，对外贸易结构单一且规模有限，引入外资量小并且十分集中。所以，尽管在初始规模和绝对差异上对外贸易是大于实际利用外资的，但是 1992 年对外贸易占 GDP 比重的省际相对差异小于利用外资占 GDP 比重的差异。进一步从基尼系数来看，省际对外贸易占比的基尼系数最小值 0.48 出现在 1993 年，而利用外资占比的基尼系数最大值 0.68 则出现在 1992 年。诚然，区位因素的固有差异是各地在开展进出口贸易时无法回避的，但是本地特殊比较优势的发挥则是平衡省际对外贸易差异的重要因素，比如中西

---

① 限于数据可得性，本节分析区域外向型经济发展的样本期限以 1992 年为起始。

部地区在矿产品、工业原材料、农产品出口方面具有较大优势，东部地区工业基础较为完善，具备出口工业制造品的实力。所以，比较优势和对外贸易结构不应当仅仅作为扩大地区开放差距的因素来看待，事实上1992 年以来面对沿海省份进出口贸易的高速增长，内陆省份在发挥本地比较优势、扩大对外贸易方面的举措也是卓有成效的。从各项统计指标来看，对外贸易占 GDP 比重的省际差异在样本期内较为稳定，基尼系数维持在 0.5 附近。绝对差异方面，标准差小幅增加，从 0.32 上升至 0.40，绝对极差则下降了 6 个百分点；相对差异方面，相对极差略有上升，由25.13 增加到 27.53；而变异系数则由 1.19 下降至 1.04。这期间外贸总额占 GDP 比重先后由广东和上海领跑，极小值则先后出现在贵州、河南和青海等省。

表 3.6   1992～2008 年对外贸易和利用外资占 GDP 比重的省际差异

| | 对外贸易占 GDP 比重 | | | | | 利用外资占 GDP 比重 | | | | |
	标准差	绝对极差	变异系数	相对极差	基尼系数	标准差	绝对极差	变异系数	相对极差	基尼系数
1992	0.32	1.59	1.19	25.13	0.49	0.03	0.14	1.64	2261.31	0.68
1993	0.27	1.28	1.08	23.19	0.48	0.04	0.15	1.15	91.92	0.55
1994	0.38	1.81	1.12	23.74	0.49	0.06	0.24	1.16	158.82	0.57
1995	0.33	1.45	1.06	19.37	0.48	0.06	0.24	1.24	299.15	0.58
1996	0.29	1.31	1.11	24.05	0.51	0.05	0.17	1.16	372.93	0.57
1997	0.30	1.36	1.19	28.76	0.53	0.05	0.16	1.09	163.04	0.55
1998	0.27	1.24	1.18	31.50	0.52	0.04	0.13	1.04	82.86	0.53
1999	0.28	1.24	1.20	29.13	0.53	0.03	0.10	1.06	65.72	0.53
2000	0.31	1.30	1.16	26.43	0.53	0.02	0.09	0.94	74.94	0.49
2001	0.30	1.19	1.13	24.18	0.53	0.03	0.09	1.01	81.49	0.52
2002	0.33	1.33	1.17	27.01	0.54	0.02	0.08	0.93	81.58	0.50
2003	0.38	1.44	1.17	22.46	0.53	0.02	0.07	0.92	104.40	0.50
2004	0.43	1.54	1.15	22.59	0.53	0.02	0.07	0.94	44.80	0.51
2005	0.45	1.55	1.17	23.13	0.53	0.06	0.71	72.34	0.40
2006	0.46	1.63	1.15	24.28	0.54	0.02	0.08	0.79	77.25	0.44
2007	0.45	1.67	1.11	25.57	0.53	0.02	0.08	0.76	94.63	0.42
2008	0.40	1.53	1.04	27.53	0.50	0.02	0.08	0.78	123.62	0.42

有别于进出口贸易对本地资源环境和生产能力的倚重，外商直接投资则更看重本地的投资环境和市场机会。20 世纪 90 年代以来，世界范围内资本流动规模扩大，我国成为外资流入的重要目的地。各地方省市为吸引外资展开的竞争日趋激烈，在税收减免、土地供应等方面竞相向跨国公司提供政策优惠，这种（恶性）竞争的结果是优惠政策的模仿与趋同，使得 FDI 的区位分布更加分散。所以，我们可以看到，相比于省际对外贸易方面的稳定差异，利用外资的省际差异下降显著，基尼系数从 1992 年的 0.68 下降到了 2008 年的 0.42。绝对差异方面，标准差前期的起伏稍大，但总体变动幅度较窄，2000 年以后基本维持在 0.02；绝对极差则由 1994 年的峰值 0.24，下降到 2008 年的 0.08；相对极差波动幅度最大，2008 年天津仍是甘肃的百余倍；变异系数从期初的 1.64 下降至0.78，降幅达 50%。其间，实际利用外资占 GDP 比重分别由广东、江苏和天津等地领跑，极小值则先后出现在甘肃、青海和新疆等内陆省区。

2. 地区经济外向度差异

在对外贸易的发展方面，东部、中部、西部进出口贸易占 GDP 比重的地区内基尼系数平均为 0.34、0.17 和 0.16，表明东部的地区内差距最大，中部和西部地区内差距相近。东部地区部分省市的外向型经济极为发达，与此同时，个别省份外向型经济的发展则起步较晚。从东部地区内差距的变化来看，1992 年以来总体呈缓慢下降的态势，基尼系数由期初的 0.39 下降到 2008 年的 0.3。1992 年，全国范围内加快了对外开放步伐，东部省区区位优势得到进一步发挥，后进省份对外贸易发展加快。进入本世纪以来，对外贸易发展层次较高的省份注重产业结构的升级，从而引致对外贸易结构的调整，进出口贸易占 GDP 的比重维持在高位但增速趋于放缓，如广东、北京、上海的对外贸易占 GDP 比重一度出现下降；同时，其他省份进出口贸易快速增长，使得对外贸易占 GDP 的比重不断提高。因此，东部地区的对外贸易差异是层次较高的（图 3.6）。

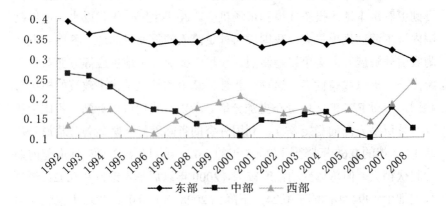

图 3.6　对外贸易占 GDP 比重地区差异的演变

中西部地区不仅对外贸易差异小于东部地区，而且地区内差异的起伏明显大于东部地区。1992 年中部地区基尼系数为 0.26，地区内差异居中，两个东北老工业基地省份黑龙江和吉林经济外向度最高，其对外贸易占 GDP 比重分别为 31% 和 24%，同期河南和湖南的这一比重不足10%。随后黑龙江和吉林的进出口贸易增长速度放缓，其他省区对外贸易发展加快，地区内差异明显缩小。进入本世纪以来，省际对外贸易的发展状况相近，对外贸易占比悬殊不大，因此中部地区内的总体差异仍相对较小。西部各省区同样由于对外贸易发展层次相近，且发展水平较低，因此地区内差异的波动性较大。1992 年西部地区基尼系数为 0.13；1996 年，随着国内经济进入下行周期以及外部需求的萎缩，原先对外贸易发展水平较高的民族地区的进出口贸易均出现下降，地区内差异有所扩大，至 2000 年基尼系数已上升至 0.21；进入本世纪以来，西部地区内差异略有下降。总体而言，与中部地区类似，由于各省区对外贸易的发展水平普遍较低，因此西部地区内的总体差异相对较小。

同一地区内的各省份在区位优势和生产能力方面存在差异，在投资机会和市场环境方面的差异可能更大，因此 FDI 的分布状况与地区发展水平不一定完全对应。图 3.7 说明，实际利用外资占 GDP 比重的基尼系数，东部、中部、西部的平均值分别为 0.28、0.26 和 0.48。东部各省市在投资环境的塑造和市场机会的培育方面虽存在起点的不一致，但随着改革开放的推进和延伸,它们在吸引 FDI 方面的差距已趋于缩小。从 FDI 的区位分布来看,由于期初各省对引入 FDI 的政策支持力度不尽一致,所以东南沿海较早开放的海南、福建和广东等省实际利用外资规模较大,占 GDP 的比重也较高。从东部地区内差距变化来看,1992 年以来总体呈下降态势,基尼系数由期初的 0.49 下降到 2008 年的 0.24,这就意味着 FDI 在地区内的分布更趋平均,2008 年沿海各省市实际利用外资占 GDP 比重最高的是天津,为 8%,最小的是河北,也达到了 1.5%,分布区间明显收窄。利用外资占 GDP 比重差异的缩小也从另外一个角度反映出东部各省市在产业结构、贸易结构乃至整体发展水平上的趋同。

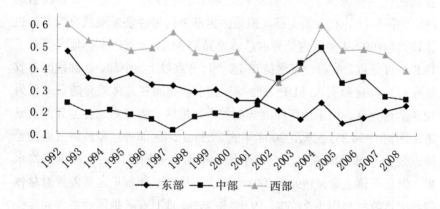

图 3.7　利用外资占 GDP 比重地区差异的演变

　　中部地区期初实际利用外资的省际差异最小,基尼系数为 0.25,而且 2000 年以前省际差异的波动也较平稳,这种差异建立在外资占 GDP 比重较低的基础上。1997 年是样本期内中部地区省际差异最小的时期,基尼系数为 0.12。随后,受国内外宏观经济形势的影响,中部各省引入 FDI 缩小,但是在利用外资占 GDP 比重普遍下降的同时省际差异却扩大了,2004 年基尼系数上升到 0.5 的峰值。此后省际差异趋于缩小,至 2008 年基尼系数再次下降到了 0.27。从中部地区利用外资差异的演变过程我们可以看出,由于不具备东部地区那种可以持续吸引 FDI 流入的市场环境,内陆省份引入 FDI 的连续性较弱,规模较小,基数较低,因此省际差距往往较大。这种低基数高度分散的 FDI 地区分布,在西部地区表现得更为突出。1992 年西部省区利用外资状况的差异最大，基尼系数达到 0.6，2002 年基尼系数下降到 0.34，但是利用外资占 GDP 比重仍普遍低于 1%。此后基尼系数有所上升，地区差距扩大，并表现出较大的波动性。出现这一变化特征的原因，很大程度也在于西部省区利用外资水平较低，引入 FDI 的连续性较弱。

将各省区市对外贸易和 FDI 占 GDP 的比重合并，然后基于泰尔指数分解出地区内差异和地区间差异对区域外向型经济发展差异的贡献率，见表 3.7。1992～2008 年外向型经济发展的地区内和地区间差异对总体差异的贡献率平均为 29.5% 和 70.5%，我国区域外向型经济发展的非均衡性主要来源于地区间差异。东部地区拥有开展对外贸易和引进 FDI 的区位优势和政策支持，但地区内部外向型经济发展状况的差异也比较大，1992 年地区内差异占总体差异的 34.3%，其中东部地区贡献了 18.8 个百分点，此后一直保持在 15 个百分点以上。中部、西部地区各省份在对外贸易和引入 FDI 方面差异甚小，其间对总体差异的贡献仅为 12.9 个百分点。由于地区间差异的扩大，地区内差异对总体差异的贡献率由期初的 34.3% 下降至 2008 年的 27.3%。地区间外向型经济发展的差异表现为东部地区领先于全国平均水平而内陆地区落后于全国平均水平，但是具体来看，1992～2008 年东部、中部、西部地区间差异对总体差异的贡献率分别为 21.5%、19.9% 和 29%，而且在各地区经济外向度提高的过程中，地区间的相对差异波动较小，对总体差异的贡献度较为稳定。

在发展外向型经济过程中，东部沿海的先发优势体现在较早地获得政策支持，在利用本地优势、动员本地资源的同时，有力地吸纳了外部资源，开发了外部市场，造成东部沿海省市与内陆地区外向型经济发展的差距。对于广大中西部省份而言，获得的政策支持和制度激励相对较少，开放的时机较晚，而恰恰由于有东部沿海地区的开放经验可供借鉴，而且随着产业结构调整和区域间产业转移的兴起，内陆地区在自然资源和劳动力成本方面的优势逐渐凸显。尽管经济开放的起点较低，但同样的外向度往往能释放出更多的增长效应，带动中西部地区取得更高的增长速度，在开发利用好后发优势的条件下，中西部地区经济增长与开放度之间的相互作用将赢得更加广阔的空间。缩小地区间外向型经济发展的差距，应促进开放机遇越来越多地惠及中西部地区，创造条件使内陆省份发挥自身比较优势，大力发展对外贸易和加快 FDI 引入；保持东部地区的先发优势，充分利用内陆地区的后发优势，为调整区域经济的非均衡发展格局发挥积极作用。

表 3.7　地区外向型经济发展差异对总体差异的贡献率

年度	地区内差异对总体差异的贡献				地区间差异对总体差异的贡献			
	东部	中部	西部	合计	东部	中部	西部	合计
1992	0.1884	0.0890	0.0655	0.3430	0.2079	0.1498	0.2993	0.6570
1993	0.1878	0.0803	0.1056	0.3737	0.2045	0.1560	0.2658	0.6263
1994	0.1841	0.0695	0.0997	0.3533	0.2072	0.1818	0.2576	0.6467
1995	0.1810	0.0603	0.0755	0.3168	0.2164	0.1911	0.2758	0.6832
1996	0.1648	0.0540	0.0671	0.2858	0.2159	0.1995	0.2988	0.7142
1997	0.1561	0.0494	0.0837	0.2892	0.2110	0.1890	0.3109	0.7108
1998	0.1546	0.0436	0.0891	0.2872	0.2150	0.2098	0.2880	0.7128
1999	0.1648	0.0491	0.0894	0.3032	0.2096	0.2044	0.2828	0.6968
2000	0.1610	0.0408	0.0839	0.2857	0.2163	0.2189	0.2792	0.7143
2001	0.1509	0.0491	0.0646	0.2646	0.2185	0.2174	0.2995	0.7354
2002	0.1526	0.0448	0.0600	0.2575	0.2184	0.2145	0.3096	0.7425
2003	0.1640	0.0469	0.0622	0.2731	0.2157	0.1991	0.3121	0.7269
2004	0.1628	0.0559	0.0779	0.2966	0.2116	0.2095	0.2823	0.7034
2005	0.1682	0.0423	0.0642	0.2747	0.2184	0.2121	0.2948	0.7253
2006	0.1680	0.0467	0.0584	0.2731	0.2185	0.2192	0.2893	0.7269
2007	0.1595	0.0497	0.0648	0.2740	0.2224	0.2082	0.2953	0.7260
2008	0.1507	0.0345	0.0874	0.2726	0.2285	0.2039	0.2951	0.7274

第五节　区域经济增长效率的非均衡性

全面审视投入－产出过程中区域经济增长的非均衡性，须对产出增长中的要素投入贡献和技术进步贡献做出识别，以明确区域经济增长的效率差异。经济增长是资本、劳动力等要素投入的结果，同时经济增长的状况也反映了导源于技术进步的要素使用效率，表现为全要素生产率的高低。因此，区域经济增长的非均衡性一方面表现为总量产出的非均衡性，包括经济结构、经济外向度等方面的差异，另一方面也变现为要素投入及应用效率的非均衡性。本节旨在通过对改革开放以来我国省际全要素生产率的测算，揭示区域要素投入尤其是经济增长效率的非均衡性。

3.5.1　区域生产要素投入的比较分析

新古典经济增长理论生产函数中的投入变量包括资本、劳动和技术因素，因此先从资本和劳动这两项生产要素入手，分析省际资本积累与就业状况，技术变量留待核算全要素生产率时再做探讨[①]。

1. 省际生产要素投入的比较分析

首先分析改革开放以来省际固定资本形成情况。从绝对差异的角度来看，各省区市投资量在迅速增长的同时，省际投资的标准差和绝对极差不断拉大，1978 年固定资本形成总额中最高值较最低值（海南）高出60 亿元，2008 年固定资本形成总额中最高值（江苏）则比最低值（青海）高出近 1.4 万亿元。相对差异方面，相对极差在样本期内的变化幅度较小，并呈波浪式演进的态势，1978 年为 28.5，随后下降到 1985 年的 12.5，再上升至 1995 年的 31.6，然后再次持续下降，2001 年达到 18.1 后又转而上升，2008 年为 24.7。从变异系数来看，在 20 世纪 90 年代中期以前，各省区市投资的相对差异呈间断上升态势，1978 年至 1995 年变异系数从 0.49 上升到 0.73，此后随着区域政策的调整，省际相对差异保持稳定并略有下降；2004～2005 年我国总体经济过热，部分省份固定资产投资扩张，再次拉大了省际投资差距，2005 年时变异系数达到了 0.76；随着经济周期的调整，2008 年变异系数重新回落至 0.68。由于投资本身的周期性，省际固定资本形成总额基尼系数也表现出周期性波动的特征，改革开放之初基尼系数为 0.27，随后省际投资差异加速扩大，1982 年基尼系数增加至 0.34，省际差异此后进入下降周期，20 世纪 80 年代末期再度反弹至 1988 年的 0.36，在经历小幅升降后至 1997 年达到峰值 0.39。随着我国宏观经济进入周期性紧缩阶段，基尼系数缓慢下降。2004 年和2005 年有小幅上扬，但随后下降态势得到巩固，表明我国省际固定资本

---

① 王婷. 中国区域投资效率的非均衡性分析[J]. 经济纵横，2011，（8）：100-103.

形成总额的差距正趋于缩小（见图 3.8）。

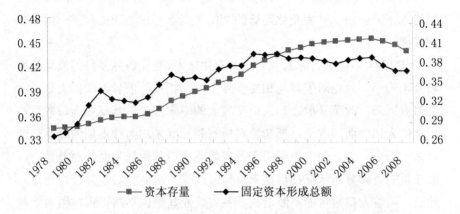

图 3.8　省际资本存量和固定资本形成总额的基尼系数

存量资本是各期投资的累积，所以省际资本存量本质上导源于各省投资流量的变动。考虑到下文对省际全要素生产率的分析，这里所采用的资本数据与之一致，即按 1952 年不变价格测算的省际资本存量。同样先从绝对差异角度来看，由于资本存量是各期投资的累积，因此绝对规模大于投资流量，这就意味着由标准差和绝对极差描述的省际差异更大。值得注意的是，由于基数较大，同期的资本标准差大于投资。绝对差异资本大于投资的状况一直延续，2008 年资本存量规模山东比青海高 1.8 万亿元，标准差达 47.3，表明省际资本规模分布较投资更为分散。相对差异方面，作为更高基数的资本存量，其省际相对差异不低于投资，其间变异系数和相对极差平均为 0.76 和 27.7，大于投资的 0.67 和 23。基尼系数的变动也印证了这一点，其间资本存量基尼系数平均为 0.41，高于投资的 0.36，在样本期内前者均高于后者。作为投资的累加资本还须在各期计提折旧，所以资本规模扩张的节奏较之投资更为平缓，从而整个时段内变异系数曲线更为平滑。1978 年至 1989 年省际资本存量变异系数由 0.68 小幅升至 0.7，20 世纪 90 年代省际差距持续拉大，2000 年变异系数已增至 0.85，此后存量差距有所缓解，变异系数 2008 年降至 0.82。资本存量的波动决定了省际资本存量差异的波动，图 3.8 也显示资本存量基尼系数的变动较投资平滑。比较资本与投资的变化态势可以发现，投资变动的领先特征突出体现在 20 世纪 90 年代中期以后，即投资差异自 1997 年起经过一个时期的缩小之后，资本存量差异从 2004 年开始进入下降阶段，二者变化趋势的交错是资本与投资间的存量－流量规律使然。

从 1978 年以来省际就业人口的变化来看，首先省际差异的波动幅度较资本为小，且绝对差异与相对差异的变动相反，前者不断扩大，后者则略有下降。改革开放之初人口密度大的中东部省份其就业人口数量高于地广人稀的西部省份，期初绝对极差和标准差均为样本期内最小，变异系数适中，为 0.64，表明由于各省就业人口基数低从而绝对差异小，就业量的省际分布状况在后期未有显著改变，从而相对差异较为稳定。此后，随着人口数量的不断增长，各省就业基数也不断扩张，因而绝对差异持续拉大，1990 年绝对极差突破 4000 万，1998 年突破 5000 万，2008 年达到 5500 万；同期标准差连续增加，2008 年已接近期初的两倍。这一时期相对差异的变动较为平稳，相对极差略有下降，而变异系数大体围绕 0.64 上下小幅波动，2008 年变异系数和相对极差分别为 0.66 和 21.1，表明期末省际就业量的相对差异状况与期初相近。省际差异的变化特征也在基尼系数中得到反映。一方面，省际就业人口基尼系数波动范围较小，围绕均值 0.36 上下浮动，意味着省际就业状况的对比未有较大改变；另一方面，基尼系数总体呈上升态势，尤以 20 世纪 90 年代后半期最为明显。1997 年起，我国宏观经济进入紧缩阶段，省际劳动力转移规模缩小，同时部分人口大省在经济发展和产业完善过程中其劳动力资源优势得以逐步发挥，劳动参与率的提高使其在一定程度上拉大了与人口密度较低、就业量较小的省份之间的差距。

2. 地区生产要素投入的差异

在地区存量资本方面，1978 年东部、中部、西部地区的资本存量分别为 1900.72 亿元、1175.87 亿元、1499.43 亿元，地区对比为 1:0.62:0.79。在平均主义的区域经济布局下，尤其是"三线"建设时期对中西部地区的投资倾斜使得改革开放之初地区间的资本要素投入差异较小，地区之间资本投入的起点相对平衡，事实上这也是资本存量差异最小的时期。但是，在此后的地区资本存量对比中，相对于东部地区，中西部地区的占比持续下降，地区间资本要素投入的差距不断拉大。至"七五"期末，东部、中部、西部地区资本存量对比已经调整为 1:0.42:0.41，东部已超过中部和西部的总和。"九五"期末，2000 年东部、中部、西部地区资本存量之比为 1:0.30:0.28，地区资本积累的非均衡性进一步凸显。本世纪以来，内陆省份加快了本地资本要素的累积，地区间资本要素投入差距扩大的趋势有所扭转。2008 年东部、中部、西部地区资本投入对比调整为 1:0.32:0.33，反映了西部大开发战略的实施对于促进西部省份资本累积起到了积极作用。从地区内资本要素投入差异来看，西部地区内资本积累状况差异最大，其次为东部和中部，1978～2008 年西部、东部和中部地区的基尼系数平均值分别为 0.44、0.31 和 0.25。从区内资本要素投入差异的变化趋势来看，西部地区的省际差异有所下降，而东部和中部地区则有所上升。

接下来对地区间固定资本形成总额做比较分析。1978 年东部、中部、西部地区固定资本形成总额的对比为 1:0.64:0.57，虽然投资流量的差异也处于历史最小时期，但相比于东部地区，内陆地区的投资规模扩张节奏明显放慢，地区投资差距不断拉大。1990 年中部、西部地区固定资本形成总额分别只占到东部地区的 43% 和 33%，"九五"期初，这一比例进一步下降到 38% 和 26%，投资分布的非均衡性进一步凸显。随着我国区域政策的调整，内陆地区投资规模扩张的节奏加快，进入本世纪以来，地区资本形成总额差距逐步缩小，2008 年中部、西部地区对东部地区固定资产形成总额的比率回复到了 48% 和 35%。地区投资总额对比的变化在改革开放以来也具有一定的阶段性特征，即 20 世纪 90 年代中期以前，投资向东部地区集聚，内陆地区投资相对比重持续下降；90 年代中后期以来，投资分布开始向中西部地区倾斜，内陆地区投资相对比重逐步回升。具体到地区内部投资差异的变化状况，与地区内部资本积累差异一致，西部地区内投资规模差异最大，东部地区内差异稍低，中部地区内投资差异最小。从图 3.9 描述的地区内投资规模差异的变化趋势来看，中西部地区的省际差异变化节奏相近，20 世纪 90 年代中期以后更为明显。与此形成鲜明对比的是，东部地区的省际投资差异则是先升后降。审视上述两种不同的演变趋势，须将其置于我国宏观经济形势的大背景下：20 世纪 90 年代末至本世纪初期，总体经济紧缩，外部需求下降，东部地区的投资优势被削弱，而中西部地区得益于国家区域政策扶持，

投资优势得以壮大，这就导致地区内的投资规模差异方面东部地区在扩
大而内陆地区在缩小。随着我国经济进入新一轮扩张周期，东部地区整
体投资环境得以改善，因而其内部省市之间的投资规模差异逐渐缩小，
同期中西部地区内部省份之间在资金实力和投资环境方面的差距则逐渐
拉大。

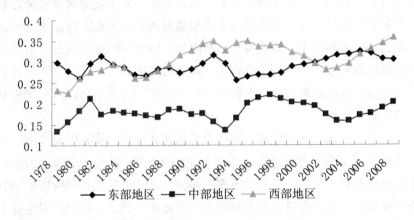

图 3.9   地区固定资产形成差异的演变

就我国生产要素的稀缺性而言，资本显然高于劳动，撇开劳动力资
源的结构特征，数量上的过剩意味着劳动尚未构成对我国经济增长的制
约，因此也不可能是区域增长差异的主导因素。但恰恰是劳动力资源的
层次和结构决定了就业状况以及劳动在产出价值创造过程中的角色差
异。从这个意义上讲，地区就业状况的对比可以为解读地区增长差异和
效率差异提供一个要素投入的注脚。首先从地区就业人口的对比来看，
由于东部地区人口较为稠密，就业人口总体规模高于中西部地区，1978～
2008 年东部、中部、西部地区年平均就业人口之比为 1:0.81:0.65，可见
劳动要素投入的地区差距远小于资本积累和投资。值得注意的是，目前
统计数据中的就业人口是地方劳动社会保障部门按本地户籍人口进行统
计的，考虑到劳动力的流动性，尤其是自 20 世纪 90 年代以来大量务工
人员由内陆地区流向东部沿海省份，因此从常住人口角度衡量，地区就
业状况的差异可能更大。但限于数据的可得性，我们采用的是按前一口
径统计的就业人口，地区就业状况对比的变动将缩小。1978 年东部、中

部、西部地区就业人口数量之比为 1:0.79:0.63，2008 年这一比值为
1:0.77:0.62，可见改革开放以来地区之间劳动要素投入的对比较为稳定。
这也从侧面印证了从要素投入的角度来看，我国地区间的增长差异主要
是来源于投资和资本积累。

3.5.2　区域全要素生产率的比较分析

全要素生产率 TFP（Total Factors Productivity）衡量的是经济增长过
程中非要素投入因素对经济增长的贡献，包括新技术和新机器的采用、
生产组织效率的提高和生产经验的累积等。下文通过计算省际全要素生
产率来测度各省的要素生产效率，进而综合运用统计分析方法对全要素
生产率进行分析，以深入揭示区域经济增长的效率差异。[①]

1. 测算方法

本书所采用的全要素生产率核算方法是目前主流的计算方法之一——
增长核算法或曰生产函数法，也叫"索洛余值"（Solow Residuals）法。
该测算方法以索洛开创的新古典经济增长理论和柯布－道格拉斯生产函
数为基础[②]，通过估计各生产要素的产出弹性，从而在经济增长率中扣
除要素投入增长的贡献，余下即为全要素生产率。由于增长核算法简便
易行，在一般的计量分析软件中即可实现，而且结论简洁直观，因此被
广泛应用于增长效率的评估与比较。

柯布－道格拉斯生产函数 $Y = A_0 e^{a_T t} K^{a_K} L^{a_L}$，其中 Y 为产出，即各省
的地区生产总值；A_0 为初始技术水平，$e^{a_T t}$ 为技术变动率，两项之积为
技术进步；K、L 是要素投入，即资本和劳动，分别表示各省的资本存
量和就业人口；a_K、a_L 为资本和劳动的产出弹性。等式两端取对数，
得到 $\ln Y = \ln A_0 + a_T t + a_K \ln K + a_L \ln L$。回归分析时 $\ln A_0$ 对应常数项，
$a_T t$ 对应时间趋势项，可得到产出弹性，遵循规模报酬不变假设，对产
出弹性正规化，设 $a_K^* = \dfrac{a_K}{a_K + a_L}$，$a_L^* = \dfrac{a_L}{a_K + a_L}$。全要素生产率 $TFP_t =$

---

① 王婷. 中国区域经济增长效率的非均衡性分析[J]. 河北师范大学学报（哲社版），2011，（5）：59-64.
② 生产函数法测算全要素生产率时，函数的设定形式多样，除柯布－道格拉斯生产函数以外，还有超越对数生产函数等，见 Young（1995）。

$\dfrac{Y_t}{K_t^{a_K} L_t^{a_L}}$，从而第 t 年全要素生产率对经济增长的贡献，即 TFP 变化率

$tfp_t = \dfrac{TFP_t}{TFP_{t-1}} - 1$。以 t 年为基期除 $t+n$ 期的 TFP 得到：

$$TFP\text{指数}_{t+n} = \frac{TFP_{t+n}}{TFP_t} \times 100$$

按上述方法，基于 1978~2008 年的省际面板数据进行回归分析，得到资本的产出弹性为 0.77，劳动的产出弹性为 0.23，根据定义，第 t 年的全要素生产率 $TFP_t = \dfrac{Y_t}{K_t^{0.77} L_t^{0.23}}$，由此可得到各年的全要素生产率的变化率，进而推算经济增长中全要素生产率的贡献。

2. 省际全要素生产率差异

根据表 3.8 计算，可知 1979~1984 年 TFP 指数的平均标准差和平均绝对极差分别达到 7.6 和 37.5，而平均的变异系数也达到了 0.38。通过与后期数据对比可以发现，改革开放初期是省际全要素生产率差异最大的时期。绝对极差表明，最初改革对地方生产力的刺激效应是非均衡的，比如这一时期 TFP 最大值出现在农业产值占比较高的中西部省份，如安徽、湖北、吉林和广西等。农村经济体制的制度创新极大地提高了农民生产的积极性，即使要素的投入水平变化不大，要素的生产效率也得到明显提升。以最早实行家庭联产承包责任制的安徽为例，1979~1984 年 TFP 平均增长率为 4.7%，同期经济增长 11.4%，要素生产效率的提高对经济增长的贡献率达到了 41.2%。广西的 TFP 年均增长 5.3%，经济增长 7.4%，要素生产效率对经济增长的贡献率达到了 71.6%。甘肃则在要素投入下降的情况下依然取得了 6.6% 的年均增速，TFP 的贡献率达到 104.5%。但是在这一时期，北京、上海和天津三地的要素生产效率提高缓慢甚至为负，同期 TFP 增长率分别为 -0.5%、-2.6% 和 1.6%，其对经济增长的贡献率分别为 -4.9%、-31.3% 和 16.9%。正是由于上述三地城市化水平高，农业产值占比小，农村经济体制改革的刺激效应要弱于其他省市，这也从侧面印证了改革开放初期生产效率的提高主要来源于农村经济。

表 3.8　主要年份省际全要素生产率指数差异的测度

年份	标准差	绝对极差	变异系数	相对极差	基尼系数
1979	10.23	60.01	0.48	2.11	0.18
1980	15.10	86.94	0.32	1.91	0.18
1985	4.89	19.82	0.39	1.22	0.21
1990	3.02	12.62	0.28	1.13	0.15
1995	2.78	10.87	0.25	1.12	0.14
2000	1.69	6.41	0.16	1.07	0.09
2005	3.65	16.93	0.43	1.20	0.22
2008	3.48	16.49	0.37	1.19	0.20

　　20 世纪 80 年代后半期，省际全要素生产率指数的平均标准差和绝对极差分别下降至 4 和 17，1985～1989 年平均变异系数也下降到 0.35，省际 TFP 差异相对上一时期下降，基尼系数的变化也反映了这一点。一方面，农村经济体制创新对生产率的提升效应趋于衰减，农业产值占比较高的省份，要素生产效率增长放缓，对经济增长率的贡献下降；另一方面，由于城市经济体制改革尚未全面推进，除个别省份得益于外向型经济的发展，通过引进外资和技术，提升本地的要素生产率以外，其他城市化水平较高的省份其 TFP 仍在低位徘徊。例如安徽，1985～1989 年 TFP 平均增长-2.1%；甘肃和广西两地的 TFP 增长分别为 4.7%和 2.7%，较上一时期分别下降 2.1 和 2.6 个百分点，对经济增长的贡献率分别下降至 42.3%和 38.9%。同期，北京、上海和天津三地的 TFP 增长率均为负值，意味着经济增长完全靠要素的粗放投入获得。而外向型经济发展初见成效的广东，同期要素生产效率年均增长 5%，对经济增长的贡献率达到了 37.4%。省际对比也进一步彰显了推进经济体制改革、促进技术进步以提高全要素生产率的必要性和紧迫性。

　　1992 年邓小平南巡讲话极大地激发了体制创新对技术进步的促进作用，当年平均 TFP 增长率达到了 6.3%的历史峰值。1990～1994 年省际 TFP 指数的标准差、绝对极差、变异系数的平均值分别下降到 3.23、13.1、0.27，省际要素生产效率的差异进一步缩小。这一时期省际 TFP 对比格局的变动主要来源于沿海省份生产率的提升。同样以三个直辖市为例，北京的

TFP 增长率由负转正；上海和天津则分别达到了 1.4%和 3.6%，对经济增长的贡献率也提高到 12.1%和 33.5%。而广东、福建等沿海省份通过外向型经济的发展，在扩大要素投入规模的同时也进一步促进了要素生产效率的改善，这一时期两省 TFP 年均增长分别为 3.9%和 7.2%，对经济增长的贡献率分别为 17.4%和 39.7%。内陆省份中，安徽和甘肃同期 TFP 增长 5.6%和 4.1%，对经济增长的贡献率分别达到了 50.8%和 44.7%，虽然经济增长速度相对于沿海省份为低，但是经济增长中要素生产效率提升的贡献度较大。

　　1996～1997 年我国宏观经济进入周期性紧缩阶段，在经济增长速度回落的同时，要素生产效率对经济增长的贡献下降。1996～2000 年 TFP 年平均增速为 0.53%，受紧缩的宏观经济形势影响，各地本身的技术创新放缓。同时，外部需求萎缩也降低了对外贸易和 FDI 对技术进步的带动作用，省际 TFP 的差异进一步缩小，省际 TFP 的分布更趋集中。2000 年，标准差明显降低，绝对极差也下降到了 6.41，表明各省之间的绝对差异显著降低；变异系数和相对极差分别为 0.21 和 1.07，与 2000 年的基尼系数一样均达到了同期历史最小值，意味着省际生产效率分布较为均衡。进入本世纪以来，随着国内经济的复苏和外部需求的恢复，省际要素生产效率的差距有拉大的趋势。相对于前一个时期低基数上的集中分布，2001～2005 年 TFP 年均增长率略有提高，升至 6.5%，但 2005 年省际 TFP 分布的标准差已上升到 3.64，同时省际 TFP 的变异系数较期初提高了 0.2，基尼系数也进一步上升到 0.22。各项统计指标均表明，省际增长效率的差异随着总体经济增长的加快而扩大。2008 年，受全球性金融危机冲击，我国保持总体经济快速增长的压力加大，衡量省际 TFP 差异的指标在当年均有所回落，表明随着总体经济形势的调整，省际 TFP 增长差异有所缩小，效率的非均衡性也有所缓和。

　　3. 地区全要素生产率差异

　　地区全要素生产率差异是区域经济增长非均衡性的重要根源。从地区全要素生产率的平均指数来看，改革开放之初地区要素生产效率改进方面内陆地区领先。图 3.10 显示了 1978～2008 年的地区平均 TFP 指数，由此可计算出各年的 TFP 增长率。1979 年东部、中部、西部地区的 TFP 增长率依次为 0.25%、0.55%、0.01%，中部地区经济增长过程中生产效率的提高最为明显，而同期东部沿海和西部地区的生产效率变化甚小。1979～1984 年是改革以来的首轮效率提升阶段，东部、中部、西部地区的平均 TFP 增长率分别为 1.78%、3.89%、4.28%，内陆地区生产效率的提升明显快于东部地区。表 3.9 中，利用泰尔指数的方法对地区 TFP 增长率差异进行了分解。地区间差异对总体非均衡性的贡献率平均为22.3%，地区生产效率的非均衡性主要源于地区内部的生产效率。主要原因在于，当时经济体制改革的重点在于活跃农村经济，中西部地区农业产值占比高，农村经济体制的创新"盘活"了原先的要素投入，从而在较短的时间里极大地促进了农业生产效率的提高。同期东部沿海地区"开放搞活"的序幕刚刚拉开，对于城市经济而言，这种外围改革对生产效率的促进作用较小。1984～1991 年三个区域生产效率的改进呈现同步变化趋势，全国范围内 TFP 的改善仍然由内陆地区带动，中部、西部地区平均 TFP 增长率为 1.78%和 2.96%；东部则只有 0.04%，经济增长更多地依赖要素投入。20 世纪 80 年代后半期，经济体制改革的重点逐渐转移到了城市，但更多是增量改革而不是存量调整，对东部地区而言，原有经济基础之上的新生产出包含着较高的生产效率，但是平均到整体经济时，低效的资源配置状况将拉低总体要素的生产效率。

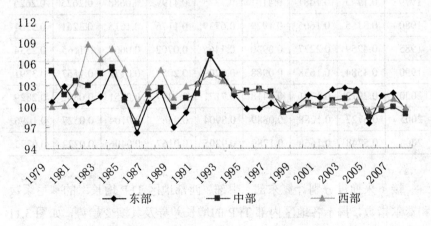

图 3.10 1978～2008 年地区平均 TFP 指数

1992 年东部、中部、西部地区 TFP 增长率分别为 7.24%、7.35%、2.96%，同步达到周期性的峰值。20 世纪 90 年代前半期我国经济体制改革进入了一个新的阶段，市场经济被确定为配置资源的基础性手段；同时我国非均衡的区域经济发展战略也更加清晰。东部沿海地区经济总量的扩张步伐和产业结构的调整节奏总体快于中西部地区，区位优势的发挥为更多地引入资本、技术等外部资源创造了条件，但1998年以前，东部沿海在地区 TFP 指数方面却始终落后于内陆地区。1999年起，地区间的 TFP 指数对比发生了新的变化，东部沿海地区全要素生产率的增长开始超越内陆地区，而且同期地区间效率差异进一步缩小，对总体差异的贡献率也由2000年的28.3%下降到了2008年的8%。1999~2008年东部、中部、西部地区的 TFP 增长率分别为1.96%、0.74%、0.53%。虽然平均增长率不高，但东部地区在增长率方面保持了对内陆地区的领先地位，经过一个时期的发展，东部非公有制经济取得长足发展，经济的高速增长和竞争性的市场环境促使其不断提高生产效率，非公有制经济对整体技术进步的贡献越来越大。

表3.9　地区 TFP 增长率差异对总体差异的贡献率

年份	地区内差异对总体差异的贡献率				地区间差异对总体差异的贡献率			
	东部	中部	西部	合计	东部	中部	西部	合计
1979	0.1743	0.1481	0.4151	0.7375	0.1197	0.0688	0.2625	0.2625
1980	0.3155	0.1605	0.1979	0.6739	0.1176	0.1515	0.3261	0.3261
1985	0.4259	0.2277	0.0930	0.7466	0.0702	0.0667	0.1165	0.2534
1990	0.3584	0.1638	0.0988	0.6209	0.2052	0.0172	0.1567	0.3791
2000	0.2972	0.1781	0.2418	0.7171	0.1377	0.0651	0.0802	0.2829
2005	0.6727	0.1288	0.0889	0.8904	0.0465	0.0104	0.0527	0.1096
2008	0.5748	0.1668	0.1789	0.9205	0.0167	0.0406	0.0222	0.0795

接下来通过分别计算东部、中部、西部地区 TFP 增长率的基尼系数和泰尔指数，揭示各地区内部 TFP 的增长差异及其演变趋势，如图3.11所示。1978~2008年东部、中部、西部地区内 TFP 增长的基尼系数均值分别为0.17、0.14、0.12，东部地区内部各省市之间的技术进步或生产效率差异最大，地区内部的增长效率差异与区域经济发展的梯度呈一定对应关系。地区内 TFP 差异对总体差异的贡献率分别为35.3%、17.9%、

20.7%，合计对区域效率非均衡性的贡献率达 73.9%，地区内的全要素生产率差异是总体差异的主要来源。如图 3.11 所示，20 世纪 80 年代至 90年代初期，东部的地区内 TFP 增速差异始终大于内陆地区，前文指出1992 年以前东部沿海省份之间在经济基础、产业结构以及经济外向度方面存在着广泛差别，而且这一时期全要素生产率的改进主要来自农村经济领域，东部各省市之间的城市化水平和农业产值占比差异较大。较之东部地区，中西部地区内部在经济结构方面有较高的相似度，工业基础相对薄弱，农业产值占比较高，农村剩余劳动力规模大，因此内陆地区生产效率提升的平均速度快于东部，地区内 TFP 增长率的差异也小于东部地区。

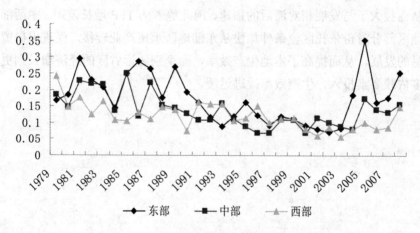

图 3.11　地区内 TFP 增长差异的演变

考察 1992～2003 年地区内 TFP 增长率的差异，各地区内部的 TFP增速差异降低，而且地区间对比也更为接近。东部、中部、西部地区内TFP 增长的基尼系数均值分别为 0.15、0.11、0.14，可见各地区内部技术进步或生产效率差异有所缩小，地区内增长效率差异与区域经济发展梯度的对应关系不再明显。地区 TFP 泰尔指数的分解情况也印证了这一点，2003 年地区内生产效率差异对总体差异的贡献度为 56%，较 1992 年下降 13.4 个百分点，同期地区内生产效率差异对总体差异的贡献率西部为25.7%，超出中部近 6 个百分点。1992～2003 年地区内增长效率差异的波动幅度相对较小，尤其是在 1997 年以后的时段里更为明显。这一时期东部的地区内 TFP 增速差异明显下降，1992 年以后各省市之间在产业结构和所有制经济结构方面仍存在一定差别，但恰恰是各种经济成分和产业门类在促进技术进步方面"各显其能"，降低了地区内部的 TFP 增长率差异。较之于东部地区，中西部地区普遍面临着提升产业结构、促进非公有制经济发展的任务，虽然内陆地区生产效率提升的平均速度略低于东部，但地区内部的 TFP 增长率差异仍小于东部地区。2004 年以后，地区内增长效率差异的波动性加大，东部地区增长效率差异明显大于中西部地区，2008 年东部、中部、西部地区 TFP 增速的基尼系数分别为 0.25、0.16、0.15，对区域生产效率差异的贡献率分别为 57.5%、16.7%、17.9%。东部地区以北京、上海和广东为代表的发达省市 TFP 增速加快，从而拉大了与发展相对滞后的福建、河北等省的 TFP 增长差距。中西部地区部分省份依托区位条件加快从东部地区承接产业转移，促进出口贸易的发展，从而提高了本地生产效率，而个别边远省区的经济增长则更多依赖要素投入，生产效率改进迟缓。

第四章　我国区域金融发展差异分析

金融发展的区域差异性是中国金融发展格局的重要特征之一，这种差异是改革开放以来东部地区优先发展战略的必然结果，也是中国区域发展非均衡性的一大体现。在现有的文献中，有不少研究涉及对中国区域金融发展差异的测度。一些研究使用中国省区的总体样本对金融发展差异进行测量，但是多数研究未能全面展现中国区域金融发展差异的特征——使用全国总体数据的研究过于宽泛并且不能深入，使用区域内部数据的分析又常常显得以偏概全。

事实上，要对中国区域金融发展差异进行全面测度，必须同时体现以下几个方面的特征：第一，从金融体系的内涵上讲，区域金融发展差异不能仅限于描述地区之间金融深化和货币化程度的差别，由于资本证券市场和保险市场也是金融体系的重要组成部分，所以这方面的研究也必须被纳入金融发展差异分析的视野。第二，从区域划分角度讲，区域金融发展差异应当从多维度展开研究，既包含省际差异、东中西三大地带差异，同时也应包括城乡之间的差异。而且这些差异并非孤立存在，城乡金融差异实质上内含了省际差异，反之省际金融差异中也包含了城乡差异的影响，所以只有将各个维度的金融差异分析纳入统一的研究框架，才能厘清在总体差异中各维度差异的实际贡献额度。第三，从测度指标上讲，区域金融发展差异不能仅限于总量或规模指标，从影响区域经济发展的角度看，金融交易效率和金融资源产业配置结构的省际差异也应是重要的研究内容。鉴于此，本章将循着上述思路对区域金融的发展差异进行多维度、全方位的测度。

本章在测算区域间金融发展差异时，将同时测算基尼系数和泰尔指数，测算方法同前文。用基尼系数进行横向比较，用泰尔指数对东中西三大地带之间及其内部、城乡之间的金融差异进行细化分解研究。

第一节 金融发展总量及规模的省际差异测度及东中西三大地带分解

金融总量及规模的差异是区域金融发展差异的最重要体现。在相关文献中，对金融总量及规模的衡量指标一般采用金融深化率（通常使用贷款与 GDP 之比来测算）和人均金融资源占有量（一般使用人均贷款或人均存贷款指标）。本书倾向于后者，原因在于本书的研究目的在于检验金融发展与区域经济发展差异的相互关系，而人均金融资源占有量的差异必然导致区域之间投资机会多寡与投资规模大小的差异，这本质上能够体现区域之间发展机会的差异，进而反映区域经济的非均衡格局。若使用金融深化率指标，则发达地区较高的 GDP 会产生很强的"分母效应"，从而造成发达地区金融发展程度的低估和欠发达区域的高估，这将影响到金融发展差异是否（以及多大程度上）引起区域经济非均衡的研究结论的准确性。由于西藏的数据缺失严重，重庆的行政区划及建制从 1997 年才开始出现，所以下文的研究样本一般采用除这两者之外的中国大陆 29 个省区[①]的数据。在研究的时间期限上，本书将尽量延长样本期限，多数测算从改革发端的 1978 年开始到 2008 年截止。但由于后文中涉及证券市场和保险市场的测算，样本期限会相应地缩短。在东中西三大地带的划分上，同前文第三章所述。

本章研究的所有数据来源于：历年的《中国统计年鉴》及各省区同期统计年鉴，历年的《中国金融年鉴》、《中国人口年鉴》、《中国教育年鉴》、《中国证券期货统计年鉴》，《新中国五十五年统计资料汇编》，《中国区域金融运行报告》（2005、2006、2007、2008 年卷），"中经网"和"国研网"数据库、"省域经济指标查询库"等。

---

① 当然，在某些研究中，若西藏和重庆数据可得，将会使用我国大陆 31 个省区的全样本数据，届时将给予说明。

4.1.1 省际人均金融资源占有量差异的测算及三大地带分解

4.1.1.1 人均存贷款差异测度

本节首先对省际人均存贷款差异的基尼系数和泰尔指数进行了测度，并使用泰尔指数方法进行东中西三大地带分解，见表4.1。

表4.1 1978～2008年中国省际人均存贷款差异测算及分解

年份	基尼系数	泰尔指数	其 中				
			组间差距	组内差距	其 中		
					东部内部	中部内部	西部内部
1978	0.4913	0.5182	0.2461	0.2721	0.1721	0.0538	0.0462
1979	0.4936	0.5222	0.2488	0.2734	0.1779	0.0515	0.044
1980	0.4485	0.4676	0.2204	0.2472	0.1589	0.0481	0.0402
1981	0.4476	0.4686	0.2249	0.2437	0.1546	0.0487	0.0404
1982	0.4487	0.4709	0.2289	0.242	0.1531	0.0506	0.0383
1983	0.4492	0.4721	0.2283	0.2438	0.1509	0.0523	0.0406
1984	0.4153	0.4359	0.2285	0.2074	0.1171	0.0509	0.0394
1985	0.4127	0.4365	0.2236	0.2129	0.1274	0.0466	0.0389
1986	0.4042	0.4229	0.2207	0.2022	0.1189	0.0473	0.036
1987	0.4059	0.4232	0.2229	0.2003	0.1171	0.0468	0.0364
1988	0.3930	0.4083	0.2195	0.1888	0.1017	0.0488	0.0383
1989	0.3902	0.4064	0.2195	0.1869	0.1008	0.0487	0.0374
1990	0.3808	0.39	0.2139	0.1761	0.1014	0.0356	0.0391
1991	0.3768	0.3845	0.2116	0.1729	0.1003	0.0344	0.0382
1992	0.3914	0.3991	0.2295	0.1696	0.0991	0.0344	0.0361
1993	0.3973	0.4029	0.2363	0.1666	0.1007	0.0316	0.0343
1994	0.4031	0.4057	0.2387	0.167	0.1039	0.0282	0.0349
1995	0.4023	0.4047	0.2388	0.1659	0.1043	0.0281	0.0335
1996	0.4093	0.415	0.2419	0.1731	0.1089	0.0314	0.0328
1997	0.4237	0.4284	0.2568	0.1716	0.108	0.0312	0.0324
1998	0.4263	0.4334	0.2606	0.1728	0.1087	0.0314	0.0327
1999	0.4376	0.4435	0.2685	0.175	0.1089	0.035	0.0311
2000	0.4446	0.4546	0.2692	0.1854	0.1159	0.0363	0.0332
2001	0.4595	0.4715	0.2809	0.1906	0.1226	0.0337	0.0343
2002	0.4769	0.4917	0.2942	0.1975	0.1283	0.0329	0.0363

年份	基尼系数	泰尔指数	其中		其中		
			组间差距	组内差距	东部内部	中部内部	西部内部
2003	0.4862	0.5041	0.3045	0.1996	0.1306	0.0318	0.0372
2004	0.4791	0.4973	0.306	0.1913	0.1252	0.0304	0.0357
2005	0.4562	0.4664	0.2883	0.1781	0.1174	0.0274	0.0333
2006	0.4487	0.4564	0.2834	0.173	0.1137	0.0266	0.0327
2007	0.4436	0.4501	0.2800	0.1701	0.1122	0.0251	0.0328
2008	0.4347	0.4381	0.2722	0.1659	0.1089	0.0251	0.0319

观察表 4.1 可见，以人均存贷款指标衡量的中国省际人均金融资源占有量差异是很大的，1978～2008 年间省际人均存贷款基尼系数平均达到 0.4316，并且多数年份一直在 0.4 以上的高位变动。图 4.1 直观地显示了改革开放以来中国省际人均存贷款差异的变动路径。从长期趋势来看，省际人均存贷款差异的变动经历了三个阶段。第一阶段是从改革发端的 1978 年到市场经济体制确立前夕的 1991 年。在这一阶段中，省际人均金融资源占有量差异在振荡中逐年下降，基尼系数从 1979 年的 0.4936 一路下降至 1991 年的 0.3768，下降幅度达到 23.3%，年均降幅约为 1.79%。第二阶段从市场经济确立的 1992 年开始，直到 2003 年。在这 11 年中，省际人均金融资源占有量差异基尼系数又从 1991 年的 0.3768 上升到 0.4862，上升幅度达到 29.03%，年均上升 2.42%。第三阶段是从 2004 年至 2008 年，基尼系数又逐渐下降到 0.4347。

联系到改革开放以来我国经济发展战略的变化和制度变迁的路径，可以认为，中国地区金融资源规模差异的变动轨迹具有明显的制度痕迹，而且也彰显了金融资本在市场经济条件下的逐利本质，图 4.1 所显示的轨迹正是这两大因素合力的结果。中国经济体制改革肇始于农村，1992 年以前的改革本质上是试探性的，在这一阶段，市场经济体制的改革取向尚未完全确立，并且在邓小平 1988 年提出东部和西部、内地和沿海"两个大局"战略构想之前，中央政府对东部沿海地区的制度和资金支持力度并不是很大。在这一背景之下，省区之间的金融资源规模差异较之改革之初出现了较大幅度的下降。1992 年中央确定了市场经济体制的改革取向，并且东部沿海地区率先发展的战略思想在中央决策层面达成了共识，中央政府对东部沿海地区的制度和资金倾斜不断加大，而且金融资本的逐利本性在市场经济条件下得到充分发挥，这导致了从 1992 年以来金融资源不断地从中西部地区向东部沿海集中，造成了地区之间金融资源规模差异的迅速扩大。中国区域之间过于悬殊的全方位发展差距引起了人们的广泛关注，中央政府的目光也从单纯鼓励东部沿海地区率先快速发展转到所有地区均衡发展上来。为了改变中西部地区发展严重落后于东部地区的非均衡局面，以 2000 年 1 月国务院成立西部地区开发领导小组为标志的"西部大开发"拉开了序幕，尤其是 2004 年 3 月温家宝总理在政府工作报告中首次明确提出促进"中部崛起"的战略构想以来，中央政府对中西部地区的政策和资金支持不断加大，中西部地区的投资环境逐渐得以改善，金融资本向东部流失的局面得到有效遏制。这导致了 2003 年以后省际金融资源规模差异的逐渐缩小。

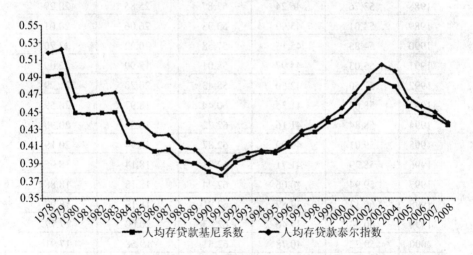

图 4.1　1978～2008 年中国省际人均存贷款基尼系数与泰尔指数变动趋势

表 4.2 1978～2008 年中国省际人均存贷款差异泰尔指数按三大地带分解结果占比

年份	组间差距（%）	组内差距（%）	其 中		
			东部内部（%）	中部内部（%）	西部内部（%）
1978	47.49	52.51	63.25	19.77	16.98
1979	47.64	52.36	65.07	18.84	16.09
1980	47.13	52.87	64.28	19.46	16.26
1981	47.99	52.01	63.44	19.98	16.58
1982	48.61	51.39	63.26	20.91	15.83
1983	48.36	51.64	61.90	21.45	16.65
1984	52.42	47.58	56.46	24.54	19.00
1985	51.23	48.77	59.84	21.89	18.27
1986	52.19	47.81	58.80	23.39	17.80
1987	52.67	47.33	58.46	23.36	18.17
1988	53.76	46.24	53.87	25.85	20.29
1989	54.01	45.99	53.93	26.06	20.01
1990	54.85	45.15	57.58	20.22	22.20
1991	55.03	44.97	58.01	19.90	22.09
1992	57.50	42.50	58.43	20.28	21.29
1993	58.65	41.35	60.44	18.97	20.59
1994	58.84	41.16	62.22	16.89	20.90
1995	59.01	40.99	62.87	16.94	20.19
1996	58.29	41.71	62.91	18.14	18.95
1997	59.94	40.06	62.94	18.18	18.88
1998	60.13	39.87	62.91	18.17	18.92
1999	60.54	39.46	62.23	20.00	17.77
2000	59.22	40.78	62.51	19.58	17.91
2001	59.58	40.42	64.32	17.68	18.00
2002	59.83	40.17	64.96	16.66	18.38
2003	60.40	39.60	65.43	15.93	18.64
2004	61.53	38.47	65.45	15.89	18.66
2005	61.81	38.19	65.92	15.38	18.70
2006	62.09	37.91	65.72	15.38	18.90
2007	62.21	37.79	65.96	14.76	19.28
2008	62.13	37.87	65.64	15.13	19.23

　　表 4.2 是对改革开放以来省际人均存贷款差异按东中西三大地带进行泰尔指数分解的结果，前两列数据分别是按东中西分组的组间和组内差异所占比重，后三列数据则是对组内差异进一步分解的结果，分别表示东中西三大地带内部差异对组内总差异的贡献程度。由表 4.2 可见，若按东中西三大地带来分解中国省际金融资源占有量差异，平均而论，组间差异要高于组内差异，这说明东中西三大地带之间的差异占到了省际金融资源规模差异的大部分。图 4.2 则显示了这两类差异的变化趋势，自改革开放以来，三大地带之间的差异呈现出明显的上升趋势，其对总差异的贡献额度从 1978 年的 47.49% 上升到 2008 年的 62.13%，上升了约 15%；组内差异的贡献额度则持续下降。就组内差异的进一步分解可以看出（见图 4.3），人均存贷款差异的组内差异主要来源于东部地区，其贡献额度基本上保持在 60% 左右，中部和西部地区的内部差异则各占 20% 左右，并且其占比在样本期限内变化不大。

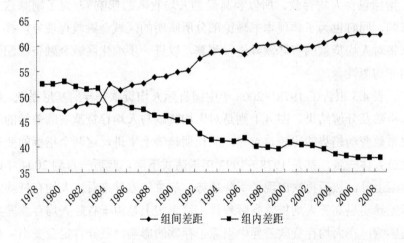

图 4.2　1978～2008 年中国省际人均存贷款差异按三大地带泰尔指数分解占比

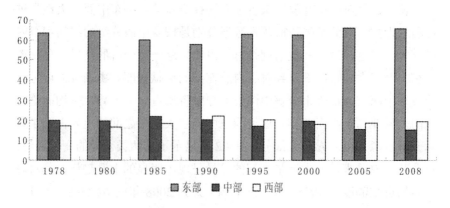

图 4.3　主要年份人均存贷款组内差异三大地带贡献额度

4.1.1.2　人均贷款差异测度

人均存贷款虽然可以从总体上刻画区域金融资源占有量，但由于这一指标包含人均存款，所以容易受到人均收入的影响[①]。为了剔除这一影响，同时也为了体现本书理论部分所阐明的区域金融歧视现象，接下来将对人均贷款的省际差异进行测算，以进一步细化区域金融资源配置的非均衡性。

表 4.3 报告了 1978～2008 年中国省际人均贷款差异的基尼系数、泰尔指数及分解结果。图 4.4 则是对人均贷款与人均存贷款省际差异的基尼系数变动趋势的比较。首先，从长期趋势上来讲，这两个指标的变动轨迹大体一致，都是 1978～1992 年振荡式下降，此后一直到 2004 年则逐渐上升，然后再次出现了下降趋势。从总体差异来看，人均存贷款省际差异明显高于人均贷款省际差异，这事实上是由于省际人均存款差异的影响；在人均存贷款差异中剔除了存款的影响，差异肯定会变小。从泰尔指数的东中西三大地带分解结果看，人均贷款组内差异与组间差异占比的长期变动趋势与人均存贷款的分解结果接近（为了节省篇幅，避免重复，差异占比未报告，这一结果很容易通过表 4.3 计算），都是组间差异逐年上升，而组内差异逐年下降，但就组内差异的细分结果来看，东部地区内部的人均贷款差异有明显的递增趋势，其在总组内差异中的

[①] 人均存款可以近似地表征储蓄变量，显然，收入是储蓄的决定因素。

表4.3 1978～2008年中国省际人均贷款差异测算及分解结果

年份	基尼系数	泰尔指数	其 中				
			组间差距	组内差距	其 中		
					东部内部	中部内部	西部内部
1978	0.4404	0.4977	0.2101	0.2876	0.1429	0.1039	0.0408
1979	0.4460	0.5108	0.2154	0.2954	0.1483	0.1087	0.0384
1980	0.4510	0.4689	0.2237	0.2452	0.15	0.0584	0.0368
1981	0.4359	0.4463	0.2141	0.2322	0.1412	0.0573	0.0337
1982	0.4194	0.4349	0.2100	0.2249	0.1319	0.0591	0.0339
1983	0.4241	0.4441	0.2145	0.2296	0.1338	0.0607	0.0351
1984	0.3936	0.4136	0.2155	0.1981	0.0979	0.0613	0.0389
1985	0.3889	0.4140	0.2073	0.2067	0.1132	0.0572	0.0363
1986	0.3856	0.4054	0.2024	0.203	0.1091	0.0568	0.0371
1987	0.3881	0.4063	0.2057	0.2006	0.1067	0.0564	0.0375
1988	0.3757	0.3923	0.2039	0.1884	0.0939	0.0566	0.0379
1989	0.3762	0.3929	0.2036	0.1893	0.0954	0.0557	0.0382
1990	0.3643	0.3704	0.1921	0.1783	0.0969	0.0376	0.0438
1991	0.3538	0.3562	0.1808	0.1754	0.0959	0.0369	0.0426
1992	0.3622	0.3629	0.1919	0.171	0.0935	0.0357	0.0418
1993	0.3665	0.3690	0.1975	0.1715	0.0946	0.0349	0.042
1994	0.3613	0.3609	0.1929	0.168	0.0921	0.0335	0.0424
1995	0.3590	0.3584	0.1929	0.1655	0.0934	0.0309	0.0412
1996	0.3603	0.3629	0.1919	0.171	0.0977	0.0324	0.0409
1997	0.3686	0.3724	0.2043	0.1681	0.0982	0.0322	0.0377
1998	0.3774	0.3837	0.2111	0.1726	0.1001	0.0337	0.0388
1999	0.3943	0.3978	0.227	0.1708	0.0978	0.0373	0.0357
2000	0.4178	0.4282	0.2388	0.1894	0.1125	0.0396	0.0373
2001	0.4353	0.4476	0.2535	0.1941	0.1191	0.0358	0.0392
2002	0.4545	0.4687	0.2693	0.1994	0.1248	0.0348	0.0398
2003	0.4679	0.4842	0.2832	0.201	0.1275	0.0334	0.0401
2004	0.4605	0.4765	0.2862	0.1903	0.1212	0.0304	0.0387
2005	0.4373	0.4466	0.2737	0.1729	0.1139	0.0249	0.0341
2006	0.4312	0.4383	0.271	0.1673	0.1109	0.0236	0.0328
2007	0.4284	0.4348	0.2688	0.166	0.1104	0.0232	0.0324
2008	0.4256	0.4328	0.2669	0.1659	0.1089	0.0237	0.0333

占比从 1978 年的 49.68%上升至 2008 年的 65.64%，上升了约 15 个百分点。而中部地区人均贷款差异占比则一路下降，从 1978 年的 36.13%下降到 2008 年的 14.29%，下降了约 21 个百分点。西部地区占比稍有上升，自 20 世纪 90 年代以来基本保持在 20%左右。这说明，与人均存贷款相比，人均贷款的省际差异中，东部地区内部差异的解释力度逐年上升，而中部地区的相对差异则趋于均等化。

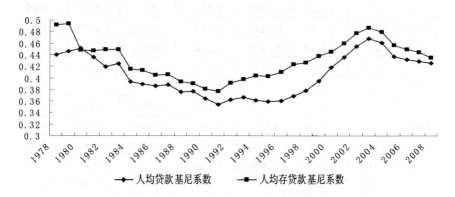

图 4.4 1978～2008 年中国省际人均贷款与人均存贷款基尼系数变动趋势

4.1.2 省际证券市场发展差异的测算及三大地带分解

在中国金融实践中，以银行贷款为代表的间接融资市场是区域金融的最重要组成部分，但如果想要全面刻画中国区域金融发展的格局，那么以资本证券市场为主要内容的直接融资市场也是无法回避的，而且成熟稳健的资本证券市场也是现代金融体系的一大特征。因此，证券业的发展差异也应当纳入中国区域金融差异问题的研究视野。

改革开放以来，中国证券业的发展历程可以分为三个阶段。[①]第一个阶段是 1978～1991 年。这是中国证券市场从萌芽到诞生的阶段。在这个阶段，证券筹资者、中介机构和证券交易所相继成立，证券交易陆续在我国出现。20 世纪 80 年代初期，一些城市的小型国有企业和集体企业开始了多种多样的股份制尝试，1983 年新中国第一张股票是深圳市宝

---

① 参见贺强，陈高华，曾琨杰. 改革开放以来我国证券市场发展的回顾与展望[J]. 中国金融，2008，（11）：43-44.

安县联合投资公司向社会公开发行的，由此打破了"股票是资本主义的专利"的传统观念，最初的证券筹资者开始出现。此后，一些企业陆续进行股份制改造，向社会公开发行股票。但这个时期的股票发行很不规范，本质上带有浓厚的债权融资色彩，大多数股票都设有期限或者"可以退股，保本付息"，并且这一阶段还没有形成真正的证券交易市场，股票交易主要在场外柜台市场完成。1987年9月，深圳特区证券公司成立，这是新中国成立的第一家证券交易中介机构。1990年，国家允许在有条件的大城市成立证券交易所，上海证券交易所和深圳证券交易所于当年12月先后营业，这标志了我国证券市场的正式诞生。我国证券市场的诞生，是解放思想的产物，是经济转轨过程中制度创新和企业发展的需要，也是改革开放以来制度变迁的必然结果。但我国证券市场在诞生之初，具有地方试点的性质，政府对这一新生事物的态度也是试探性的，上市公司主要集中在上海和深圳两地，不但筹资者数量很少，而且市场中投资者参与的积极性不高，市场交易难以活跃，交易额不大。

第二个阶段是1992~1997年。1992年，中国证券监督管理委员会的成立标志着我国证券市场开始进行基础性制度建设。为了规范证券市场的发展，决策层先后制定了一系列有关发行、交易、信息披露等方面的政策法规，证券市场法律法规体系逐步建成。1993年，股票发行试点正式由上海、深圳向全国推广，从而开启了资本市场进一步发展的空间，也意味着我国证券市场的全面启动。事实上，这一阶段证券市场发展对广大民众的教育意义要远大于其自身金融发展的意义。在此阶段，中国证券市场也在真正意义上经历了一次完整的周期，这大大增强了人们的金融投资意识，普及了证券投资的基本知识，同时也宣告证券市场真正走进了普通民众的经济生活。

第三个阶段是1998年至今。在这个阶段，我国证券市场迅速发展，各项制度进一步规范，投资者结构发生了重大变化，投资产品层出不穷，投资渠道也开始走向多元化。但是，超速发展的证券市场和宽松的货币政策所导致的流动性泛滥，也为催生资本市场的泡沫埋下了祸根，尤其是进入2006年以来，个人投资者数量迅速增长，加之市场预期过于乐观和对风险估计不足，到2008年股市大跌的前夕甚至出现了"全民皆股"的局面。从2008年股票市场泡沫破灭至今，中国证券市场事实上正在经历着调整阶段。

中国区域发展的非均衡性体现在经济社会发展的各个方面，证券市场的发展差异也是区域金融发展差异的重要体现。由于资本证券行业对区域经济发展具有很强的依赖性，对区域经济及社会环境的要求比其他金融行业更为严苛，而且证券业本身具有高度的"聚集属性"，所以我们形成的一个直观判断是中国证券市场发展的地区差距应当大于金融资产总量及规模的地区差距。那么，这一差距到底有多大？证券市场的差距又有着怎样的变化轨迹？一般而言，证券市场主要由证券投资者、证券筹资者（主要为上市公司）和证券中介机构三部分组成。对证券市场发展的测度不仅涉及证券交易双方的多寡，更重要的是应考虑到交易额度的大小，实际上后者是刻画证券市场发展的一个比较全面的指标。本书对区域证券市场发展差距的测度将从三个方面展开：首先以地区上市公司数量衡量证券市场筹资者规模的差异，其次对投资者规模的地区差距进行测算[①]，最后测算地区证券市场筹资额的差异。

1. 证券市场筹资者规模的省际差异及分解

由表 4.4 和图 4.5 可知，在 1997~2008 年的 12 年间，除了两个异常年份（1999 年和 2005 年）之外，中国地区之间上市公司数量差异的变化不是很大，基尼系数的均值为 0.4016，但从 2005~2008 年的数据看，似乎有扩大的趋势。这说明，近年来证券市场筹资者数量地区差异的变化趋势是稳定的。从泰尔指数的地区分解结果看，东中西三大地带之间的上市公司数量差异稍高于三大地带内部。对三大地带内部省区之间的进一步分解则显示，东部地区组内差异几乎占到总组内差异的一半（平均占比为 46.75%），西部地区组内差异占 30%左右的比重，而中部地区组内差异占总组内差异的比重尚不足 20%。这一结果与金融资产占有总量及规模的测算结论基本一致，说明东中西三大地带之间以及东部内部各省市之间的差异构成了金融资产总量和证券市场筹资者数量差异的大部分。

---

① 限于数据可得性，对投资者数量的测算无法获得时间上的连续性，只能基于个别年份的数据进行描述性统计分析。

表 4.4　1997～2008 年中国省际上市公司数量差异测算及分解结果（数值及其比重）

| 年份 | 基尼系数 | 泰尔指数 | 其中 | | 其中 | | |
			组间差距	组内差距	东部内部	中部内部	西部内部
1997	0.4551	0.4582	0.2415	0.2166	0.0974	0.0426	0.0766
	100	**100**	**52.72**	**47.28**	**44.95**	**19.68**	**35.37**
1998	0.4393	0.4242	0.2220	0.2022	0.0919	0.0356	0.0747
	100	**100**	**52.33**	**47.67**	**45.46**	**17.62**	**36.92**
1999	0.3537	0.2982	0.0972	0.2010	0.0783	0.0157	0.1071
	100	**100**	**32.58**	**67.42**	**38.93**	**7.82**	**53.25**
2000	0.3962	0.3731	0.2029	0.1702	0.0778	0.0353	0.0570
	100	**100**	**54.39**	**45.61**	**45.75**	**20.77**	**33.48**
2001	0.3886	0.3620	0.1971	0.1649	0.0761	0.0336	0.0551
	100	**100**	**54.45**	**45.55**	**46.15**	**20.41**	**33.45**
2002	0.3907	0.3656	0.1998	0.1658	0.0802	0.0270	0.0586
	100	**100**	**54.66**	**45.34**	**48.37**	**16.29**	**35.33**
2003	0.3908	0.3678	0.2015	0.1663	0.0813	0.0251	0.0600
	100	**100**	**54.78**	**45.22**	**48.87**	**15.06**	**36.07**
2004	0.3946	0.3793	0.2009	0.1784	0.0876	0.0327	0.0581
	100	**100**	**52.96**	**47.04**	**49.09**	**18.35**	**32.56**
2005	0.3411	0.3516	0.1767	0.1749	0.0669	0.0429	0.0651
	100	**100**	**50.26**	**49.74**	**38.25**	**24.51**	**37.24**
2006	0.4092	0.4004	0.2155	0.1848	0.0954	0.0330	0.0565
	100	**100**	**53.84**	**46.16**	**51.60**	**17.84**	**30.55**
2007	0.4243	0.4223	0.2304	0.1919	0.0994	0.0342	0.0583
	100	**100**	**54.57**	**45.43**	**51.80**	**17.83**	**30.37**
2008	0.4356	0.4342	0.2371	0.1970	0.1020	0.0338	0.0612
	100	**100**	**54.62**	**45.38**	**51.79**	**17.13**	**31.08**

　　注：表中加黑部分是泰尔指数分解结果所占比重。其中，"组内差距"与"组间差距"项下分别是组内差距与组间差距占总差距的比重，而后三列则为东中西三大地带差距占总组内差距的比重。

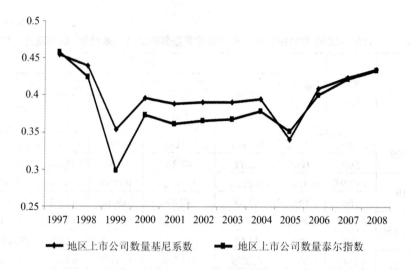

图 4.5　1997～2008 年中国省际上市公司数量基尼系数与泰尔指数变动趋势

2. 证券市场投资者规模的省际差异及分解

限于数据可得性，本书仅采用 2000 年和 2007 年上海证券交易所 A 股投资者地区分布差异的测算结果，来对中国地区证券市场投资者规模进行截面及静态比较分析。

表 4.5 是除西藏和重庆之外的我国大陆 29 个省区市 2000 年与 2007 年 A 股市场投资者数量及其排名情况。以每万人中 A 股市场开户数来衡量，无论是 2000 年还是 2007 年，位于前三位的都是上海、北京和天津三个直辖市。在进入 A 股投资者规模前 10 名的省市中，2000 年只有四川属于西部地区，其余 9 个省市都属于东部地区；2007 年与 2000 年的情况类似，在前 10 位中有 9 个省市属于东部，只不过此时青海省取代了四川省，变成第 10 位。图 4.6 刻画了截至 2007 年上海证券交易所 A 股市场开户总数的东中西三大地带占比情况，可见，东部地区投资者在全国投资者总体规模中的占比高达 66%，中部地区占 20%，西部地区仅占 14%。表 4.6 测算了 2000 年和 2007 年各省区 A 股市场投资者规模差异，反映这一差异的基尼系数在 2000 年达到了 0.5238，2007 年差距有所下降，但仍然保持在 0.4913 的高位。这说明，随着经济社会的发展，证券市场参与程度的省际差距有所缓解，但这一差距依然巨大，中西部地区远远落后于东部地区。

表 4.5　2000 年和 2007 年各省区市 A 股投资者规模及地区排名

年份 地区	2007			2000		
	当年每万人 新增开户数	每万人 开户总数	每万人开户 总数排名	当年每万人 新增开户数	每万人 开户总数	每万人开户 总数排名
上海	203.73	2933.07	1	173.71	2055.63	1
北京	87.23	1113.66	2	120.27	713.83	2
天津	27.77	775.11	3	61.22	500.31	3
辽宁	17.63	521.13	4	38.83	315.54	5
海南	5.26	505.27	5	39.51	388.54	4
江苏	19.25	472.89	6	37.90	261.57	6
广东	50.53	471.57	7	32.54	236.27	8
福建	24.96	427.77	8	26.19	229.83	9
浙江	23.96	403.93	9	35.59	242.44	7
青海	9.53	356.13	10	17.79	108.50	18
黑龙江	8.02	279.04	11	30.47	179.29	11
吉林	10.61	269.48	12	25.25	146.11	15
山东	11.17	262.42	13	18.82	165.18	13
四川	11.97	257.67	14	17.87	223.54	10
新疆	13.07	253.70	15	23.00	149.38	14
陕西	10.52	242.33	16	16.18	165.62	12
湖北	14.54	237.10	17	15.82	136.87	17
山西	9.59	186.24	18	14.70	104.67	19
宁夏	15.28	181.44	19	12.73	137.56	16
湖南	7.67	161.02	20	13.70	85.75	22
江西	6.29	154.58	21	12.12	100.94	20
安徽	7.21	153.33	22	11.22	98.49	21
河北	8.58	136.29	23	12.68	72.14	24
河南	8.29	131.41	24	9.52	69.69	25
甘肃	7.46	120.64	25	8.30	72.85	23
内蒙	6.32	116.72	26	13.13	66.83	26
广西	7.92	115.96	27	7.83	65.94	27
云南	5.21	73.94	28	6.11	39.68	28
贵州	3.30	49.03	29	3.85	29.24	29

数据来源：相关时期《上海证券交易所统计年鉴》与《中国统计年鉴》。

表4.6 2000年和2007年各省区市A股投资者规模差异测算及分解结果（数值及其比重）

年份	基尼系数	泰尔指数	其 中				
			组间差距	组内差距	其 中		
					东部内部	中部内部	西部内部
2000	0.5238	0.5576	0.3245	0.2331	0.1217	0.0305	0.0809
	100	**100**	**58.20**	**41.80**	**52.22**	**13.08**	**34.70**
2007	0.4913	0.5202	0.3042	0.2160	0.1089	0.0299	0.0772
	100	**100**	**58.48**	**41.52**	**50.42**	**13.85**	**35.73**

注：表中加黑部分是泰尔指数分解结果所占比重。其中，"组内差距"与"组间差距"项下分别是组内差距与组间差距占总差距的比重，而后三列则为东中西三大地带差距占总组内差距的比重。

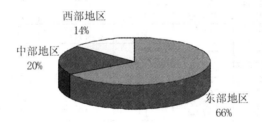

图4.6 A股市场开户总数东中西三大地带占比

从泰尔指数的分解结果来看（图4.7），与前文对其他金融发展总量指标的测算结果类似，东中西三大地带之间的差距仍旧高于组内差距，而且东部地区内部差距仍然占组内差距的一半左右，其次是西部地区和中部地区。

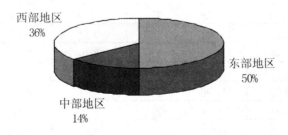

图4.7 A股市场开户总数东中西三大地带组内差异占比

3. 证券市场筹资规模的省际差异及分解

上述上市公司数量与证券市场投资者规模两个指标分别对证券市场供求双方的省际差异进行了测算，接下来对证券市场的融资效应——证券市场筹资规模的省际差异做进一步的测度与分解，以较全面地反映地区之间证券市场发展差异。

本书将使用"地区人均证券市场筹资额"来反映证券市场的融资效应。同样限于资料可得性，仅对 2001～2008 年的地区差异进行测算。见表 4.7。

表 4.7 2001～2008 年中国地区人均证券市场筹资额差异测算及分解结果

年份	基尼系数	泰尔指数	其中各项占比				
			组间差距%	组内差距%	其中		
					东部内部%	中部内部%	西部内部%
2001	0.6678	0.7270	42.03	57.97	55.33	11.87	32.80
2002	0.7409	0.9106	41.87	58.13	56.17	16.21	27.62
2003	0.7590	0.9675	46.82	53.18	50.59	16.34	33.07
2004	0.6410	0.8028	39.96	60.05	42.14	25.42	32.44
2005	0.8368	1.2945	49.18	50.82	55.98	13.27	30.75
2006	0.7278	0.8998	50.63	49.37	54.01	26.31	19.68
2007	0.8132	1.1078	59.34	40.66	62.03	13.82	24.15
2008	0.7868	1.0261	57.30	42.70	58.71	21.58	19.71

注：表中前两列是人均证券市场筹资额差异的绝对数，后五列是对泰尔指数分解的结果。与前面同类表格的不同之处是，此表中后五列均为相对数，为各项占比。

观察表 4.7 可以得到如下结论：第一，2001～2008 年人均证券市场筹资额的地区差异巨大，基尼系数平均值高达 0.7467，远大于前文测算的其他金融发展指标的地区差异。第二，从三大地带分解结果来看，组间差异和组内差异在样本期内基本可以平分秋色，不过组间差异持续上升，组内差异持续下降。就目前来讲，组间差异对总差异的贡献要高出组内差异约 15%，可见三大地带之间的差异对总体差异的影响作用逐渐凸显。第三，对组内差异的进一步分解可见，东部地区内部差异在多数年份都占到了组内差异总份额的一半以上，西部地区内部差异占比仅次于东部，而中部地区内部的均等化程度相对较高。

　　总的来讲，本部分对证券市场的地区差异测度选用了筹资者、投资者和证券市场融资效应三个指标。测度结果显示，中国地区之间证券市场发展存在很大的差异，而且后两个指标的地区差异要远高于金融资源总量的地区差异，这事实上证实了前文关于"中国地区之间证券市场发展差异应当高于金融资产总量及规模的地区差异"的理论推断。

4.1.3　省际保险市场发展差异的测算及三大地带分解

　　保险业是现代金融业不可或缺的重要组成部分，在区域经济发展中通常扮演着"社会稳定器"与"经济助推器"的角色。中国保险业自 1980 年恢复业务以来，完成了一系列全方位、多层次的体制改革创新，保险市场总量迅速增长，市场体系不断得到完善，开放程度也在逐渐提高。总体来看，中国保险业在为居民和经济实体提供风险保障、服务地方经济等方面都发挥了举足轻重的作用。

　　然而，中国保险业在高速增长的同时，也暴露出了地区发展严重不平衡的结构性问题。区域保险业的非均衡发展不利于形成有序的市场竞争格局，有碍于保险经营风险的有效分散，削弱了我国保险业的开放能力，并将加剧区域经济发展的失衡（朱俊生，2005）。由于保险业通常具有"稳定金融"、"便利贸易"和"动员储蓄"等多重作用（Skipper，1997），因而"一个健全的直接保险和再保险市场是经济增长的必要条件"（Albouy and Blagoutine，2001）。可以预见，随着时间的推移，区域发展失衡将带来区域保险结构同质、摩擦加剧及利益冲突等诸多问题，并将影响我国保险业的长期健康发展。[①]

　　下面将综合使用"保险密度"（人均保费额）和"保险深度"（保费/GDP）这两个指标对 1996～2008 年地区之间保险业发展差异进行测算及分解分析。

　　1. 省区之间保险密度差异及分解分析

　　表 4.8 报告了对地区保险密度差异的测算及分解结果，图 4.8 显示了1996～2008 年地区保险密度差异的变动趋势。可见，自 20 世纪 90 年代中后期以来，中国保险业发展的地区差异在振荡中下降，总体上呈现出

---

① 吴祥佑. 我国省域保险业发展不平衡的实证研究：1997～2007 年[J]. 数量经济与技术经济研究，2009，（6）：99-114.

收敛的态势。2000 年以前地区保险密度差异持续缩小，2000～2004 年出现了阶段性的倒 U 形发展，自 2005 年以来又出现了较大幅度的下降，基尼系数从 2005 年的 0.4894 下降到 2008 年的 0.3717，降幅超过 20%。显然，保险行业地区差异的变动轨迹与银行业贷款、证券业地区差异的发展走向是完全不同的。从地区分解结果来看，东中西三大地带的组间差异平均占到总体差异的 60%，并且在样本期限内未发生规律性的变化。东部地区的内部差异仍然占据了总组内差异的大部分，占比平均约为 64.66%，这一占比比其他金融发展总量指标差异的测算结果要更高；西部地区次之；中部地区内部的保险密度差异最小。

表 4.8 1996～2008 年中国地区保险密度差异测算及分解结果

年份	基尼系数	泰尔指数	其中各项占比				
			组间差距%	组内差距%	其 中		
					东部内部%	中部内部%	西部内部%
1996	0.4810	0.5075	59.01	40.99	60.70	12.56	26.75
1997	0.4864	0.5013	60.90	39.10	67.69	15.62	16.69
1998	0.4730	0.4820	61.74	38.26	67.87	13.86	18.27
1999	0.4584	0.4641	60.82	39.18	64.95	16.52	18.53
2000	0.4324	0.4275	58.90	41.10	64.24	18.96	16.80
2001	0.4834	0.4885	64.55	35.45	67.70	16.78	15.52
2002	0.4914	0.4966	59.92	40.08	70.11	14.13	15.76
2003	0.4639	0.4703	62.55	37.45	66.14	16.85	17.00
2004	0.4457	0.4508	62.15	37.85	63.97	15.77	20.26
2005	0.4894	0.5070	59.58	40.42	65.26	13.49	21.25
2006	0.4554	0.4696	58.96	41.04	62.03	13.68	24.28
2007	0.4149	0.4306	56.40	43.60	61.57	10.95	27.47
2008	0.3717	0.3797	54.48	45.52	58.35	10.18	31.47

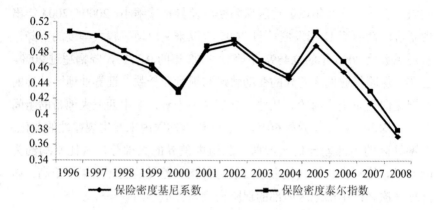

图 4.8　1996～2008 年中国地区保险密度基尼系数与泰尔指数变动趋势

2. 省区之间保险深度差异及分解分析

表 4.9 是对地区之间保险深度差异的测算结果。相比于保险密度的省区差异，保险深度的地区差异明显变小，1996～2008 年保险深度基尼系数平均仅为 0.1824，若从基尼系数的绝对水平来衡量，这一差异处于合理区间。地区保险密度差异与地区保险深度差异之所以会有如此大的不一致性，主要原因显然是由于保险深度按照地区 GDP 分摊时，发达地区 GDP 水平较高，从而导致了较高的"分母效应"。事实上，核算保险市场地区发展差异程度时，这两个指标测算结果的不一致性恰好从另一个角度反映了地区经济总量（以 GDP 衡量）的非均衡性。

图 4.9 显示了样本期内主要年份东中西三大地带保险深度的组内差异和组间差异。与前文所测算的其他金融发展总量指标的地区差异不同，保险深度的组内差异远大于组间差异。从占比上看，组间差异平均仅占 27.31%，而组内差异平均则占到 72.69%（见表 4.9），组内差异是组间差异的两倍多，并且组内差异占比还在逐年上升，这说明保险深度的地区差异不但主要由三大地带内部差异解释，而且其解释力还呈现上升趋势；从组内差异的细分结果上看（见图 4.10），东部地区与西部地区的内部差异占总组内差异的 80%以上，并且西部地区内部差异占比与东部接近，解释了三大地带内部保险深度差异的主要部分。

表 4.9 1996～2008 年中国地区保险深度差异测算及分解结果

年份	基尼系数	泰尔指数	其中各项占比				
			组间差距%	组内差距%	其　中		
					东部内部%	中部内部%	西部内部%
1996	0.2796	0.2290	28.82	71.18	46.54	12.74	40.72
1997	0.2570	0.2150	34.67	65.33	50.08	18.04	31.87
1998	0.2176	0.1806	33.82	66.18	48.38	17.45	34.17
1999	0.1894	0.1527	32.94	67.06	44.56	17.09	38.35
2000	0.1628	0.1215	25.87	74.13	41.30	25.10	33.61
2001	0.1693	0.1425	42.55	57.45	46.29	17.06	36.65
2002	0.1832	0.1333	20.49	79.51	55.17	9.98	34.86
2003	0.1504	0.1123	22.83	77.17	43.00	13.62	43.38
2004	0.1319	0.0974	22.12	77.88	44.95	14.10	40.95
2005	0.1613	0.1370	30.49	69.51	55.72	14.67	29.61
2006	0.1443	0.1209	25.33	74.67	46.69	17.18	36.13
2007	0.1603	0.1203	16.59	83.41	50.99	14.50	34.51
2008	0.1648	0.1244	18.47	81.53	41.94	19.82	38.25

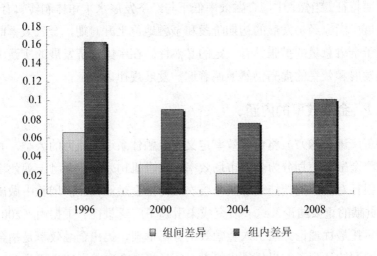

图 4.9 主要年份地区保险深度东中西三大地带组内与组间差异

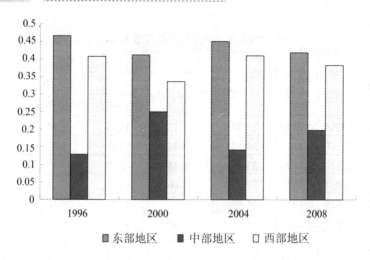

图 4.10　主要年份地区保险深度东中西三大地带组内差异占比

第二节　金融市场效率的省际差异测度及分析

金融总量高速扩张与金融效率低下的并存局面是我国金融体系发展的鲜明特征。当然，中国金融效率低下与经济发展水平和体制转轨有关，在发展中国家经济发展的初期阶段和金融地位上升时期，金融效率的提高慢于金融总量的扩张具有一定的必然性。在中国经济发展的实践中，金融发展和效率的提高仍然遵循着这一发展规律。[①]

4.2.1　金融效率的内涵

王广谦（1997）将金融效率定义为金融体系运作能力的大小，并基于此将金融效率划分为金融市场效率、金融机构效率、金融宏观效率和中央银行对货币的调控效率四个层次，得出金融业在经济增长中做出约 20% 贡献的重要结论，这一研究成果引起了广泛重视。王振山（2000）将帕累托最优理论方法引入金融效率分析框架，提出金融效率是指金融资源的配置达到了帕累托最优状态，认为提高金融效率应当成为政府金融政策的核心目标和主要出发点。沈军（2003）认为金融效率研究应在

---

① 王广谦. 提高金融效率的理论思考[J]. 中国社会科学，1996，（4）：34-47.

金融可持续发展理论的框架下展开，由此界定并提出金融效率的含义、研究方法及衡量金融效率的综合指标体系。

在既有文献中，对我国经济转轨过程中经济高增长和金融低效率问题的研究也提出了很多有意义的结论。杨德勇（1999）的研究显示，我国投资率远低于储蓄率，资本外逃现象严重，并且现已实现的经济增长尚未达到经济环境允许的增长速度，这事实上证实了我国整体金融效率的低下状况。王振山（2000）也认为我国金融体系运行和金融资源配置存在严重的低效率问题。王小鲁（2000）的研究认为，中国经济增长主要靠投资支撑，亦即金融数量的扩张支持了经济的增长，中国经济增长依靠的是金融数量扩张而非效率推动，这实质上从反面证明了中国金融效率的低下。卢峰和姚洋（2004）提出了金融漏损的概念，认为在金融资源从国有部门流向私人部门时存在着漏损现象，并认为这种漏损有效减弱了银行信贷配给制度对私人部门的影响，并提高了全社会资金配置的整体效率。辛念军（2006）对我国转型期经济高增长与金融低效率的问题进行了较为系统的分析，认为在我国经济转型中金融转移被直接"顺守"，用于生产过程，同时非生产过程中的金融转移则多通过非正规金融进入生产过程，支持受正规金融歧视的经济体而间接顺守，从而以非正常的扭曲的方式实现了具有转型期中国特色的金融资源二次配置。安强身（2008）认为，在我国渐进式的转轨经济过程中，在政府强控制金融与高额储蓄的条件下，体制内经济体发生金融漏损并由体制外经济顺守，修正了金融初次配置的效率，从而形成了金融低效率与经济高增长并存的结果；而且体制内金融的外向漏损间接地支持了体制外经济的成长，形成了"反哺效应"。①

4.2.2 金融市场效率的省际差异测算及分析

现有的文献很少涉及金融效率的地区比较研究，既然中国金融体系的运行效率相对于金融总量的扩张速度来讲是相对低下的，那么这种低下的局面是所有省区的共性还是个别地区的个性特征？省区之间金融运行效率是否存在差异？如果存在差异，那么这一差异是否也和金融总量

---

① 安强身. 金融漏损、效率修正与"反哺效应"——中国转轨经济金融低效率与经济高增长研究的新视角[J]. 财经研究，2008，（4）：4-15.

差异的地区分布差异一样是巨大的？若按王广谦（1997）对金融效率的定义及划分，金融效率的省际差异必然涉及金融市场效率、金融机构效率、金融宏观效率和中央银行对货币的调控效率四个方面，显然，限于数据的可得性，省区之间金融效率差异的测度无法全面进行，只能对金融体系某些方面的省区差异进行衡量。事实上，金融的最根本意义在于汇聚储蓄以支持投资，所以金融效率的基本内涵应当是将储蓄转化为投资的效率。当然这一转化应有多种途径，但考虑到中国现实经济中公众的投资渠道狭窄，多数储蓄体现为银行存款，并且企业的投资来源以自有积累和间接融资为主，所以本书对金融效率的衡量将选用"地区贷款储蓄比"这一指标，该指标在相关文献中已经被一些学者使用（王志强和孙刚，2003[①]；李敬、冉光和和万广华，2007[②]）。见表4.10。

　　由表4.10可得如下结论：第一，改革开放以来地区金融效率差异总体不大，进入新世纪以来（2000～2008年）基尼系数平均仅为0.0745。第二，地区金融效率差异在31年间总体上呈现下降趋势，基尼系数从1978年的0.26下降到2008年的不足0.1，最小时在2003年甚至达到0.0597。第三，分析金融效率与人均贷款地区差异的走向（见图4.11）可以发现，在1996年以前，这两个指标的发展趋势基本一致，都是改革以后开始下降，进入20世纪90年代又出现了短暂的上升（不过金融效率地区差异的扩大现象较早出现，约在1990年左右；而人均贷款地区差异扩大的现象则出现得较晚，约在1992年）。但是自1996年开始，这两者的发展趋势开始分化，甚至出现了相反的方向。金融效率地区差距持续下降，从2004年开始小幅上升；但人均贷款地区差距则一路上升，在2005年达到了最高，之后又有小幅收敛。如何解释两者发展趋势的不一致性？以人均贷款衡量的金融资源占有量的地区差距之所以在中国确定市场经济取向以后迅速上升，其原因主要在于中央政府偏向东部的金融政策及资金倾斜，正是由于这种政策支持才使得金融资源大量流向东部地区，进而形成巨大的区域差距。而金融效率地区差距的总体收敛原因何在？

---

① 王志强，孙刚. 中国金融发展规模、结构、效率与经济增长关系的经验分析[J]. 管理世界，2003，（7）：13-20.

② 李敬，冉光和，万广华. 中国区域金融发展差异的解释——基于劳动分工理论与Shapley值分解方法[J]. 经济研究，2007，（5）：42-57.

表 4.10　1978～2008 年中国省际金融效率差异测算及分解

年份	基尼系数	泰尔指数	其中				
			组间差距	组内差距	其中		
					东部内部	中部内部	西部内部
1978	0.2600	0.2487	0.0399	0.2088	0.0583	0.0950	0.0554
1979	0.2468	0.2449	0.0456	0.1992	0.0544	0.0932	0.0517
1980	0.2211	0.1884	0.0524	0.1360	0.0490	0.0367	0.0504
1981	0.2169	0.1849	0.0513	0.1335	0.0492	0.0394	0.0449
1982	0.2143	0.1844	0.0577	0.1266	0.0416	0.0401	0.0449
1983	0.2001	0.1759	0.0553	0.1207	0.0380	0.0378	0.0448
1984	0.1741	0.1548	0.0485	0.1062	0.0380	0.0292	0.0390
1985	0.1574	0.1320	0.0430	0.0891	0.0347	0.0314	0.0230
1986	0.1465	0.1224	0.0408	0.0816	0.0314	0.0303	0.0199
1987	0.1335	0.1097	0.0313	0.0784	0.0313	0.0295	0.0176
1988	0.1129	0.0904	0.0232	0.0672	0.0224	0.0285	0.0163
1989	0.1137	0.0866	0.0208	0.0658	0.0246	0.0292	0.0120
1990	0.1121	0.1006	0.0416	0.0590	0.0260	0.0155	0.0174
1991	0.1205	0.1095	0.0435	0.0661	0.0305	0.0157	0.0199
1992	0.1274	0.1208	0.0555	0.0653	0.0323	0.0144	0.0185
1993	0.1233	0.1138	0.0559	0.0580	0.0244	0.0142	0.0193
1994	0.1305	0.1225	0.0575	0.0650	0.0275	0.0148	0.0226
1995	0.1286	0.1227	0.0590	0.0638	0.0262	0.0139	0.0237
1996	0.1363	0.1309	0.0628	0.0681	0.0274	0.0145	0.0262
1997	0.1277	0.1219	0.0670	0.0549	0.0225	0.0151	0.0173
1998	0.1232	0.1176	0.0635	0.0541	0.0206	0.0154	0.0181
1999	0.0986	0.0944	0.0441	0.0503	0.0233	0.0121	0.0149
2000	0.0871	0.0798	0.0398	0.0400	0.0122	0.0079	0.0198
2001	0.0755	0.0702	0.0316	0.0385	0.0136	0.0082	0.0167
2002	0.0649	0.0607	0.0271	0.0336	0.0127	0.0068	0.0141
2003	0.0597	0.0564	0.0235	0.0329	0.0120	0.0070	0.0139
2004	0.0603	0.0548	0.0202	0.0346	0.0132	0.0070	0.0144
2005	0.0673	0.0575	0.0172	0.0403	0.0167	0.0084	0.0152
2006	0.0763	0.0622	0.0143	0.0479	0.0200	0.0103	0.0176
2007	0.0840	0.0672	0.0139	0.0533	0.0230	0.0119	0.0183
2008	0.0949	0.0748	0.0148	0.0600	0.0255	0.0140	0.0205

到底是西部地区金融效率迅速提升，还是东部地区金融效率停滞不前？联系到中国金融效率总体低下的局面，答案是不言自明的，事实上中央政府在 20 世纪 90 年代以来为东部沿海地区提供金融资源及政策支持，仅表现为发达地区金融资源总量的扩张，而非金融效率的提高，这直接导致了地区金融体系效率差距的持续缩小，以及总量差距与效率差距走向的不一致性。

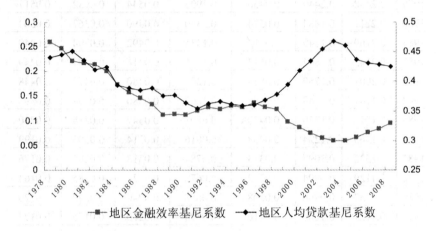

注：图中左坐标轴对应金融效率差异，右坐标轴对应人均贷款地区差异。

图 4.11   地区金融效率与地区人均贷款基尼系数发展趋势

表 4.11 是对改革开放以来省际金融效率差异按东中西三大地带进行泰尔指数分解的结果（相对值）。平均而论，组内差异要高于组间差异，这与前文金融总量差异的分解结果也是不同的。图 4.12 则显示了这两类差异的变化趋势。自改革开放以来，三大地带之间金融效率差异的变化呈现出阶段性的特征，1978～1997 年组间差异的占比有较大幅度的上升，其对总差异的贡献额度从 1978 年的 16.06% 上升到 1997 年的 54.96%，上升了约三倍多；但自 1998 年开始，这一贡献度又持续下降，到 2008 年仅占总差异的 19.8%。而就组内差异的进一步分解可以看出（见图 4.13），金融效率的组内差异主要来源于东部和西部地区；中部地区内部差异占比多不足 30%，并且在样本期限内变化不大。

表 4.11　1978～2008 年中国省际金融效率差异泰尔指数按三大地带分解结果占比

年份	组间差距（%）	组内差距（%）	其　中		
			东部内部（%）	中部内部（%）	西部内部（%）
1978	16.06	83.94	27.92	45.52	26.56
1979	18.63	81.37	27.30	46.78	25.92
1980	27.80	72.20	35.99	27.00	37.01
1981	27.78	72.22	36.82	29.53	33.65
1982	31.31	68.69	32.88	31.65	35.47
1983	31.42	68.58	31.51	31.33	37.16
1984	31.37	68.63	35.79	27.51	36.70
1985	32.53	67.47	38.94	35.23	25.83
1986	33.32	66.68	38.50	37.13	24.37
1987	28.54	71.46	39.96	37.60	22.44
1988	25.67	74.33	33.31	42.39	24.29
1989	24.05	75.95	37.41	44.35	18.24
1990	41.39	58.61	44.14	26.36	29.50
1991	39.66	60.34	46.09	23.82	30.08
1992	45.97	54.03	49.51	22.08	28.41
1993	49.08	50.92	42.17	24.57	33.26
1994	46.96	53.04	42.37	22.78	34.85
1995	48.04	51.96	41.15	21.75	37.10
1996	47.99	52.01	40.20	21.37	38.43
1997	54.96	45.04	40.96	27.56	31.48
1998	53.97	46.03	38.15	28.38	33.47
1999	46.66	53.34	46.37	24.08	29.56
2000	49.85	50.15	30.61	19.82	49.56
2001	45.08	54.92	35.20	21.35	43.45
2002	44.63	55.37	37.77	20.33	41.91
2003	41.60	58.40	36.43	21.38	42.19
2004	36.91	63.09	38.32	20.12	41.56
2005	29.94	70.06	41.48	20.84	37.68
2006	22.94	77.06	41.79	21.48	36.73
2007	20.72	79.28	43.23	22.39	34.38
2008	19.80	80.20	42.55	23.26	34.18

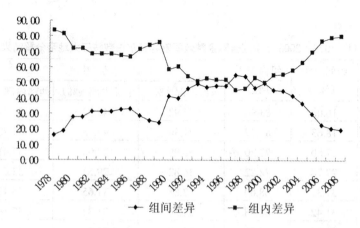

图 4.12　金融效率泰尔指数分解东中西三大地带组内差异与组间差异占比

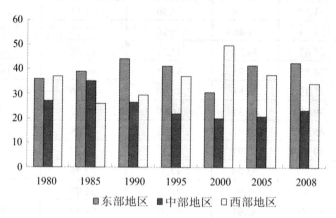

图 4.13　金融效率东中西三大地带组内差异占比

第三节　金融资源产业配置结构的省际差异测度及分析

4.3.1　金融结构的内涵

　　"金融结构"这一概念最早由美国经济学家戈德史密斯提出，他认为"金融结构即是金融工具与金融机构的相对规模"，进而提出"金融结构的变迁即金融发展"的重要观点。这一理论观点的提出引起了人们研究金融结构与金融发展的浓厚兴趣，开阔了学者们观察金融问题的视野，拓展了金融研究的领域。但是我国经济学家白钦先教授（2003）认为这一理论具有一定的局限性与片面性，并指出戈德史密斯金融结构理论的局限性与片面性主要有两个方面：一是忽视金融结构的复杂性与多层次性，将金融结构中的金融机构与金融工具或金融资产相对规模这一特殊结构当做一般金融结构，有以偏概全之嫌；二是"金融结构变迁即金融发展"的观点，仅是一种量性金融发展观，是一种只强调量性金融发展而忽视质性金融发展的片面金融发展观。[①]白钦先将金融结构定义为"金融相关要素的组成、相互关系及其量的比例"。而其中的"金融相关要素"可包括"国内金融与国际金融"、"区域金融与全球金融"、"地方金融与国家金融"、"商业性金融与政策性金融"、"金融机构与金融工具"、"金融机构与金融市场"、"金融资产与金融负债"、"金融负债中活期、定期与储蓄存款比例"等，这些金融相关要素之间有着各种排列组合，从而形成了多种多样的关系，并在此基础上形成量的比例，即金融结构。对金融结构的这一重新界定，实际上是将金融结构的内涵加以延伸与推广，更进一步地开阔了这一领域的研究视野，其本质是将经济结构的分析范式引入了金融结构研究。显然，适度优化的金融结构变迁可以促进金融发展，进而促进经济发展，反之，失当的非优化的金融结构变迁则会阻碍金融发展，进而不利于经济发展。

4.3.2　金融资源产业配置结构省际差异的测算及分析

限于数据可得性，并考虑到本书研究的最终目的是厘清地区金融发展差异与区域经济非均衡性的相互关系及作用机制，因此这里仅对地区之间金融资源的产业配置结构差异进行测算。显然，这种对金融结构的理解与上述理论是不同的，若按照白钦先（2003）对金融结构的定义，本书的研究实质上仅涉及了金融结构分析的一个方面。[②]

本书首先使用 2008 年截面数据测算了各省区短期贷款中的三次产业贷款占比情况（见表 4.12 和图 4.14）。短期贷款中的三次产业配置结

[①] 白钦先. 金融结构、金融功能演进与金融发展理论的研究历程[J]. 经济评论，2005，（3）：39-45.

[②] 白钦先教授的金融结构定义是宽泛的，若按照这一定义，本书的主题"金融地区差异"本质上也属于金融发展的结构性问题。

构归并处理为："工业贷款"（包括工业贷款和建筑业贷款）、"农业贷款"（包括农业贷款和乡镇企业贷款）以及"商业贷款"。其中，乡镇企业贷款应当归并为工业贷款，但考虑到乡镇企业分布在乡村，并且其主要解决了乡村就业，故将其归并在农业贷款中。

表4.12　2008年各省区市短期贷款三次产业配置结构及地区排名

地区	工业贷款		农业贷款		商业贷款	
	占比（%）	排名	占比（%）	排名	占比（%）	排名
上海	71.49	1	3.98	29	24.53	12
北京	63.58	2	8.06	28	28.37	8
浙江	59.42	3	28.86	19	11.73	29
福建	57.86	4	26.99	21	15.15	22
青海	56.17	5	23.27	25	20.55	18
江苏	55.08	6	31.26	18	13.66	26
宁夏	51.80	7	35.07	13	13.13	27
辽宁	49.55	8	23.46	24	26.99	9
广西	49.25	9	34.94	14	15.82	21
山东	48.12	10	39.51	6	12.37	28
天津	46.45	11	31.37	17	22.18	15
广东	45.54	12	35.71	12	18.75	19
云南	44.13	13	42.14	3	13.73	25
湖北	43.75	14	20.04	27	36.21	4
内蒙	43.13	15	27.00	20	29.87	6
贵州	43.03	16	40.59	4	16.38	20
山西	41.52	17	43.89	2	14.59	24
海南	40.89	18	37.05	11	22.06	16
四川	40.31	19	38.20	8	21.49	17
甘肃	39.32	20	37.30	10	23.37	14
江西	39.23	21	34.69	15	26.07	10
陕西	38.18	22	37.80	9	24.02	13
河北	36.71	23	48.35	1	14.94	23
湖南	34.54	24	40.20	5	25.25	11
安徽	34.33	25	33.81	16	31.86	5
河南	31.90	26	38.98	7	29.12	7
新疆	31.21	27	22.45	26	46.34	3
吉林	26.13	28	25.06	22	48.81	2
黑龙江	22.67	29	24.56	23	52.77	1

　　由表 4.12 可见，2008 年在多数地区的短期贷款中，工业贷款占比最高，农业贷款次之，商业贷款的占比最小；但在个别地区（主要是发达省市）则农业贷款占比最少。从排名情况来看，工业贷款占比的排名顺序与地区经济发展程度大体一致，即一般而论，发达地区的短期贷款主要配置在工业产业上。

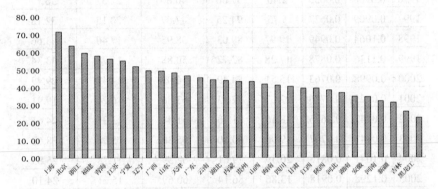

图 4.14　2008 年各省区市短期贷款中工业贷款占比

　　表 4.13 报告了 1995～2008 年中国地区短期贷款中工业贷款占比差异的测算及分解结果。总体而言，这一差异并不是很大，在样本期限内基尼系数平均值仅达到 0.1148。就长期趋势来看（见图 4.15），1995～2002 年工业贷款占比的地区差异变化不大，基尼系数在 0.1 上下徘徊；但从 2002 年开始，省际差异则迅速扩大，基尼系数从 2002 年的 0.0842 上升至 2008 年的 0.1739，在 6 年中上升幅度达到 106.60%。这说明仅就短期贷款的资金流向来说，地区差异在逐渐扩大。

　　表 4.13 中的后五列是对地区短期贷款中工业贷款占比差异泰尔指数的分解结果。相关数据显示，总体差异的大部分可以由三大地带内部差异来解释，解释率平均达到 82.72%；但就趋势来讲，组间差异的解释能力有所上升，而组内差异的贡献度则相应有所下降。对组内差异的进一步分解可见，东部差异占比最高，西部次之，中部最小。这与前文多数指标的分解结果是一致的。

表 4.13　1995～2008 年中国地区短期贷款中工业贷款占比差异测算及分解结果

年份	基尼系数	泰尔指数	其中各项占比				
			组间差距%	组内差距%	其　中		
					东部内部%	中部内部%	西部内部%
1995	0.0950	0.0735	13.56	86.44	43.73	20.47	35.79
1996	0.0908	0.0635	2.40	97.60	40.66	22.57	36.77
1997	0.0909	0.0627	5.75	94.25	47.67	20.15	32.18
1998	0.1064	0.0949	19.97	80.03	38.95	17.40	43.66
1999	0.1136	0.0878	17.28	82.72	50.88	15.78	33.34
2000	0.0998	0.0763	15.51	84.49	56.09	14.42	29.49
2001	0.0925	0.0726	22.67	77.33	63.86	16.24	19.91
2002	0.0842	0.0625	18.10	81.90	61.44	13.95	24.61
2003	0.0948	0.0707	19.90	80.10	55.36	15.96	28.68
2004	0.1041	0.0815	20.39	79.61	62.39	11.78	25.83
2005	0.1298	0.0918	13.86	86.14	60.69	15.21	24.10
2006	0.1622	0.1270	23.61	76.39	64.06	18.82	17.12
2007	0.1686	0.1317	24.40	75.60	63.91	20.96	15.13
2008	0.1739	0.1393	24.50	75.50	53.20	22.89	23.91

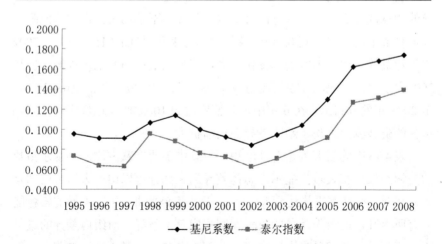

图 4.15　1995～2008 年中国地区短期贷款中工业贷款占比基尼系数与泰尔指数
　　　　变动趋势

第四节 中国城乡金融资源配置差异测度及分析

城乡二元结构是中国经济发展格局的基本特征之一，也是中国区域发展非均衡的主要体现。金融作为市场经济运行的必备条件，在中国改革开放以来 30 余年的经济高速增长中发挥了至关重要的作用。金融资源占有上的地区差异，直接决定了资本在区域经济发展中参与程度的不同，严重影响了地区经济发展的均衡性，中国城乡之间的金融发展差异显然在很大程度上促进了二元结构的形成，因此在市场经济框架下研究城乡发展差异，必须将城乡间金融资源配置的差异考虑在内。[①]

本节对城乡金融发展差异进行较深入的分解研究，首先使用全国数据对中国城乡金融发展的总体差异进行衡量，进而使用省际数据对城乡金融发展的省际差异进行分析。显然，这一研究思路有助于更进一步地考察我国城乡金融发展的现状及空间差异性。考虑到证券市场、保险市场的城乡数据是不可得的，所以在本节中城乡金融发展差异主要指城乡金融资源占有量的差异，以城市与农村人均贷款作为衡量指标，分析的时间期限为 1978～2008 年。由于研究中涉及"人均贷款差"这一用货币衡量的绝对数指标，因此为了消除价格因素的影响，对人均贷款进行了以 1978 年为基期的消胀处理。[②]

4.4.1 全国总体城乡人均贷款差异的测算及分析

按照一般习惯，城乡差异的衡量指标通常采用"城乡人均比"，但事实上这一相对值仅能反映城乡差异的一部分。由于相对比值统计量具有无量纲的统计性质，如果仅用相对比值来刻画两个变量的关系，将有可能无法反映变量之间绝对差值的真实变化趋势。在两个不同的年份（比如 1990 年和 2005 年），城乡人均贷款比基本保持不变的比值（均为 11

---

① 王婷. 中国城乡金融资源配置差异的测度与分析[J]. 经济问题，2011，(8)：95-98.

② 消胀处理相当于对年度的地区截面数据进行了一次线性变换，依据两个系数的性质，对所有个体进行线性变换不会改变基尼系数和泰尔指数的值，因此是否消胀对系数的测算没有影响。当然，省区之间存在通胀差异，考虑到影响金融市场的地区价格指数难以获取，并且地区之间价格因素仅具有微小的差异，即使按照各省区进行精确消胀处理，对基尼系数和泰尔指数最终测算结果的影响也是微乎其微的。

到 12 之间），如果用比值法衡量，则会得出城乡金融差异没有发生变化的结论，但事实上在这两个时期城乡金融差异的绝对数有着很大的差异（1990 年为 1997.9 元，而 2005 年则扩大至 6157.6 元）。而从理论上讲，金融资产占有的绝对量影响了市场主体的发展能力，这在相对量上是无法反映的，故本书同时使用人均贷款比与人均贷款差这两个指标来衡量城乡金融发展的差异。

表 4.14　1978～2008 年中国城乡人均贷款比与贷款差

年份	1978	1979	1980	1981	1982	1983	1984	1985	1986
人均贷款比	46.67	40.61	35.32	32.47	30.62	29.70	20.69	22.54	20.38
人均贷款差（元）	955.93	955.39	1001.15	1090.70	1114.25	1187.73	1354.31	1499.55	1702.16
年份	1987	1988	1989	1990	1991	1992	1993	1994	1995
人均贷款比	18.61	17.75	11.58	11.75	11.36	10.27	9.89	29.35	27.98
人均贷款差（元）	1777.77	1678.82	1699.93	1997.90	2247.04	2463.40	2590.22	3068.31	3206.86
年份	1996	1997	1998	1999	2000	2001	2002	2003	2004
人均贷款比	27.14	17.01	15.25	14.17	14.22	13.68	13.38	13.05	12.48
人均贷款差（元）	3384.78	3589.55	3914.34	4063.93	4121.39	4416.08	4992.95	5737.09	5952.32
年份	2005	2006	2007	2008					
人均贷款比	11.96	13.54	13.00	13.19					
人均贷款差（元）	6157.60	7016.76	7525.66	8106.72					

注：在城乡人均贷款的区分中，按照习惯做法，农村贷款由"农业贷款"和"乡镇企业贷款"加总而成，剩余的归并为城镇贷款。由于非国有金融机构出现较晚，因此 1990 年以前的金融机构贷款用国有银行贷款数据，而 1994 年以前"城镇集体企业贷款"实质上就是"乡镇企业贷款"。事实上，全部贷款中的"固定资产贷款"有一小部分是流向农村的，但流向农村的固定资产贷款具体有多少则缺乏相关的数据，故舍弃。

表 4.14 是改革开放以来城乡人均贷款差异的测算结果。如果以人均贷款比来衡量，1978～2008 年城乡人均贷款比平均达到 20:1。在 1994 年以前，城乡人均贷款比是逐渐下降的，但 1994 年这一差距"阶跃"到近 30：1 的高位（这显然是中国确立市场经济体制取向的影响）。城乡人均贷款比在 1994～1996 年都保持在 28 倍左右，虽然这一比值在 1997 年之后又有所下降，但平均而论，仍然高于 1989～1990 年。若以城乡之间人均贷款差来看，这一差距的绝对额在改革以来的三十多年间是持续

且迅速上升的（见图4.16），绝对差额从1978年的955.93元，升至2008年的8106.72元（1978年不变价格计算），增加了7150.79元，年均增加238.36元。这意味着城市人口所能得到的金融支持从比值上看平均为农村人口的20倍，而且这一差距逐年递增，每年增加238.36元。

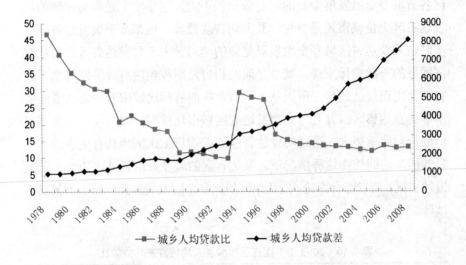

图4.16 1978～2008年中国城乡人均贷款差异

表4.14的测算结果显示了城乡之间巨大的金融发展差异，虽然不能将中国的二元结构全部归结为城乡金融发展差异的结果，但考虑到资本的生产要素属性和稀缺性，巨大的城乡金融鸿沟必然是导致城乡发展差距和城乡居民收入差距的重要解释变量。

4.4.2 中国省区城乡人均贷款差异的比较及分析

前文测算了改革开放以来全国总体城乡金融发展差异的变动情况。进一步的问题是，就省际层面来讲，城乡居民人均贷款有着怎样的分布状况？并且城乡金融发展差异在省区之间是否存在（以及在多大程度上存在）差异？

表4.15分别测算了2008年各地区城乡人均贷款差（当年价格）与贷款比，并进行了基于贷款比的地区排名。若以城乡人均贷款比来排序，除了北京和上海两个发达的直辖市之外，东部发达省市的城乡金融发展

差异多数较小，而西部欠发达地区的城乡金融发展差异一般较大，最大的是青海，达到39.98:1，其次为贵州，达到28.38:1。而在2008年城乡人均贷款差排名前10位的省区当中，东部地区省市占8个，这说明发达地区城乡金融发展差异的绝对额高于欠发达地区，而西部地区和中部地区各省城乡金融发展差异的绝对额相差不大。这事实上是容易理解的，发达省区无论城市还是乡村，其人均贷款数额一般都高于欠发达省区，于是造成发达省区城乡金融发展差异的绝对额大于欠发达省区；而从经济发展的一般规律来讲，城乡之间的相对差距应当随着经济发展水平的提高而出现收敛趋势，所以从人均贷款比的省际比较来看，发达省区要小于欠发达省区。并且考虑到发达省区城市化程度一般较高，即城市人口的相对比重更大，这说明发达省区的人均贷款比应当具有更小的"分母效应"，即使在这种情况下，发达省区的城乡人均贷款比仍然小于欠发达省区，所以综合而论，发达地区的城乡金融发展差异应当小于欠发达地区。

表4.15   2008年中国省区市城乡人均贷款差与贷款比

地区	乡村人均贷款（元）	城镇人均贷款（元）	城乡人均贷款差（元）	城乡人均贷款比	省区排名
青海	1053.77	41076.21	40022.44	38.98	1
贵州	1034.01	29340.34	28306.33	28.38	2
湖北	1274.94	30436.95	29162.01	23.87	3
海南	1189.20	27787.37	26598.17	23.37	4
上海	5730.56	123555.47	117824.92	21.56	5
广西	1269.75	24619.90	23350.15	19.39	6
新疆	1675.93	30842.39	29166.46	18.40	7
云南	2420.35	38174.35	35753.99	15.77	8
四川	2200.30	32294.62	30094.32	14.68	9
甘肃	1934.97	27720.06	25785.09	14.33	10
陕西	2570.52	33731.87	31161.35	13.12	11
福建	3722.85	48520.68	44797.83	13.03	12
安徽	2011.25	24291.35	22280.10	12.08	13
江西	1805.97	21807.96	20001.99	12.08	14
北京	11339.15	133841.58	122502.43	11.80	15

地区	乡村人均贷款（元）	城镇人均贷款（元）	城乡人均贷款差（元）	城乡人均贷款比	省区排名
宁夏	4004.41	43647.12	39642.71	10.90	16
内蒙	2989.13	32440.28	29451.15	10.85	17
湖南	2087.50	22496.64	20409.15	10.78	18
吉林	3001.32	29490.61	26489.29	9.83	19
河南	2635.26	25092.66	22457.39	9.52	20
辽宁	4478.79	41373.23	36894.43	9.24	21
黑龙江	2142.52	18789.90	16647.38	8.77	22
广东	5891.99	46859.19	40967.20	7.95	23
江苏	7322.31	55027.86	47705.55	7.52	24
河北	3885.92	25980.12	22094.20	6.69	25
山东	6000.92	37085.65	31084.73	6.18	26
山西	5574.22	31507.82	25933.60	5.65	27
浙江	15085.91	84693.50	69607.59	5.61	28
天津	17842.58	71704.82	53862.25	4.02	29

注：表 4.15 与表 4.12、表 4.14 的测算是不一样的。在表 4.12 中因为涉及金融资源三次产业配置结构问题，而这一区分仅在短期贷款中体现，故表 4.12 仅测算了短期贷款；表 4.14 为了进行年度之间的比较，按照 1978 年不变价格进行了冲减处理；而表 4.15 为了还原 2008 年城乡人均贷款的原貌，采用当年价格计算。

表 4.16 报告了 2003～2008 年中国城乡人均贷款比的基尼系数、泰尔指数及分解结果。可见，城乡金融差异本身在地区之间仍然存在着很大的差异，并且这种差异在样本期限内迅速扩大，2008 年的基尼系数高达 0.5036。就东中西三大地带的分解来看，组内差异相对较大，组间差异相对较小，但组间差异占比上升迅速，2008 年已经接近组内差异，这说明 2003～2008 年间城乡金融差异的省区差异扩大主要源自东中西三大地带之间差异的扩大。在组内差异中，东部地区内部的差异占到一半以上，并呈逐年上升趋势，2008 年已经达到近 70%；而中部和西部地区的差异占比较小，并且逐年下降。

表 4. 16　2003～2008 年中国城乡人均贷款比的地区差异及分解

年份	基尼系数	泰尔指数	其中各项占比				
			组间差距%	组内差距%	其中		
					东部内部%	中部内部%	西部内部%
2003	0.2708	0.1969	12.32	87.68	47.21	32.79	20.00
2004	0.2841	0.2263	21.77	78.23	51.31	29.17	19.52
2005	0.3133	0.2692	27.01	72.99	51.58	28.11	20.31
2006	0.4805	0.4702	42.99	57.01	65.47	18.97	15.56
2007	0.4601	0.4452	44.35	55.65	66.74	17.27	15.99
2008	0.5036	0.4944	46.64	53.36	69.52	15.72	14.76

第五节　城乡金融差异与地区金融差异的比较：泰尔指数综合分解

前文分别从省区和城乡这两个不同的维度对中国金融发展的区域空间差异进行了测算。我们还需要了解，在中国区域金融发展的总体差异中，省际差异与城乡差异孰大孰小，这二者对总差异的贡献分别有多大。

4.5.1　中国城乡与省区人均贷款差异的比较

由于前文测算省际差异时使用了泰尔指数和基尼系数方法，而在测算城乡差异时则采用了城乡人均贷款差和城乡人均贷款比这两个指标，因此仅利用现有的测算结果将无法比较省际差异和城乡差异，而且也不能确知这两种差异对总体差异的贡献程度。鉴于此，下文将采用泰尔指数综合分解方法，将省际差异和城乡差异综合纳入泰尔指数计算体系进行分解分析。限于证券和保险市场的数据可得性，本书只能对以人均贷款衡量的金融资源总量的空间配置差异进行分解分析。

表 4.17 报告了 2003～2008 年中国省际与城乡金融发展差异泰尔指数的综合分解结果。总体而论，在样本期限内城乡金融发展差异普遍大于省际差异，城乡差异泰尔指数平均值达到 0.5379，省际差异泰尔指数平均值仅为 0.3028。从变动趋势来看，2003～2008 年中国区域金融发展差异趋于收敛（这与前文未按城乡分解的区域金融差异泰尔指数和基尼

系数的变动趋势一致），但在样本期内，城乡差异变动不大（这与表 4.14 的结果基本一致），基本在 0.53 上下徘徊，而省际差异却有着较大的变动，从 2003 年的 0.3856 逐年下降到 2008 年的 0.2222，这说明在 2003～2008 年中国区域金融发展差异的阶段性收敛中，省际差异（而非城乡差异）起到了方向性的作用。

表 4.17 2003～2008 年中国金融发展的省际差异与城乡差异综合分解结果

省 区	2003 城乡差异	2003 省际差异	2004 城乡差异	2004 省际差异	2005 城乡差异	2005 省际差异	2006 城乡差异	2006 省际差异	2007 城乡差异	2007 省际差异	2008 城乡差异	2008 省际差异
北 京	0.0155	0.0097	0.0159	0.0112	0.0145	0.0117	0.0172	0.0126	0.0180	0.0139	0.0185	0.0145
天 津	0.0184	0.0075	0.0180	0.0089	0.0076	0.0035	0.0095	0.0046	0.0103	0.0065	0.0104	0.0073
河 北	0.0042	0.0190	0.0041	0.0177	0.0142	0.0131	0.0150	0.0112	0.0146	0.0099	0.0142	0.0091
山 西	0.0157	0.0108	0.0152	0.0093	0.0137	0.0098	0.0142	0.0083	0.0136	0.0069	0.0130	0.0059
内蒙古	0.0193	0.0165	0.0191	0.0148	0.0193	0.0132	0.0200	0.0104	0.0192	0.0085	0.0179	0.0066
辽 宁	0.0168	0.0082	0.0164	0.0069	0.0161	0.0075	0.0173	0.0058	0.0172	0.0039	0.0166	0.0027
吉 林	0.0214	0.0104	0.0208	0.0097	0.0189	0.0127	0.0192	0.0106	0.0178	0.0091	0.0171	0.0079
黑龙江	0.0205	0.0150	0.0189	0.0149	0.0187	0.0166	0.0189	0.0154	0.0169	0.0145	0.0163	0.0145
上 海	0.0149	0.0379	0.0132	0.0368	0.0113	0.0101	0.0223	0.0095	0.0210	0.0114	0.0230	0.0128
江 苏	0.0149	0.0073	0.0150	0.0053	0.0145	0.0043	0.0156	0.0022	0.0152	0.0001	0.0151	0.0019
浙 江	0.0219	0.0087	0.0218	0.0104	0.0122	0.0019	0.0130	0.0045	0.0128	0.0068	0.0129	0.0089
安 徽	0.0196	0.0182	0.0188	0.0170	0.0183	0.0162	0.0190	0.0140	0.0184	0.0122	0.0187	0.0110
福 建	0.0090	0.0170	0.0109	0.0147	0.0177	0.0091	0.0190	0.0057	0.0192	0.0027	0.0192	0.0008
江 西	0.0199	0.0175	0.0195	0.0166	0.0185	0.0168	0.0192	0.0153	0.0189	0.0135	0.0187	0.0127
山 东	0.0063	0.0147	0.0067	0.0131	0.0137	0.0085	0.0143	0.0064	0.0138	0.0050	0.0136	0.0037
河 南	0.0189	0.0136	0.0179	0.0132	0.0172	0.0129	0.0178	0.0114	0.0174	0.0104	0.0169	0.0103
湖 北	0.0226	0.0156	0.0221	0.0147	0.0226	0.0133	0.0234	0.0115	0.0235	0.0094	0.0238	0.0082
湖 南	0.0199	0.0180	0.0189	0.0173	0.0185	0.0165	0.0189	0.0150	0.0185	0.0133	0.0178	0.0121
广 东	0.0168	0.0025	0.0171	0.0016	0.0151	0.0051	0.0155	0.0040	0.0156	0.0020	0.0155	0.0006
广 西	0.0230	0.0188	0.0222	0.0174	0.0212	0.0163	0.0217	0.0144	0.0218	0.0125	0.0222	0.0113
海 南	0.0260	0.0074	0.0220	0.0115	0.0199	0.0130	0.0232	0.0114	0.0239	0.0106	0.0236	0.0096
四 川	0.0244	0.0090	0.0239	0.0086	0.0195	0.0129	0.0210	0.0109	0.0207	0.0089	0.0201	0.0070
贵 州	0.0276	0.0174	0.0265	0.0161	0.0258	0.0138	0.0258	0.0119	0.0257	0.0101	0.0251	0.0089
云 南	0.0242	0.0124	0.0234	0.0112	0.0231	0.0097	0.0233	0.0075	0.0217	0.0057	0.0207	0.0045
陕 西	0.0202	0.0116	0.0192	0.0109	0.0189	0.0104	0.0200	0.0092	0.0198	0.0077	0.0193	0.0062

续表

省　区	2003		2004		2005		2006		2007		2008	
	城乡差异	省际差异	城乡差异	省际差异	城乡差异	省际差异	城乡差异	省际差异	城乡差异	省际差异	城乡差异	省际差异
甘　肃	0.0226	0.0131	0.0220	0.0124	0.0213	0.0130	0.0211	0.0122	0.0218	0.0104	0.0199	0.0092
青　海	0.0250	0.0106	0.0251	0.0093	0.0251	0.0094	0.0277	0.0076	0.0273	0.0051	0.0274	0.0040
宁　夏	0.0201	0.0085	0.0182	0.0085	0.0169	0.0081	0.0170	0.0060	0.0172	0.0037	0.0179	0.0021
新　疆	0.0238	0.0087	0.0224	0.0087	0.0223	0.0093	0.0222	0.0090	0.0222	0.0082	0.0218	0.0079
合　计	0.5534	0.3856	0.5350	0.3688	0.5166	0.3187	0.5526	0.2786	0.5437	0.2427	0.5371	0.2222
泰尔指数	0.9390		0.9038		0.8353		0.8311		0.7865		0.7592	

图 4.17 显示了 2008 年由泰尔指数综合分解得到的各省区市城乡之间人均贷款差异，这一结果与前文单纯使用省区市之间城乡人均贷款比衡量的差异排序情况完全一致（见表 4.15）。除直辖市的异常值之外，一般而论，欠发达地区的城乡差异要大于发达地区。

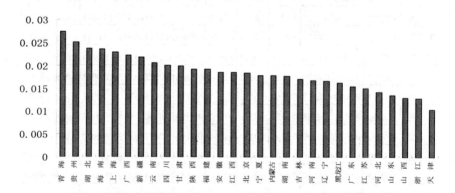

图 4.17　2008 年中国省区市城乡之间人均贷款差异（由泰尔指数分解所得）排名情况

4.5.2　金融发展差异中城乡差异与省区差异占比的比较

表4.18是对样本期内中国金融发展区域差异中城乡差异与省际差异占比情况的测算结果。2003～2008 年城乡差异平均占到中国区域金融发展差异的 64.39%，并且这一比重逐年上升，而省际差异的比重则持续降低（见图 4.18）。联系到 2003～2008 年金融发展区域差异收敛的现实，城乡差异比重的上升并非源于城乡差异的扩大（事实上城乡金融差异变

动很小），而主要是总体金融发展差异缩小的缘故。

表 4.18 2003～2008 年中国金融发展差异中的省际差异与城乡差异占比（%）

省 区	2003 各省区城乡差异占比	2004 各省区城乡差异占比	2005 各省区城乡差异占比	2006 各省区城乡差异占比	2007 各省区城乡差异占比	2008 各省区城乡差异占比
北 京	1.65	1.76	1.74	2.07	2.29	2.43
天 津	1.96	1.99	0.90	1.14	1.31	1.37
河 北	0.44	0.45	1.69	1.81	1.86	1.87
山 西	1.67	1.68	1.64	1.71	1.73	1.71
内蒙古	2.05	2.11	2.31	2.41	2.44	2.35
辽 宁	1.79	1.81	1.93	2.09	2.18	2.19
吉 林	2.28	2.30	2.26	2.31	2.26	2.25
黑龙江	2.18	2.09	2.24	2.27	2.14	2.14
上 海	1.58	1.46	1.36	2.68	2.67	3.03
江 苏	1.59	1.65	1.74	1.88	1.93	1.99
浙 江	2.33	2.41	1.46	1.57	1.62	1.70
安 徽	2.09	2.08	2.19	2.28	2.34	2.46
福 建	0.96	1.20	2.12	2.29	2.44	2.53
江 西	2.12	2.16	2.22	2.31	2.40	2.46
山 东	0.67	0.74	1.64	1.73	1.75	1.80
河 南	2.01	1.98	2.06	2.15	2.21	2.22
湖 北	2.41	2.44	2.71	2.82	2.99	3.13
湖 南	2.12	2.09	2.22	2.27	2.36	2.34
广 东	1.79	1.89	1.81	1.87	1.98	2.05
广 西	2.45	2.45	2.54	2.62	2.77	2.92
海 南	2.77	2.43	2.39	2.79	3.04	3.11
四 川	2.60	2.64	2.34	2.53	2.64	2.65
贵 州	2.93	2.93	3.08	3.10	3.27	3.30
云 南	2.58	2.59	2.76	2.81	2.75	2.72
陕 西	2.15	2.13	2.26	2.40	2.52	2.54
甘 肃	2.41	2.44	2.55	2.54	2.77	2.63
青 海	2.67	2.77	3.00	3.34	3.47	3.61
宁 夏	2.14	2.01	2.02	2.04	2.18	2.36
新 疆	2.53	2.48	2.67	2.68	2.82	2.87

续表

	2003	2004	2005	2006	2007	2008
城乡差异占比合计	58.93	59.19	61.85	66.49	69.14	70.74
地区差异占比合计	41.07	40.80	38.15	33.52	30.86	29.26
泰尔指数	100.00	100.00	100.00	100.00	100.00	100.00

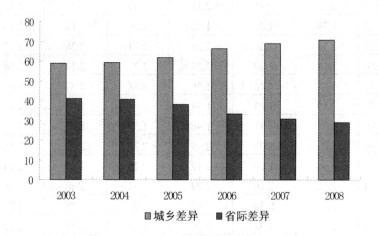

图 4.18　2003～2008 年中国金融发展区域差异中城乡差异与省际差异占比

　　近年来，为了缓解中国区域经济严重失衡的局面，中央政府先后推出了"西部大开发"、"中部崛起"的战略构想并应用于实践，中央政府对中西部地区的政策和资金支持不断加大。2003 年以来省际人均贷款差异的缩小（见表 4.17 和表 4.18）说明中西部地区金融资本流失的局面得到有效遏制，中央扶持中西部的战略举措收到了应有的效果。与此同时，城乡发展之间巨大的鸿沟也促使政府逐渐关注农村问题，党的十六届四中全会提出的城市反哺农村、工业反哺农业和十六届五中全会提出的建设社会主义新农村战略决策，都体现了决策层的制度变革取向。但是表 4.17 中的泰尔指数分解结果显示，中央政府对三农的政策倾斜至少在金融领域并未取得明显成效，2003～2008 年间区域金融差异中的城乡差异绝对数变化不大，未体现出明显的收敛趋势，并且其相对占比还有上升。总的来讲，金融资本由中西部地区向东部地区流失的现象有所缓解，但由农村地区向城市部门集中的局面并未得到有效控制。

第五章　金融发展差异对区域经济非均衡增长的影响：分市场检验

由于地区之间在金融发展和经济增长方面存在着广泛的差别，因此要充分发挥金融市场在促进区域经济均衡协调发展过程中的作用，首先须明确金融发展与区域经济增长之间的相互关系，了解金融因素究竟在多大程度上推动了地区经济的增长。

我国金融体系构成和金融资源结构相对单一，集中地表现为以银行体系为基础的信贷市场是配置金融资源的主要市场，银行信贷是金融资源的主要形式。因此，从结构上来看，我国金融市场的发展本身具有非均衡性，信贷市场一枝独大，证券市场和保险市场起步较晚，发展滞后。另一方面，地区之间各金融市场的发展状况也不尽一致，区域之间的非均衡性表现得也较为突出。随着金融体系的健全，在促进金融资源形成与累积的过程中，在信贷市场之外，证券市场和保险市场日益成为金融市场的重要组成部分，并且在推动区域经济增长方面发挥着越来越重要的作用。本章的实证分析部分，试图弥补现有实证研究文献较少涉及金融结构差别对区域经济增长影响的不足，在衔接前文区域金融发展差异分析与区域非均衡增长分析的基础上，运用面板协整分析方法定量地揭示金融结构因素对区域非均衡增长的贡献度，分别考察信贷市场、保险市场和证券市场对区域经济总量、结构和效率的影响。

第一节　信贷市场对区域经济非均衡增长的影响分析

5.1.1　分析思路

从结构上分析金融发展因素在区域经济增长、产业结构提升和要素生产效率改进过程中的贡献度，可立足于前文梳理的基本数据构建金融市场变量。以金融市场交易效率和对数人均贷款来表征信贷市场，以对数保险市场密度和保险深度作为描述保险市场发展的变量，以对数人均证券市场筹资额和上市公司数量刻画证券市场的发展状况；此外，引入对数人均科教文卫经费、对数公路总里程和大专以上人口占总人口比重，作为控制变量，描述区域社会发展状况，尽可能地避免在模型构建过程中遗漏变量，从而提高模型的分析精度。①通过先后引入上述信贷市场、保险市场、证券市场变量以及相关控制变量，包括分别构建以对数人均 GDP 为被解释变量的总量方程、以第二产业占比为被解释变量的结构方程和以全要素生产率为被解释变量的效率方程，从而全面揭示区域经济增长过程中信贷市场、保险市场和证券市场的贡献度。在此基础上，通过将各个市场的引入按时段进行划分，分别加以回归分析，比较各个时期信贷市场、保险市场和证券市场对区域经济增长影响的差异，全方位地考察金融发展因素对区域经济增长贡献度的阶段性特征。

在开展具体的贡献度分析之前，首先对金融市场与区域经济发展做面板协整分析，以确认金融发展与区域经济非均衡增长之间存在着长期均衡关系。这里为避免在协整分析过程中出现虚假回归，首先对各变量进行面板单位根检验。判断被解释变量与解释变量的单整性是进行协整关系检验的前提。被解释变量、解释变量以及控制变量的面板单位根检验，所采用的方法分别为 ADF 检验、LLC 检验和 IPS 检验；三种检验方法的原假设均为"存在单位根"。检验输出结果如表 5.1 所示。TFP 和金融市场交易效率变量的 IPS 检验在 1% 的显著性水平上拒绝原假设，即原序列是平稳序列；但另外的 ADF 和 LLC 统计量均无法在 10% 的显著性水平上拒绝原假设；根据一阶差分检验结果可以综合判定金融市场交易效率变量为一阶单整过程。另外，除上市公司数量为平稳过程外，其余所有变量的水平检验均无法拒绝原假设，从而原序列含单位根，又因为各变量的一阶差分检验均可在 1% 的显著性水平上拒绝原假设，因此各变量都为一阶单整过程。

---

① 对用绝对数表示的变量均做取自然对数的处理，是为了消除异方差及初步保证变量同阶单整。

表 5.1　变量面板单位根检验结果

变量		ADF值		IPS值		LLC值	
		水平检验	一阶差分检验	水平检验	一阶差分检验	水平检验	一阶差分检验
被解释变量	对数人均GDP	4.1022	285.3640	9.8554	-13.5266	2.3591	-14.1985
		（1.0000）	（0.0000）	（1.0000）	（0.0000）	（0.9908）	（0.0000）
	产业结构	39.5642	385.9372	2.9436	-17.7103	0.4503	-19.0032
		（0.9695）	（0.0000）	（0.9984）	（0.0000）	（0.6738）	（0.0000）
	TFP	205.5201		-9.2335		-8.6383	
		（0.0000）		（0.0000）		（0.0000）	
解释变量	金融市场交易效率	2.4642	455.4172	-2.9757	-20.6349	-1.0301	-18.8233
		（0.8859 ）	（0.0000 ）	（0.0015）	（0.0000）	（0.1515）	（0.0000）
	对数人均贷款	22.0559	316.6832	5.8296	-14.6386	3.9571	-15.7103
		（1.0000）	（0.0000）	（1.0000）	（0.0000）	（1.0000）	（0.0000）
	对数保险密度	28.1031	200.7095	4.8529	-10.1472	-0.3191	-11.6074
		（0.9997）	（0.0000）	（1.0000）	（0.0000）	（0.3748）	（0.0000）
	保险深度	58.8204	186.4954	0.3267	-9.2552	-2.4294	-13.7774
		（0.4452）	（0.0000）	（0.6281）	（0.0000）	（0.0076）	（0.0000）
	对数人均证券市场筹资额	27.6083	155.5312	3.2962	-5.9030	1.7767	-14.3843
		（0.9998）	（0.0000）	（0.9995）	（0.0000）	（0.9622）	（0.0000）
	上市公司数量	106.2491		-3.35111		-6.2223	
		（0.0001）		（0.0004）		（0.0000）	
控制变量	对数人均科教文卫经费	3.16302	53.2616	12.7846	-9.3241	19.9126	-3.21179
		（1.0000）	（0.0007 ）	（1.0000）	（0.0000）	（1.0000）	（0.0000）
	对数公路总里程	28.2747	155.5773	4.0266	-5.8584	2.0248	-13.2970
		（0.9999）	（0.0000）	（1.0000）	（0.0000 ）	（0.9786）	（0.0000）
	大专以上人口占总人口比重	8.7774	99.9186	12.7320	-2.5405	12.5643	-8.75448
		（1.0000）	（0.0016）	（1.0000）	（0.0055 ）	（1.0000）	（0.0000）

注：括号内为对应统计量的 P 值。

　　各变量的时间跨度不尽一致，其中三个被解释变量的数据除效率方程中的全要素生产率始自 1979 年外，其余均包含了 1978~2008 年整个样本期。由于我国金融市场发展的起点不尽相同，限于数据可得性，作为解释变量的信贷市场、保险市场、证券市场变量（以及控制变量）的数据分别始自 1978 年、1996 年、2000 年。在计量分析过程中，一方面力求充分利用已有数据，发掘各时段变量数据蕴含的信息，以考察变量之间的长期均衡关系；另一方面为了全面覆盖整个金融市场，在考虑到数据短板的同时引入更多的解释变量，从而全方位地揭示金融差异对经济增长的影响。由此，在协整模型的构建过程中遵循解释变量数据时间跨度由长到短的原则，依次引入信贷市场向量、保险市场向量和证券市场向量以及对应时段的控制变量。在引入新向量的同时，作为均衡面板模型，原有变量的时间跨度与新变量的期限保持一致，这样按解释变量的构成须分别构建三组协整方程，其中每组协整方程根据被解释变量的不同又包含三个方程，分别是以对数人均 GDP 为被解释变量的总量方程、以第二产业占比为被解释变量的结构方程和以全要素生产率为被解释变量的效率方程。这里为保证各个协整回归方程的估计精度，在每次引入新向量时对整个变量组进行协整检验，以确认变量之间存在稳定的均衡关系。面板数据分析理论指出，当对两变量协整分析时，要求变量为同阶单整；当协整分析扩展至两个以上解释变量时，被解释变量的单整阶数不能高于解释变量的单整阶数，且若解释变量的单整阶数高于被解释变量，则至少存在两个解释变量的单整阶数高于被解释变量。根据表 5.1 的单位根检验结果，上述拟建立的三组协整方程皆满足协整检验的初始条件。本书的协整检验分别使用 Pedroni（1995）和 Kao（1997）检验方法，两种协整检验的原假设均为"不存在协整关系"。

完成对应方程的协整检验后，在确认方程包含的变量之间存在长期均衡关系的基础上，进一步对原方程进行 F 检验和 Hausman 检验，依据检验结果确定方程的设定形式，即采用混合模型、固定效应模型或随机效应模型。[①]明确了方程的设定形式以后，根据协整回归结果，结合我国金融和区域经济发展现实，对各金融变量系数的方向、大小及其显著性给予初步的解释。接下来，按上述分析思路首先考察信贷市场对区域经济非均衡发展的贡献度。

---

① 考虑到变量的时间跨度不尽一致，而且覆盖所有变量及控制变量的样本期限较短，省际面板分析应强调各省金融发展对非均衡增长的影响的个体差异，时点差异次之。因此，本书报告的 F 检验和 Hausman 检验是针对个体固定效应和个体随机效应的检验结果。

5.1.2 面板协整检验及模型设定形式检验

表 5.1 的面板单位根检验确认了总量方程中对数人均 GDP 与信贷市场向量（即对数人均贷款和金融市场交易效率变量）的同阶单整性，应用 Pedroni（1995）方法和 Kao（1997）方法检验三个面板序列的协整关系，输出结果见表 5.2。Pedroni 检验中 rho 统计量和 PP 统计量分别在 10% 和 5% 显著性水平上拒绝原假设，其余统计量以及 Kao 检验统计量均在 1% 显著性水平上拒绝了原假设。协整检验确认总量方程中的各变量之间存在协整关系。

表 5.2   面板协整检验结果

协整方程 \ 协整检验	Pedroni（1995）				Kao（1997）
	Panel v	Panel rho	Panel PP	Panel ADF	ADF
总量方程	4.7343	-1.6758	-2.4570	-4.4285	-15.2232
	（0.0000）	（0.0980）	（0.0195）	（0.0000）	（0.0000）
结构方程	-2.2263	-0.5002	-3.80465	-4.6355	-0.8408
	（0.0335）	（0.3520）	（0.0003）	（0.0000）	（0.1463）
效率方程	1.9882	-9.0942	-14.8401	-9.3662	-2.7448
	（0.0553）	（0.0000）	（0.0000）	（0.0000）	（0.0030）

注：括号内为面板协整检验各统计量的显著性水平。

结构方程中的被解释变量第二产业占比（工业化程度）与两个信贷市场向量也是同阶单整的，满足进行协整检验的前提。从协整检验结果来看，Pedroni 检验中的 rho 统计量无法拒绝原假设，而且 Kao 检验统计量的显著性水平也只为 14.63%，但是 Pedroni 检验中的其余三个统计量均可拒绝原假设，而且 Ficher 检验也确认该组变量存在一项协整关系。所以，综合协整检验结果可判定，结构方程中的各变量之间存在稳定均衡关系。

效率方程中的被解释变量 TFP 为平稳序列，由于方程属于多变量的协整分析，作为解释变量的金融市场交易效率与对数人均贷款同为一阶单整，因此效率方程仍满足协整检验的前提条件。面板协整检验结果显示，Pedroni 检验的四个统计量均拒绝原假设，支持变量之间存在协整关系。Kao 检验统计量也在 1%的显著性水平上拒绝了原假设。因此，效率方程中的 TFP 变量与信贷市场变量之间存在稳定的均衡关系。

为确定各组模型的最终设定形式，首先在固定效应模型中进行 F 检验，确定是否排除混合模型的设定。F 检验的原假设为"固定效应建模"。若检验支持建立固定效应模型，则进一步在随机效应模型的基础上进行 Hausman 检验，根据检验结果在随机效应模型与固定效应模型之间进行取舍，最终确定模型的设定形式。Hausman 检验的原假设为"随机效应建模"。检验结果如表 5.3 所示。总量方程的 F 检验排除了混合模型的设定，Hausman 检验则进一步排除了随机效应模型的设定，所以最终采用固定效应建模估计总量方程。结构方程的 F 检验结果排除了混合模型，Hausman 检验也排除了随机效应模型，从而也确认了固定效应模型的设定形式。效率方程的 F 检验同样排除了混合效应模型，但是 Hausman 检验拒绝原假设的显著性水平为 26.4%，检验结果并不支持建立固定效应模型，所以将以随机效应模型估计效率方程。

表 5.3　面板模型设定形式检验

	总量方程	结构方程	效率方程
F 检验	59.6667	41.6444	1.7861
	（0.0000）	（0.0000）	（0.0077）
Hausman检验	75.9453	6.6899	2.6637
	（0.0000）	（0.0353）	（0.2640）

注：括号内为 F 检验和 Hausman 检验统计量的显著性水平。

5.1.3　面板回归结果及其解释

面板回归分析结果如表 5.4 所示。首先，总量方程显示信贷市场变量对经济增长具有显著的正向促进作用。其他条件不变，对数人均贷款每增加 1 个百分点，对数人均GDP将提高 0.25 个百分点。金融市场交易效率对人均GDP的拉动作用与对数人均贷款相当，但是方向上与对数人均贷款相反。改革开放以后，在以国有银行为主导的货币金融体系下，作为最为重要的金融资源——信贷资金的配置长期以来是促进区域经济增长的核心要素，而信贷资源分布不均也是导致地区经济发展差异的重要根源之一。省际及地区间信贷资金分配作为区域经济发展战略的重要体现，是调整区域经济发展布局的重要杠杆。尤其是在改革开放以来的前半段，信贷市场不完善，交易效率低下，信贷资金配置中的政府主导决定了区域经济增长的快慢并不对应于信贷市场交易效率的高低。正是转型经济背景下资源配置的计划特征与市场特征并存，解释了在人均贷款对经济增长具有显著促进作用的同时，人均GDP对于金融市场交易效率并不敏感。总量方程的调整R^2达到了 0.99，表明方程的拟合效果较好，信贷市场对区域经济增长具有良好的解释力。

表 5.4　面板回归结果

变量	总量方程	结构方程	效率方程
对数人均贷款	0.2487 **	0.3674 **	0.3276 *
	（0.0170）	（0.6915）	（0.4512）
金融市场交易效率	-0.1324 *	0.3751 *	-0.0158
	（0.0195）	（0.7925）	（0.2289）
调整R^2	0.9921	0.7364	0.4383
F 值	1894.4461	42.8252	8.7169

注：括号内为估计系数的标准差。* 和 ** 分别表示系数在10%和1%的显著性水平下显著。

结构方程显示，省际工业化水平对信贷市场的发展有显著的依赖关系，成熟高效的信贷市场对于加快提高本省工业化水平具有积极的促进作用。从计量回归结果来看，信贷市场对提高第二产业产值占比的贡献度达到了0.74个百分点。第二产业产值占GDP的比重反映了微观层面工业企业的发展状况，一方面，银行信贷是企业融资的重要来源，尤其在直接融资渠道不健全的情况下更是如此，信贷资金构成了促进企业扩大生产规模的首要金融支持；另一方面，信贷市场交易效率直接关系到企业融资需求的满足，信贷市场交易效率低，银行体系存贷差不断拉大，形成大量的资金闲置，企业的融资缺口将得不到有效弥补，微观企业扩大经营缺乏有力的金融支持，最终在宏观层面造成的结果必然是工业化进程受到负面影响。尤其是随着所有制结构的调整和非公有制经济的发展，信贷市场的效率取向很大程度上决定了那些经营绩效优良、盈利前景广阔的民营企业能否在发展过程中得到信贷支持，而民营经济的发展状况正越来越成为地区工业化水平的重要体现。

效率方程中信贷市场对全要素生产率的解释力相对较低，调整R^2仅为0.44。虽然金融市场交易效率对全要素生产率的影响不具有显著性，但是人均贷款对全要素生产率的正向促进作用在10%的显著性水平上显著为正。其他条件不变，对数人均贷款每增长1个百分点，全要素生产率有望提高0.33个百分点。与结构方程中的被解释变量相似，效率方程中的被解释变量TFP也是微观经济运行效率的宏观表现，企业设备更新改造、技术创新、管理水平改进等举措都将体现在企业生产效率的提升上，微观企业生产效率的提高进一步表现为宏观的技术进步和全要素生产率的提升。这些企业改进生产效率的一系列举措，除依靠自有资金以外，银行信贷显然是重要的融资支持。我国所有制结构的特征决定了改革的前半期技术进步主要来源于国有企业，而国有企业运营的一个重要特征就是对信贷资金高度依赖。随着改革的推进，民营和外资企业获得了长足发展，非公有制企业的研发投入以及对技术创新的贡献越来越大，由于我国资本市场不健全，信贷融资仍然是大部分企业尤其是中小型企业最主要的资金来源，因此信贷资金对于促进微观企业的技术创新，进而提升全要素生产率仍具有重要影响。

第二节　保险市场对区域经济非均衡增长的影响分析

5.2.1　面板协整检验及模型设定形式检验

保险市场向量中包含两个元素或曰变量，即对数保险市场密度和保险深度。表 5.1 的面板单位根检验确认了两个保险市场变量均是一阶单整过程，因此总量方程中对数人均 GDP 与信贷市场向量及保险市场向量都具有同阶的单整性。应用 Pedroni 方法和 Kao 方法检验三组总量方程中各个序列组合之间的协整关系，输出结果见表 5.5。除 Pedroni 检验中 ADF 统计量的显著性水平为 30.82%以外，其余各统计量均在 1%或 5%的显著性水平上拒绝了原假设。Kao 检验统计量也在 1%显著性水平上拒绝了原假设。综合考虑协整检验的结果，纳入保险市场以后总量方程中的各变量之间具有稳定的均衡关系。

表 5.5　面板协整检验结果

协整检验 协整方程	Pedroni（1995）				Kao（1997）
	Panel v	Panel rho	Panel PP	Panel ADF	ADF
总量方程	-2.7496	2.5307	-2.3751	-0.7182	-3.6685
	（0.0091）	（0.0162）	（0.0238）	（0.3082）	（0.0001）
结构方程	-2.5586	5.6526	-0.6953	2.1155	-1.6078
	（0.0151）	（0.0000）	（0.3133）	（0.0426）	（0.1716）
效率方程	-3.1715	3.4524	-6.7984	-3.0777	-1.0786
	（0.0026）	（0.0010）	（0.0000）	（0.0035）	（0.1468）

注：括号内为面板协整检验各统计量的显著性水平。

　　保险市场变量本身是一阶单整过程，而工业化程度和两个信贷市场向量也同为一阶单整，所以结构方程中五个变量满足同阶单整性。从协整检验结果来看，Pedroni 检验中的 PP 统计量无法拒绝原假设，而且 Kao 检验统计量的显著性水平也只为 17.16%，但是 Pedroni 检验中的其余三个统计量均可在 1%或 5%的显著性水平上拒绝原假设。进一步进行 Ficher 检验，结果也确认该组变量存在协整关系。所以，综合判断，结构方程中的各变量之间存在稳定均衡关系。

　　效率方程中的被解释变量 TFP 为平稳序列，引入信贷市场和保险市场以后，作为解释变量的金融市场交易效率与对数人均贷款同为一阶单整，而保险市场的两个变量也是一阶单整过程。作为多变量的协整分析，效率方程仍满足协整检验的前提条件。面板协整检验结果显示，Pedroni 检验的四个统计量均可在 1%的显著性水平上拒绝原假设，支持变量之间存在协整关系。Kao 检验统计量拒绝原假设的显著性水平为接近 10%。进一步进行 Ficher 检验，结果无法拒绝该组变量存在协整关系。所以，综合判断，效率方程中的 TFP 变量与信贷市场和保险市场变量之间存在稳定均衡关系。

　　通过 F 检验和 Hausman 检验确定引入保险市场后各组模型的设定形式，检验结果如表 5.6 所示。首先，总量方程的 F 检验在 1%的显著性水平上排除了混合模型的设定，Hausman 检验进一步排除了随机效应模型的设定，所以总量方程的估计最终采用固定效应模型来完成。结构方程的 F 检验结果排除了混合模型，Hausman 检验也在 1%的显著性水平上排除了随机效应模型，从而也将采用固定效应模型估计结构方程。效率方程的 F 检验同样排除了混合效应模型，但是 Hausman 检验的显著性水平为 57.28%，不能显著拒绝建立随机效应模型的原假设，所以将以随机效应模型估计效率方程。

表 5.6 面板模型设定形式检验

	总量方程	结构方程	效率方程
F 检验	45.9262	95.7828	5.0737
	（0.0000）	（0.0000）	（0.0000）
Hausman检验	120.5640	8.1396	2.9113
	（0.0000）	（0.0866）	（0.5728）

注：括号内为 F 检验和 Hausman 检验统计量的显著性水平。

5.2.2 面板回归结果及其解释

由于对数保险密度和保险深度数据的时间跨度为1996~2008年，所以在加入保险市场变量以后，各组方程协整回归分析的时间期限统一从1996年开始。因此，无论是变量的时间跨度还是方程引入变量的范围，均与表5.4中单纯包含信贷市场时的协整回归有所区别。引入保险市场变量后的面板回归结果如表5.7所示。首先，总量方程显示，信贷市场变量对经济增长具有显著正向作用的只有对数人均贷款变量，其他条件不变，对数人均贷款每增加1个百分点，对数人均GDP将提高0.29个百分点。此时，金融市场交易效率对人均GDP的影响仍然为负，但不具有显著性。保险市场变量中的对数保险密度对对数人均GDP有显著正向作用，但是从系数对比来看，保险市场变量对区域人均GDP的影响效力明显小于信贷市场变量。保险深度对对数人均GDP具有反向影响，且在10%的显著性水平上显著，但是影响作用相对较小，其与对数人均GDP之间的负相关可能与保险深度变量的分母为GDP有关。总量方程的调整R^2达到0.99，方程的拟合效果较好。

结构方程表明，引入保险市场以后，原先表5.4所显示的省际工业化水平与信贷市场之间的相互关系发生了变化，见表5.7。

表 5.7　面板回归结果

变量	总量方程	结构方程	效率方程
对数人均贷款	0.2975 **	0.2760 *	0.2979 *
	（0.0343）	（0.1828）	（0.6193）
金融市场交易效率	-0.2734	-0.2234	0.0878
	（0.0499）	（1.7200）	（0.5139）
对数保险密度	0.1448 *	0.15600 *	0.2336
	（0.0252）	（0.8689）	（0.1700）
保险深度	-0.0591 *	-0.2065 *	-0.3061 **
	（0.0129）	（0.4442）	（0.3374）
调整 R^2	0.9914	0.9282	0.5795
F 值	994.3031	97.6176	6.1437

注：括号内为估计系数的标准差。＊和＊＊分别表示系数在10%和1%的显著性水平下显著。

表5.7说明，对数人均贷款仍然延续了对工业化进程的正向促进作用，而金融市场交易效率对提高第二产业产值占比的作用由正转负，但不具有显著性。对数保险市场密度作为表征金融市场发育程度的变量，对提升工业化水平具有积极的正向促进作用。此外，保险深度与工业化水平之间的关系为负，考虑到产业结构升级往往伴随着人均GDP的提升，而保险深度指标的构成决定了其与GDP成反比例关系，由此可能造成协整回归系数为负的情况。但是，保险市场对工业化水平的综合促进作用为负，不过这种净影响较小。引入保险市场变量后，结构方程的调整 R^2 提高到了0.92，表明金融市场范围的延伸提高了对工业化进程的解释力。

引入保险市场变量后的效率方程显示，信贷市场延续了对全要素生产率的主导影响，对数人均贷款对TFP保持显著的正向促进作用。此外，虽然金融市场交易效率对TFP的正向影响不具有显著性，但是相比于表5.4的回归结果，从作用方向上来看与未引入保险市场时的情况形成了鲜明的对比，这意味着保险市场的引入改善了全要素生产率对金融市场交易效率的敏感性。保险市场对TFP的综合作用是较为模糊的，两个保险市场变量对全要素生产率的影响在方向上相左，一方面保险深度对全要素生产率具有负向作用，另一方面对数保险密度对全要素生产率具有正向作用，且大于保险深度的负向影响，但是两个回归系数均不能通过

10%的显著性检验。如果撇开参数的显著性水平方面的限制，由于回归系数之和约为−0.6，这意味着保险市场变量对全要素生产率的影响可能为负，但是显然这一净影响力仍然是很小的。效率方程的调整R^2在引入保险市场以后有所提高，表明保险市场变量提高了效率方程的拟合效果，从而提高了对全要素生产率的解释能力。

中国保险业自1980年恢复业务以来，进行了一系列全方位、多层次的体制改革创新，保险市场总量增长迅速，保险市场体系不断得到完善，开放程度也在逐渐提高。总体来看，随着金融体系的完善和保险市场的发展，保险业在为居民和经济实体提供风险保障、服务地方经济等方面都发挥了积极的作用。然而中国保险业在较快增长的过程中，也暴露出了地区发展严重不平衡的结构性问题。由于保险业通常具有"稳定金融"、"便利贸易"和"动员储蓄"等多重作用，因而"一个健全的直接保险和再保险市场是经济增长的必要条件"（Albouy 和 Blagoutine，2001）。可见，发挥保险市场的上述作用的一个潜在前提是培育健全的保险市场，确保经济体内部区域间保险市场的均衡发展。本节的计量分析表明，我国区域保险市场对区域经济增长的影响力较小，因此要发挥保险市场促进区域经济均衡增长的作用，须从缩小保险市场在区域间的发展差距入手，以实现保险市场发展与区域经济增长之间的良性互动。

第三节　证券市场对区域经济非均衡增长的影响分析

5.3.1　面板协整检验及模型设定形式检验

进一步引入证券市场变量后，各组方程中包含的解释变量将覆盖整个金融市场，其数量扩充至六个。证券市场向量中包含两个变量，即对数人均证券市场筹资额和上市公司数量，表5.1的面板单位根检验结果显示，前者为一阶单整过程，后者为平稳序列。虽然六个解释变量并非同阶单整，但是最高单整阶数为一阶，且其余五个解释变量为同阶单整，从而满足协整关系存在的前提条件。应用 Pedroni 方法和 Kao 方法检验总量方程中七个序列之间的协整关系，输出结果见表5.8。除 Pedroni 检验中 PP 统计量显著性水平为 30.63%以外，其余各统计量均可在 1% 的显著性水平上拒绝"不存在协整关系"的原假设。Kao 检验统计量也在 1% 的显著性水平上拒绝了原假设。可见，纳入证券市场以后，完整的金融市场变量与对数人均 GDP 之间存在协整关系，总量方程中的各变量之间保持稳定的均衡关系。

表 5.8　面板协整检验结果

协整检验　　　　协整方程	Pedroni（1995）				Kao（1997）
	Panel v	Panel rho	Panel PP	Panel ADF	ADF
总量方程	-2.9032	7.0143	-0.7271	4.0943	-6.9107
	（0.0059）	（0.0000）	（0.3063）	（0.0001）	（0.0000）
结构方程	-3.8485	6.6961	-6.5182	4.1541	-1.9621
	（0.0002）	（0.0000）	（0.0000）	（0.0001）	（0.0249）
效率方程	-3.9593	7.0342	-9.4841	0.5128	-2.1511
	（0.0002）	（0.0000）	（0.0000）	（0.3498）	（0.0157）

注：括号内为面板协整检验各统计量的显著性水平。

延伸到整个金融市场以后，结构方程同样满足协整关系存在的必要条件。从协整检验结果来看，Pedroni 检验中 4 个统计量共同在 1% 的显著性水平上拒绝"不存在协整关系"的原假设，而且 Kao 检验 ADF 统计量也在 5% 的显著性水平上拒绝了原假设。故引入证券市场以后，完整的金融市场变量与工业化水平之间存在协整关系，结构方程中各变量之间存在稳定均衡关系。

效率方程中的被解释变量 TFP 为平稳序列，作为解释变量的上市公司数量也是平稳序列，由于信贷市场和保险市场变量同为一阶单整，而且对数人均证券市场筹资额也为一阶单整过程，所以效率方程亦满足协整关系存在的必要条件。从面板协整检验结果来看，Pedroni 检验中除了 ADF 统计量的显著性水平为 34.98%，无法拒绝原假设以外，其他三个变量均可在 1% 的显著性水平上拒绝原假设，支持变量之间存在协整关系。Kao 检验 ADF 统计量可在 5%的显著性水平上拒绝原假设。所以，综合判断，效率方程中的 TFP 变量与信贷、保险、证券市场变量之间存在稳定的均衡关系。

为了细化探索金融发展对区域经济非均衡增长的影响，我们进一步引入了部分控制变量数据，包括以对数人均科教文卫经费表征的社会发展支出、对数公路总里程表征的基础设施建设状况以及大专以上人口占总人口比重表征的人力资源结构因素。限于数据的可得性，三个控制变量的起始年份是2000年。接下来，面板模型的设定形式检验中，各参照模型均引入这三项控制变量。通过 F 检验和 Hausman 检验确定覆盖整个金融市场后各组模型的设定形式，检验结果如表5.9所示。首先，总量方程的 F 检验在1%的显著性水平上排除了混合模型的设定，Hausman 检验进一步排除了随机效应模型的设定，所以总量方程的估计仍然采用固定效应模型来完成。结构方程的 F 检验结果排除了混合模型，Hausman 检验也在1%的显著性水平上排除了随机效应模型，从而也将采用固定效应模型估计结构方程。效率方程的 F 检验同样排除了混合效应模型，但是 Hausman 检验的显著性水平为90.29%，所以仍将以随机效应模型估计效率方程。

表 5.9　面板模型设定形式检验

	总量方程	结构方程	效率方程
F检验	16.6235	71.2878	4.4491
	（0.0000）	（0.0000）	（0.0000）
Hausman检验	105.5898	48.8131	4.1265
	（0.0000）	（0.0000）	（0.9029）

注：括号内为F检验和Hausman检验统计量的显著性水平。

5.3.2　面板回归结果及其解释

由于证券市场变量和控制变量数据的时间跨度为2000~2008年，所以在引入证券市场变量和相关控制变量以后，各组方程协整回归分析的时间期限统一调整为2000~2008年。因此，无论是变量的时间跨度还是方程引入变量的范围，与此前的分析相比都有很大的调整。引入证券市场变量后的面板回归结果如表5.10所示。

表5.10　面板回归结果

变量	总量方程	结构方程	效率方程
对数人均贷款	0.2804 **	0.3997 **	0.1566 *
	（0.0976）	（1.5365）	（1.282678）
金融市场交易效率	-0.1222	-0.3364	-0.2758
	（0.0021）	（0.0057）	（2.5012）
对数保险密度	0.0881 **	0.1866	0.1698
	（0.0474）	（1.3676）	（1.1553）
保险深度	-0.0662 *	-0.1697	-0.0656
	（0.0189）	（0.5462）	（0.8871）
对数人均证券市场筹资额	0.1215 **	0.2573 *	0.2363 **
	（0.0058）	（0.1676）	（0.1831）
上市公司数量	-0.0003 *	-0.0337	0.0119 *
	（0.4769）	（0.012469）	（0.0095）
对数人均科教文卫经费	0.1181 *	0.254498 *	0.2783 *
	（0.0495）	（1.4267）	（1.2483）
对数公路总里程	0.0064	0.3877 **	-0.0680
	（0.0292）	（0.8419）	（0.4515）
大专以上人口占总人口比重	-0.0350	0.1458	0.1244 **
	（0.4007）	（0.0156）	（10.2315）
调整R^2	0.9911	0.9466	0.7767
F值	638.5736	103.4788	4.2836

注：括号内为估计系数的标准差。 * 和 ** 分别表示系数在10%和1%的显著性水平下显著。

总量方程中，信贷市场变量对经济增长的影响仍然集中体现在对数人均贷款变量对对数人均GDP的正向促进作用上，其他条件不变，对数人均贷款每增加1个百分点，对数人均GDP将提高0.28个百分点。此时，金融市场交易效率对人均GDP的影响仍然为负，并且同样不具有显著性。保险市场变量中的对数保险密度对对数人均GDP有显著正向作用，对数保险密度每提高1个百分点，对数人均GDP将上升0.09个百分点。保险深度则具有负面影响。整个保险市场对经济增长的综合效应为0.02，从影响效力来看小于信贷市场变量。证券市场变量的引入表明，人均证券市场筹资额对提升人均GDP具有积极作用，但是上市公司数量影响甚微。

证券市场对人均GDP的综合促进作用大于保险市场，小于信贷市场。加入的三项控制变量显示，人均科教文卫经费表征的社会发展支出对经济增长具有显著的促进作用，对数公路总里程表征的基础设施发展状况对经济增长的正向促进作用相对较小，大专以上人口占总人口比重表征的人力资源结构因素对经济增长的影响虽然方向为负，但不具有显著性，其作用不像常规理论分析的那样明显。总量方程的调整R^2仍保持在0.99，方程的拟合效果较好。

结构方程显示，引入证券市场变量和控制变量以后，对原先省际工业化水平与信贷市场之间相互关系的影响较小。对数人均贷款对工业化进程保持显著的正向促进作用。其他条件不变，对数人均贷款增加1个百分点，第二产业产值占比提高0.40个百分点。金融市场交易效率对提高第二产业产值占比的作用为负，虽然从绝对水平上与人均贷款的影响更为接近，但仍不具有显著性。与此前协整回归结果迥异的是，加入证券市场变量和控制变量后，保险市场对工业化水平的影响被其他变量吸收。从回归系数来看，对数保险密度和保险深度的系数都不具有显著性，即使不考虑参数显著性水平，保险市场0.02的综合作用仍然是较小的。证券市场对产业结构表现出了显著的正向促进作用，虽然上市公司数量的影响较小。其他条件不变，证券市场对工业化进程的综合促进作用达到0.2以上。三项控制变量中，反映社会发展和基础设施状况的对数人均科教文卫经费和对数公路总里程，对提高第二产业产值占比具有显著的促进作用，其中尤以后者为大，表明基础设施建设在推进工业化进程中具有重要作用。表征人力资本构成的大专以上人口占总人口比重，对工业化水平的影响为正，但不具有显著性。引入证券市场变量和控制变量后，结构方程的调整R^2提高到了0.94，表明方程的解释力和拟合精度有了进一步提高。

效率方程在引入证券市场变量和控制变量以后，信贷市场对全要素生产率的影响出现变化，首先是对数人均贷款对全要素生产率的正向促进作用有所下降，其次是金融市场交易效率对全要素生产率的影响由正转负。保险市场变量中原先对全要素生产率有着负向影响的保险深度不再具有显著性，对数保险密度的正向促进作用较之前期有所下降，但也不具有显著性。新引入的证券市场变量中，无论是人均证券市场筹资额还是上市公司数量，对全要素生产率的影响都显著为正，而且整个证券市场对技术进步的综合促进作用甚至大于信贷市场，这反映了上市公司在引领技术创新过程中扮演着重要角色。控制变量中，反映人力资本素质和层次的对数人均科教文卫经费和大专以上人口占总人口比重，对全要素生产率的提高具有积极的促进作用，二者分别在10%和1%的显著性水平上显著为正。对数公路总里程对TFP的影响较小，且不显著为正。从控制变量的系数对比来看，提高本地区的要素生产率，必须重视科技教育软环境的构建，尤其是高层次人才的培养和引进。引入证券市场变量和控制变量后，效率方程的调整R^2已接近0.8，方程对生产效率的解释力明显提高。

第四节　金融发展对区域经济增长贡献度的比较分析

由于被解释变量、解释变量以及控制变量的时间跨度不尽一致，总量方程、结构方程和效率方程的样本期限也各有长短，为了进一步考察各个时期金融市场变量对区域经济增长的影响可能出现的阶段性差异，我们将各个市场的引入按时段进行划分，通过回归分析比较各个时期信贷、保险和证券市场对区域经济增长的影响。具体而言，考虑到保险市场变量的起始年份为 1996 年，各组方程Ⅰ中被解释变量与信贷市场变量的时间跨度为 1978~1995 年（效率方程中，因被解释变量是TFP的变化量，故效率方程Ⅰ的时间跨度为 1979~2008 年）；相应地，各组方程Ⅱ中进一步引入了保险市场变量，鉴于证券市场变量和控制变量的起始年份都为 2000 年，因此各组方程Ⅱ的时间跨度统一为 1996~1999 年；各组方程Ⅲ的时间跨度为 2000~2008 年。接下来，按时段依次引入信贷、保险和证券市场，对 3 组方程按 3 个时段共建立 9 个回归模型，以全方位地考察金融因素对区域经济增长贡献度的阶段性特征。

5.4.1　金融因素对区域经济总量增长影响的比较分析

首先利用三个总量方程考察信贷、保险和证券市场对区域经济总量增长的影响，见表5.11。

表 5.11　总量方程对比

变量	总量方程 I	总量方程 II	总量方程III
对数人均贷款	0.1616 **	0.1972 *	0.2804 **
	（0.0185）	（0.0579）	（0.0976）
金融市场交易效率	-0.0879 *	-0.1427	-0.1222
	（0.0215）	（0.0558）	（0.0021）
对数保险密度		0.1406 *	0.0881 **
		（0.0234）	（0.0474）
保险深度		-0.0146	-0.0662 *
		（0.0234）	（0.0189）
对数人均证券市场筹资额			0.1215 **
			（0.0058）
上市公司数量			-0.0003 *
			（0.4769）
对数人均科教文卫经费			0.1181 *
			（0.0495）
对数公路总里程			0.0064
			（0.0292）
大专以上人口占总人口比重			-0.0350
			（0.4007）
调整R^2	0.9858	0.9971	0.9910
F 值	772.6959	1164.3721	638.5736

注：括号内为估计系数的标准差。* 和 ** 分别表示系数在10%和1%的显著性水平下显著。

　　如表5.11所示，总量方程 I 显示，在第一阶段信贷市场变量对人均GDP 的影响相对最小，并且人均 GDP 与金融市场交易效率甚至成显著负相关关系。改革开放以后，至20世纪90年代初明确社会主义市场经济的改革取向之前，这段时间里生产要素尤其是金融资源的配置具有强烈的计划经济色彩，市场在资源配置中的作用极为薄弱，这就决定了效率并不是决定信贷资金流向的主要因素。但是随着社会主义市场经济体制的逐步建立和完善，市场本身在资源配置包括资金使用方面的主导地位逐步确立。20世纪90年代中期以来，尤其是进入本世纪以来，信贷资金对地区经济增长和收入水平提高起到了越来越重要的作用，因此对数人均贷款对对数人均 GDP 的影响越来越大，系数先后由方程Ⅰ的0.16上升到方程Ⅱ的0.20。通过对比可以发现，信贷市场对人均 GDP 的影响并未因证券市场变量和控制变量的引入而下降，相反，其对人均 GDP 的正向促进作用显著提高，从而在方程Ⅲ中进一步上升到了0.28。此外，人均 GDP 与信贷资金配置效率之间完全与常规认识相左的关系也逐渐淡化，不仅绝对系数较小，而且 P 值显示系数由原来的显著为负变得不再具有显著性。

方程Ⅱ和方程Ⅲ报告了1996～2008年间以2000年为界前后两个阶段的各金融市场变量对人均GDP的影响。通过对比可以发现，在引入证券市场变量和控制变量的情况下，保险市场变量对人均GDP的正向影响一直低于信贷市场，而且相对于前一阶段，后一阶段的保险市场综合影响呈下降态势。一方面，对数保险密度变量的系数在两个阶段中都显著为正，但是从前一阶段的0.14下降到了后一阶段的0.09；另一方面，保险密度变量在方程Ⅱ中不显著为负，但在后一阶段方程Ⅲ中，变量系数虽然仍旧较小，但已具备10%的显著性。另外，方程Ⅲ表明，虽然上市公司数量对人均GDP的影响甚微，但是整个证券市场对人均GDP的影响仍然是大于保险市场的。

5.4.2　金融因素对区域经济结构影响的比较分析

表5.12显示，结构方程Ⅰ表明1978～1995年这一时期信贷市场变量对工业化进程的综合影响较表5.4结构方程中的结果为大。这一时期人均贷款对第二产业产值占比的拉动作用为0.35个百分点，虽然低于全样本期的0.38，但是金融市场交易效率的负向拉动作用也下降了0.08个百分点，因此综合促进作用为0.06，仍然大于全样本期0.04个百分点。对比样本期为1996～1999年的方程Ⅱ，可以发现，后一阶段无论是人均贷款和金融市场效率系数的绝对水平，还是信贷市场的综合促进作用，都有所下降。联系到20世纪90年代后半期我国经济处于周期性紧缩阶段，产业结构调整步伐和工业化进程都有所放慢，因此金融因素对第二产业产值占比的拉动作用趋于下降。人均贷款对产业结构变量的影响系数较前一阶段下降了0.16个百分点，同时产业结构对金融市场效率的敏感度也进一步下降，并且不再显著为负。方程Ⅱ引入了保险市场变量，如果撇开

回归系数的显著性水平，保险市场对提高第二产业产值占比的贡献甚至为负。对比表5.7中的结构方程，方程Ⅱ中对数保险密度的系数变大了，但是保险深度的回归系数失去了显著性。总体来看，保险市场对产业结构的影响远远小于信贷市场。

表5.12 结构方程对比

变量	结构方程Ⅰ	结构方程Ⅱ	结构方程Ⅲ
对数人均贷款	0.3459**	0.1799**	0.3997**
	(0.5778)	(2.1462)	(1.5365)
金融市场交易效率	-0.2942*	-0.1341	-0.3364
	(0.6729)	(2.0652)	(0.0057)
对数保险密度		0.2507*	0.1866
		(0.8693)	(1.3676)
保险深度		-0.3215*	-0.1697
		(0.8691)	(0.5462)
对数人均证券市场筹资额			0.2573*
			(0.1676)
上市公司数量			-0.0337
			(0.0124)
对数人均科教文卫经费			0.2544*
			(1.4267)
对数公路总里程			0.3877**
			(0.8419)
大专以上人口占总人口比重			0.1458
			(0.0156)
调整R^2	0.9107	0.9498	0.9766
F值	102.8679	160.5391	103.4788

注：括号内为估计系数的标准差。*和**分别表示系数在10%和1%的显著性水平下显著。

方程Ⅲ表明，进入本世纪以来，信贷市场变量对产业结构的影响较上一阶段明显增强，对数人均贷款的回归系数为0.3997，对工业化进程的推动作用较上一时期提高了超过0.2个百分点，这意味着进入本世纪以后产业结构调整或曰工业化进程的推进对信贷资金的依赖加强了。这一时期金融市场交易效率变量的回归系数仍然不具有显著性。从保险市场变量的回归系数来看，对数保险密度无论是系数的绝对水平还是其显著性都明显下降，与此同时，保险深度的负面影响也进一步下降。总体来看，保险市场变量对产业结构的影响相对于前一时期趋于缩小。此外，方程Ⅲ引入的证券市场变量对提高第二产业产值占比具有正向促进作用，从而凸显了完善金融市场和发展直接融资对促进产业结构升级的重要意义。

5.4.3 金融因素对区域经济效率影响的比较分析

表5.13通过构建效率方程，考察三大金融市场对区域经济效率的影响。

表5.13　效率方程对比

变量	效率方程Ⅰ	效率方程Ⅱ	效率方程Ⅲ
对数人均贷款	0.2667 **	0.3367 *	0.1566 *
	（0.8092）	（2.7046）	（1.2826）
金融市场交易效率	0.0789	0.1591	-0.2758
	（0.8857）	（2.6026）	（2.5012）
对数保险密度		0.2459	0.1698
		（1.0955）	（1.1553）
保险深度		-0.1005 *	-0.0656
		（1.0953）	（0.8871）
对数人均证券市场筹资额			0.2363 **
			（0.1831）
上市公司数量			0.0119 *
			（0.0095）
对数人均科教文卫经费			0.2783 *
			（1.2483）
对数公路总里程			-0.0680
			（0.4515）
大专以上人口占总人口比重			0.1244 **
			（10.2315）
调整R^2	0.4003	0.5795	0.7767
F 值	5.5913	6.1437	4.2836

注：括号内为估计系数的标准差。 * 和 ** 分别表示系数在10%和1%的显著性水平下显著。

　　观察表5.13，样本期为1978～1995年的效率方程Ⅰ表明，信贷市场变量对全要素生产率的综合影响与表5.4效率方程的回归结果相当，但是具体两个变量的回归系数大小以至符号都与全样本期限的结果有所区别。首先是人均贷款对全要素生产率的正向促进作用为0.27个百分点，略小于全样本期的0.33个百分点。另外，金融市场交易效率对TFP的影响虽然仍不显著，但是系数的符号已经由负转正。这一时期人均贷款对TFP的推动作用略低于整个样本期。对比样本期为1996～1999年的效率方程Ⅱ，发现后一阶段无论是人均贷款和金融市场效率的系数绝对水平，还是信贷市场的综合促进作用，都有所上升。人均贷款对TFP的贡献度较前一阶段提高了0.07个百分点；同时，虽然金融市场效率变量仍未在10%的显著性水平上通过检验，但是系数也较上一时期提高了约0.07个百分点。联系同期我国宏观经济的紧缩特征，企业的正常运转乃至总量经济生产效率的提升较扩张阶段更加依赖信贷资金，从而信贷市场对TFP的贡献度较经济扩张时期更大。

　　保险市场变量在效率方程Ⅱ中只有保险深度的引入可通过10%的显著性检验，而对数保险密度的回归系数并不显著为正。对比效率方程Ⅲ，2000年以后保险市场对全要素生产率的综合影响进一步下降。一方面，对数保险密度回归系数值降低，而且仍然不具有显著性；另一方面，保险深度变量的回归系数仍为负值。方程Ⅲ显示，2000年以来，随着我国宏观经济进入新一轮增长周期，信贷变量对全要素生产率的综合推动作用趋于下降，尤其是对数人均贷款的作用较前一阶段下降了近0.2个百分点。同时，证券市场在促进TFP改进过程中的作用凸显，从回归系数绝对水平来看，人均证券市场筹资额对TFP的贡献度甚至大于人均贷款。此外，控制变量中表征社会发展和人力资本的对数人均科教文卫费用和大专以上人口占总人口比重对TFP的影响明显大于表征基础设施状况的对数公路总里程。这就意味着转变增长方式、提升要素生产效率不单要关注基础设施等硬件建设，更应立足于提高人力资本累积，加大科技教育等软环境构建方面的支出。

　　通过将各个市场的引入按时段进行划分，分别加以回归分析，然后对比各个时期信贷、保险和证券市场对经济增长的影响，全方位地考察了金融因素对区域经济增长贡献度的阶段性特征。我们发现，对于经济总量增长、产业结构提升和要素生产效率改进的综合推动作用以信贷市场变量为最大，其次为证券市场变量，而保险市场变量的影响甚小且多不具有显著性。

在促进区域经济增长的过程中，信贷变量始终扮演着最为重要的角色，随着市场经济体制的建立和完善，信贷资金的效率渐趋提升，对加快经济总量增长的支持力度也越来越大。资本市场的发展也为区域经济增长注入了越来越多的活力。逐步构建起一个稳健的信贷市场和成熟的证券市场，将为促进区域经济的均衡增长提供更为坚实的金融支持。

区域工业化进程中信贷变量的推动力具有顺周期变化特征，经济扩张阶段信贷资金的加速投放能够较大地提升第二产业产值占比，经济紧缩阶段产业结构的调整导致对信贷资金的依赖度下降。直接融资和资本市场的发展为产业结构升级带来了更强劲的金融支持，由于证券市场在培育引领行业发展的优质企业方面更具优势，从而决定了其对产业结构升级的影响更为深远。基础设施建设等硬环境的完善相对于教育、人力资源等软环境的构建对提升产业结构的促进作用更大。

区域全要素生产率的提高与信贷变量的相互关系表现出了一定的波动性，并且具有逆周期变化的特征。在经济扩张阶段，企业自有资金相对充裕，生产设备更新改造、人员培训等提升生产效率的举措对信贷资金的依赖相对于经济紧缩阶段为低；相反，宏观经济景气下降时，企业提升要素生产效率往往要求更多的信贷资金支持。随着资本市场的发展，企业融资渠道进一步拓宽，直接融资对全要素生产率的积极影响逐步凸显。此外，相对于基础设施等硬件，社会发展和人力资源状况等软件对于促进增长效率的提升具有更为深远的意义。

第六章 区域非均衡发展对金融发展差异的影响：基于省际面板数据的检验

前文分别从信贷、保险和证券三大金融资产市场的角度检验了地区金融发展差异对区域经济发展非均衡性的影响作用，接下来考察地区金融发展差异本身的形成原因。

本书部分赞同李敬、冉光和和万广华（2007）以及崔光庆和王景武（2006）的结论，也认为造成中国金融资源配置失衡的根本原因在于区际经济和社会发展的差异。本书第二章从金融机构的风险预期及利润函数出发，在理论上证明了由于经济主体差异而引发的金融歧视是导致地区金融发展差异的根本原因。本章将使用 2000～2008 年中国省际面板数据，分别从经济发展和社会发育两个方面对"区域发展非均衡性是否导致了金融资源配置差异"这一问题做出验证。我们将使用中国大陆 31 个省市自治区的 2000～2008 年面板数据对理论模型中的结论进行经验分析，即考察在中国经济社会实践中，区域经济发展水平和社会发育程度是否能够解释金融资源配置的差异。

第一节 区域经济差异对地区间货币类金融资产配置差异的影响

6.1.1 变量说明及数据来源

"人均贷款"（CRE）用来衡量地区金融资源配置状况，事实上在一定程度上也能够反映金融深化程度；"省区人均 GDP"（PRG）用来表示地区经济发展水平，也是理论模型中经济主体"财富"的代理变量；"大专以上人口占总人口比重"（EDU）衡量地区教育发展水平及人口素质；"人均科教文卫经费"（DEV）由各省区人均科技、教育、文化和卫生的资金投入合并而成，显然该指标能够较好地用来衡量地区社会发育程度的综合状况；"每万平方公里公路铁路总里程"（ROA）这一指标测度了地区基础设施水平，也是度量一个地区发展程度的指标；"外贸依存度"（TRA）是地区进出口总额与 GDP 的比值，用于衡量地区的开放程度；"金融市场交易效率"（EFF），参考李敬、冉光和和万广华（2007）的做法，用"贷款数/存款数"表示金融市场中存款转化为贷款的比重，可以近似代表金融市场的交易效率，它在本模型中作为控制变量引入。

　　本节数据来源前文已经给出。为了消除异方差及初步保证变量同阶单整，对用绝对数表示的变量均取自然对数处理。

6.1.2　货币类面板数据协整检验

　　图 6.1 是分别以"对数人均 GDP"（lnPRG）和"对数人均科教文卫经费"（lnDEV）为横轴描绘的"对数人均贷款"（lnCRE）变动轨迹，直观地显示了人均金融资源占有量分别与地区经济发展水平和社会发育程度之间可能存在的正向线性相关性。为了证实这一点，下面将在引入控制变量的基础之上，对此进行基于面板数据的计量检验。

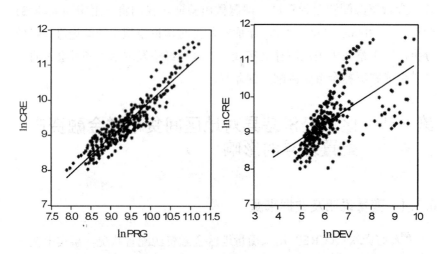

图 6.1　中国省际人均贷款与经济发展水平和社会发育程度之间的线性关系

　　为了避免可能出现的虚假回归问题，有必要对数据进行单位根检验与协整检验。

表 6.1 报告了各变量的单位根检验结果，综合 ADF、IPS 和 LLC 检验可知，上述变量的原序列都是非平稳的，但其一阶差分变量都是平稳变量，故上述变量都为一阶单整变量。

表 6.1　面板单位根检验结果

变量	ADF值		IPS值		LLC值	
	水平检验	一阶差分检验	水平检验	一阶差分检验	水平检验	一阶差分检验
lnCRE	49.6716	148.174	3.15157	-5.58964	34.7246	-13.0225
	（0.8706）	（0.0000）	（0.9992）	（0.0000）	（1.0000）	（0.0002）
TRA	53.3619	112.190	1.97234	-4.37504	3.1573	-3.64424
	（0.7747）	（0.0001）	（0.9757）	（0.0000）	（1.0000）	（0.0001）
lnROA	28.2747	155.577	4.02666	-5.85841	2.02487	-13.2970
	（0.9999）	（0.0000）	（1.0000）	（0.0000）	（0.9786）	（0.0000）
EFF	55.3322	196.127	1.45174	-8.27330	4.17892	-19.1737
	（0.7127）	（0.0000）	（0.9267）	（0.0000）	（1.0000）	（0.0000）
EDU	8.77745	99.9186	12.7320	-2.54056	12.5643	-8.75448
	（1.0000）	（0.0016）	（1.0000）	（0.0055）	（1.0000）	（0.0000）
lnDEV	3.16302	53.2616	12.7846	-9.3241	19.9126	-3.21179
	（1.0000）	（0.0007）	（1.0000）	（0.0000）	（1.0000）	（0.0000）
lnPRG	1.94907	100.572	14.1507	-2.45506	12.8328	-9.50281
	（1.0000）	（0.0014）	（1.0000）	（0.0070）	（1.0000）	（0.0000）

注：ADF 检验、IPS 检验、LLC 检验的原假设为"存在单位根"，括号内为 P 值。

表 6.2 是分别使用 Pedroni（1995）和 Kao（1997）两种检验方法对上述各变量进行协整检验的结果。在 Pedroni 检验的 4 个统计量中，只有 Panel ADF 统计量接受了原假设，而其余三个统计量 Panel v、Panel rho 及 Panel PP 均在 1%的显著性水平上拒绝了"不存在协整关系"的原假设，根据"多数原则"可以认为变量的协整关系通过了 Pedroni 检验。而使用 Kao 检验方法得到的结论与 Pedroni 检验一致，故可以判断本书模型所涉及的变量之间具有稳定的协整关系。

表 6.2 "省际人均贷款"及其解释变量的面板协整检验结果

协整检验方法	Pedroni（1995）				Kao（1997）
统计量	Panel v	Panel rho	Panel PP	Panel ADF	ADF
统计值	-2.763615	6.287215	-3.210724	-0.943736	-5.476591
P 值	0.0088	0.0000	0.0023	0.2556	0.0000

注：Pedroni（1995）检验和 Kao（1997）检验的原假设为"不存在协整关系"。

6.1.3   模型估计结果

面板计量模型理论上有多种估计方法，根据 Cameron 和 Trivedi（2006）的总结，如果真实模型为混合回归模型或随机效应模型，那么多数估计方法都能够得到一致的估计量，但是如果真实模型为固定效应模型，则只有采用固定效应估计和一次差分估计才能得到一致结果，如果时间多于两期时，并且误差项是独立同分布的，则一次差分估计不如固定效应估计有效。因此本书将优先采用固定效应估计，为了保证结果的可靠性，仍然报告 Hausman 检验的结果。

考虑到经济发展水平和社会发育程度变量对金融资源配置的影响并不一定在当期释放，因此在模型中加入这些变量的滞后项，而且社会发育程度和人口素质水平的影响可能更加缓慢，故加入 ln（DEV）和 EDU 变量的二阶滞后项。由于模型中解释变量之间的相关性比较强，所以应当对多重共线问题给予高度关注，具体来说，"人均 GDP"是综合性很强的指标，这一变量不应与"人均科教文卫经费"变量以及表征基础设施完善程度的"每万平方公里公路铁路总里程"变量同时出现在方程中。模型将使用逐步剔除不显著变量与综合检验方程的做法得到估计结果。

表 6.3 报告了面板数据估计结果，其中方程 I 和方程 II 使用地区人均 GDP、地区人均受教育水平以及开放程度对人均金融资源配置状况进行回归。由方程 II 可见，人均 GDP 及其滞后项、教育水平的滞后一期项、开放程度的当期项和金融市场交易效率的回归系数均具有显著性。方程 III 和方程 IV 则用表征社会发育程度的"地区人均科教文卫经费"、"每万平方公里公路铁路总里程"指标与人均受教育水平、开放程度及金融市场交易效率对人均金融资源占有量进行回归。其中，"地区人均科教文卫

经费"的滞后一期与二期项、"每万平方公里公路铁路总里程"的当期项、人均受教育水平的滞后一期与二期项、开放程度的当期项及金融市场交易效率均具有显著性。4 个方程的可决系数很高，而且在模型中删除或添加变量对原有变量的回归系数影响不大，这说明计量模型具有稳定性，回归结果是可靠的。

表6.3 "省际人均贷款"及其解释变量的面板数据回归结果

解释变量	方程I	方程II	方程III	方程IV
C	-0.2862	4.957	3.8067	
ln（PRG）	**0.7018*****	**0.8124*****		
	(0.1086)	(0.1132)		
ln（PRG）（-1）	**0.1934****	**0.1742***		
	(0.1142)	(0.1214)		
ln（DEV）			0.0381	
			(0.0131)	
ln（DEV）（-1）			**0.5243****	**0.4334*****
			(0.0637)	(0.0514)
ln（DEV）（-2）			**0.3061****	**0.3327****
			(0.0545)	(0.0553)
EDU	0.4995		1.7053	
	(0.6081)		(0.6547)	
EDU（-1）	**0.8211****	**1.1861*****	**1.6312****	**1.4729****
	(0.6379)	(0.4678)	(0.7587)	(0.5782)
EDU（-2）	0.7320		**1.6295***	**1.5980****
	(0.6705)		(0.8144)	(0.6741)
ln（ROA）			**0.1356*****	**0.1231*****
			(0.0369)	(0.0337)
ln（ROA）（-1）			-0.0651	
			(0.0416)	
TRA	**0.1470****	**0.1765*****	**0.2922*****	**0.1819*****
	(0.0758)	(0.0593)	(0.0901)	(0.0747)
TRA（-1）	-0.0334		-0.0546	
	(0.1053)		(0.1252)	
EFF	**1.1422*****	**1.1186*****	**1.2026*****	**1.0225*****
	(0.1088)	(0.1036)	(0.1344)	(0.1309)
A-R^2	0.9899	0.9876	0.9859	0.9848
F-statistic	556.52	564.47	369.83	379.25
Hausman（P 值）	0.0352	0.0419	0.0024	0.0035

注：系数下括号中是标准差，*、**、***分别表示在 10%、5%、1%显著性水平下通过 t 检验。

分析表 6.3 可以得到以下结论：第一，地区经济发展水平和社会发育程度对中国区域金融资源配置差异都有着显著影响，这证明了本书理论模型关于"区域发展非均衡性决定了区际金融发展差异"的判断。第二，经济发展水平对金融资源配置的影响不仅体现在当期，并且还有一期的滞后效应，而社会发育程度的影响则主要表现在滞后一期与二期当中，这说明社会发育程度对金融发展的影响作用可能更加深远。第三，地区人口素质对金融资源配置也有着两期的滞后影响，这说明人口素质（及由此引出的信用环境）也是影响金融机构金融资源分配的重要因素。第四，地区开放程度、商品市场交易效率与金融市场交易效率的影响主要在当期释放。

第二节　区域经济差异对地区间证券类金融资产配置差异的影响

6.2.1　证券类面板数据协整检验

上文检验了区域发展差异对货币类金融资产非均衡配置的影响，那么这一作用是否能够体现在证券类金融资产配置的区域差异上？下面将使用省际面板数据对这一问题展开研究，解释变量及分析思路与上节相同，被解释变量则替换为"省际人均证券市场筹资额"，样本期限同样为 2000~2008 年。单位根检验与上文相同，为避免重复在此未报告，只给出面板协整检验与回归结果。

表 6.4 报告了分别使用 Pedroni（1995）和 Kao（1997）两种检验方法对变量进行协整检验的结果。在 Pedroni 检验的 4 个统计量中，Panel ADF 统计量在约 8%的显著性水平上拒绝了原假设，而 Panel rho 和 Panel PP 均在 1%的显著性水平上拒绝了"不存在协整关系"的原假设，可见变量的协整关系通过了 Pedroni 检验。而使用 Kao 检验方法得到的结论与 Pedroni 检验一致。与上文不同的是，Hausman 检验接受了个体随机效应假设，因此本模型的估计采用个体随机效应。

表 6.4 "省际人均证券市场筹资额"及其解释变量的面板协整检验结果

协整检验方法	Pedroni（1995）				Kao（1997）
统计量	Panel v	Panel rho	Panel PP	Panel ADF	ADF
统计值	-2.3739	6.3785	-10.246	1.7693	-3.7250
P值	0.0238	0.0000	0.0000	0.0834	0.0001

注：Pedroni（1995）检验和Kao（1997）检验的原假设为"不存在协整关系"。

6.2.2 模型估计结果

由表 6.5 可见，对省际证券市场发展具有显著影响的主要有三个解释因素，分别是人均 GDP 的滞后一期项、社会发展程度的滞后二期项以及开放度的当期项。与省际货币类金融资产深化程度的分析结果相比，证券类资产的发展对地区教育发展水平、基础设施完善程度以及金融市场交易效率的变动不敏感。这几种对货币类金融资产深化程度有显著影响的变量，对证券市场的发展则没有解释力。

表 6.5 "省际人均证券市场筹资额"及其解释变量的面板数据回归结果

解释变量	方程 I	方程 II	方程III	方程IV
C	-3.2961	-3.9475	0.2921	0.8607
ln（PRG）	0.8124			
	(1.4346)			
ln（PRG）（-1）	**1.4936**	**1.5539***		
	(1.4535)	(1.3293)		
ln（DEV）			-1.3329	
			(1.2945)	
ln（DEV）（-1）			0.7963	
			(1.4563)	
ln（DEV）（-2）			**1.0320**	**0.9107***
			(0.7193)	(0.8107)
EDU	19.813		19.7324	
	(6.5722)		(6.5932)	
EDU（-1）	0.5187		1.3138	
	(7.0454)		(7.0431)	
EDU（-2）	-4.7629		-4.9319	
	(7.3944)		(7.4694)	

续表

解释变量	方程Ⅰ	方程Ⅱ	方程Ⅲ	方程Ⅳ
ln（ROA）			0.3402	
			(0.5902)	
ln（ROA）（-1）			-0.3275	
			(0.5978)	
TRA	**0.6671*****	**0.7903****	**0.3727*****	**0.4490*****
	(0.8136)	(0.3124)	(0.8163)	(0.9014)
TRA（-1）	0.4357		0.4479	
	(0.3567)		(0.3460)	
EFF	-0.1509		-1.1062	
	(0.9703)		(0.9994)	
A-R^2	0.6610	0.5789	0.6576	0.4629
F-statistic	29.1336	24.9702	23.8286	19.7019
Hausman（P 值）	0.9420	0.7789	0.5034	0.3079

注：系数下括号中是标准差，*、**、***分别表示在 10%、5%、1%显著性水平下通过 t 检验。

第三节　区域经济差异对地区间保险类金融资产配置差异的影响

6.3.1　保险类面板数据协整检验

下面采用同样的方法对省际保险类资产配置状况与区域经济社会发展水平之间的关系进行检验，被解释变量为"省际人均保费收入"。

表 6.6 的协整检验结果确证了变量之间具有稳定的协整关系，而 Hausman 检验拒绝个体随机效应假设，因此本模型的估计采用个体固定效应。

表 6.6　"省际人均保费收入"及其解释变量的面板协整检验结果

协整检验方法	Pedroni（1995）				Kao（1997）
统计量	Panel v	Panel rho	Panel PP	Panel ADF	ADF
统计值	-3.377342	6.547888	-15.38115	-2.252416	-6.824971
P值	0.0013	0.0000	0.0000	0.0316	0.0000

注：Pedroni（1995）检验和 Kao（1997）检验的原假设为"不存在协整关系"。

6.3.2 模型估计结果

由表 6.7 可见，仅有人均 GDP 的当期项与社会发展程度的滞后二期项对省际人均保费收入有着显著影响，考虑到保险类金融资产在一定程度上具有转移支付的色彩，这一结论还是与现实相符的。

表 6.7 "省际人均保费收入"及其解释变量的面板数据回归结果

解释变量	方程 I	方程 II	方程III	方程IV
C	1.8307	3.9076	4.1117	
ln（PRG）	**0.0314****	**0.0608*****		
	（0.3222）	（0.4431）		
ln（PRG）（-1）	0.4258			
	（0.3043）			
ln（DEV）			0.4273	
			（0.2784）	
ln（DEV）（-1）			-0.1595	
			（0.3159）	
ln（DEV）（-2）			**0.2679 ***	**0.3709****
			（0.1548）	（0.1327）
EDU	0.1275		0.0167	
	（1.4501）		（1.4754）	
EDU（-1）	-0.3324		-0.9438	
	（1.4492）		（1.5002）	
EDU（-2）	-1.4110		-2.2157	
	（1.5795）		（1.6521）	
ln（ROA）			-0.0617	
			（0.1298 ）	
ln（ROA）（-1）			-0.0936	
			（0.1342）	
TRA	0.1080		0.1379	
	（0.1727 ）		（0.1732）	
TRA（-1）	-0.1982		-0.1857	
	（0.2452）		（0.2493）	
EFF	-0.2193		-0.0472	
	（0.2710）		（0.2835）	
A-R^2	0.9598	0.8719	0.9593	0.8971
F-statistic	115.6865	94.0293	106.8359	97.8718
Hausman	0.0003	0.0028	0.0000	0.0000

注：系数下括号中是标准差，*、**、***分别表示在 10%、5%、1%显著性水平下通过 t 检验。

　　本章的实证分析证明了区域经济与社会发展对区域金融发展差异有着重要影响。这种影响尤其体现在货币类金融资产的区域配置上，无论是经济总量，还是基础设施、教育、文化、卫生等社会发展指标，对人均货币类金融资产的区域非均衡分布都有着很强的解释力度；与货币类金融资产相比，证券类资产的区域分布与地区经济社会发展水平的联系程度不高，仅人均 GDP 的滞后一期项、社会发展程度的滞后二期项以及开放度的当期项具有显著性；保险类金融资产的区域配置与地区经济社会发展水平的相关程度最低。

　　当然，影响中国区域金融发展差异的因素远不止本节所采用的可量化的解释变量，除了经济增长、社会发展差异这些内生性的基本因素之外，制度等外生因素也起到了重要作用。崔光庆和王景武（2006）[①]从外生性的制度安排角度在中央和地方政府两个层面上解释了中国改革开放以来区域金融发展差异的形成。研究认为，从新制度经济学的角度看，既定的经济、金融制度和法律体系等宏观制度因素对区域金融发展差异具有重要影响，区域制度安排的差异性导致区域金融呈现出不同的形态，而且区域金融差异也会随着制度环境的变化而变化。

　　从中央政府的层面来看，一方面，有差别的利率政策和区域股票筹资政策是造成区域金融发展差异的重要原因。如改革之初为加快东部经济的发展速度，中央银行向经济特区提供低息贷款，同时对东部地区各专业银行的贷款利率给予一定优惠，此外还给予东部地区金融创新自主权。在股票市场发展方面，自20世纪90年代初期我国确立股票市场融资体制以来，出于控制金融资源的考虑，国家并未将股票市场运作完全纳入市场机制，而是对上市资源采取了行政分配和额度控制，在这种制度背景之下，东部地区由于政策扶持而获得了大量上市公司资源，中西部地区则处于明显的劣势；并且随着经济社会的发展，这种区域差距被金融发展的聚集效应不断放大，上海和深圳证券交易所的建立不断地吸引大量金融机构和金融资源向东部地区集中，这显然进一步扩大了我国金融的区域差距。另一方面，统一的宏观调控政策由于区域金融结构差异的存在而造成了不同的政策效果，这在一定程度上也引起了地区金融差

　　① 崔光庆，王景武. 中国区域金融差异与政府行为：理论与经验解释[J]. 金融研究，2006，（6）：79-89.

异的扩大。由于东部地区金融组织体系和金融市场的效率相对较高[1]，储蓄向投资转化的金融中介和金融市场两个渠道都比较顺畅，因而对宏观调控有着相对较强的消化能力。与此同时，中西部地区由于金融市场发展程度低下，银行信用基本上是储蓄向投资转化的唯一渠道，因而对宏观调控的政策力度反应不敏感且适应周期较长。这样，统一的宏观调控政策对不同区域的金融发展产生了迥异的效果，在一定程度上加剧了我国区域金融发展的不平衡。

从地方政府的层面来说，行政分权改革之后，我国地方政府的经济实力空前增强，地方政府最重要的职能就是谋求本地区经济的快速增长，这使得其必然会利用自身的政治影响力及经济控制力向中央和金融部门争取金融资源。而金融资源在区域内配置的多寡不但是地方经济增长的重要条件和保证，而且也是地方政府在金融资源争夺大战中的重要筹码，金融机构数量的增多就相当于给本地区增加了向中央政府争取资金的途径。因此，在改革开放以来主要以投资带动经济增长的背景之下，地方之间的经济增长竞争首先表现为投资规模的竞争，投资规模的竞争又进一步表现为金融资源的竞争，而金融资源的竞争在中国特殊的金融体制条件下最终表现为金融机构数量的竞争。显然，东部地区凭借其较强的经济实力以及由此产生的政治影响力，必然在金融资源的竞争中占据优势，这无疑进一步强化了中国地区金融发展的差异。

总的来讲，中国区域金融发展差异的形成原因可以概括为制度偏向条件下地区发展差异的内生累积。即改革开放以来在中央发展战略向东部地区的倾斜为地区经济和金融的非均衡发展提供了制度前提，而经济社会发育与金融发展相互作用的内生机制则在这一制度前提下不断循环累积，最终导致地区金融发展差异不断强化。从改革三十多年的历程来看，中国区域金融差异的形成可以大致划分为两个阶段，以1999年剥离国有商业银行不良资产为标志的银行改革为界，在此之前，中国区域金融差异的形成主要源自外生的制度因素，即改革开放以来在非均衡发展战略指导下对东部地区的制度偏向是主要原因；在此之后，利润约束不断强化的商业银行基于信用风险规避的目的而偏好于发达地区，这成为

---

[1] 前文对中国地区金融发展差异的测算也证明了这一点。

地区金融发展差异形成的最重要原因。当然，严格来讲，中国金融体制改革的时间起点，是1985年开始全面推行的固定资产投资领域财政拨款改为银行贷款，即拨改贷，当时通过适当方式增强企业激励和预算约束，涉及面较少，因此改革容易突破，这也符合渐进式改革的要求。拨改贷在增强企业预算约束、使企业对银行贷款依赖增强的同时，也标志着我国专业银行商业化转型的开始。但在此之后相当长的时间里，国有银行仍然执行着财政化的功能，尤其是在1992年确定市场经济体制取向以来逐渐展开的国有企业改制过程中，国有商业银行承担了国有企业改革的大量成本，在一定程度上成为破产企业的兜底者，这直接导致了国有商业银行集聚了巨额的不良资产。中国银行业真正意义上的"去财政化"进程提速，则应当始于1999年四大金融资产管理公司成立，负责接收、处置从国有商业银行剥离出来的约1.4万亿元不良贷款。经过剥离，国有商业银行的不良贷款率在2000年当年就下降了9.2个百分点。设立金融资产管理公司是整个金融甚至经济体制市场化改革过程中的一个有益尝试，也是国有银行市场化改革过程中的一个重要环节，使国有商业银行能够甩掉历史包袱，轻装上阵，同时利润及风险约束也由此开始真正硬化。前文述及的金融机构的金融歧视以及由此引发的欠发达地区金融资源获取能力劣势开始发挥作用，并逐渐成为造成区域金融发展非均衡性的主要原因。

第七章 区域经济非均衡性与金融发展差异的双向反馈效应的检验：基于VAR 模型的分析

前文理论部分探讨了存在金融歧视的情况下，微观金融机构基于风险规避和利润回报的考虑，在配置金融资源的过程中将会始终偏向于经济发达地区，从而形成发达区域金融资源充裕，而欠发达区域金融资源匮乏的局面。经典的发展经济学理论已经证明了资本的匮乏必将形成欠发达地区的发展瓶颈，进一步拉大区域间的发展差距。因此，区域间金融发展的失衡将会与经济发展的非均衡形成一种相互反馈的效应。本章将使用改革开放以来 31 年（1978～2008）的时间序列数据来检验本书的理论推断——地区发展非均衡性与金融发展差异之间是否存在双向反馈效应。考虑到研究金融发展差异与经济非均衡性之间是否存在双向反馈效应有赖于刻画变量之间的作用方向及短期关系，而这是单方程模型估计很难做到的，所以本章将使用 Sims（1980）提出的向量自回归模型（VAR）对上述问题展开短期动态分析。由于时间序列分析需要较长的样本期限，而证券和保险行业的数据一般起始于 20 世纪 90 年代后期，所以本节关于金融发展的分析主要使用货币类金融资产（人均贷款）。考虑到银行机构的间接融资始终是中国金融资源的最主要部分，所以对这一变量的分析具有一定的代表意义。

第一节 省际经济非均衡性与金融发展差异的VAR 模型分析

7.1.1 变量选取及分析方法

使用"省际人均贷款差异基尼系数"（GFIN）和"省际金融市场效

率差异基尼系数"（GEFF）来衡量地区金融发展差异，以"省际人均 GDP 差异基尼系数"（GPRG）来表征地区经济发展差异①。样本期限为 1978～2008 年，数据来源与前文相同。

图 7.1 刻画了样本期限内省际人均贷款、人均 GDP 及金融市场效率差异的变动情况。从整体趋势上来看，金融发展和经济增长的省际差异基本是同步变化的；而金融市场效率差异的变动趋势与另外两个变量的变动趋势在 1998 年以前基本一致，但此后则出现了分化。

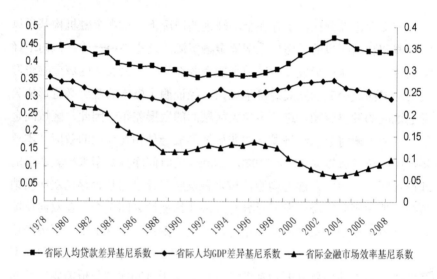

图 7.1 中国省际人均贷款、人均 GDP 及金融市场效率基尼系数

为了避免模型出现伪回归的现象，首先对变量进行 ADF 单位根检验，确定变量的单整阶数，若变量同阶单整，将进一步对一组变量进行协整分析以确定变量之间的长期均衡关系。这里需要强调的是，在本章涉及的三个变量中，三变量协整并不意味着变量之间具有两两协整关系，我们将采用 Johansen 检验方法来确定变量之间的协整关系。为了验证理论模型中的双向反馈效应，本章将在协整分析的基础上进行格兰杰因果关系检验。当然，若变量之间不协整，将使用差分变量来进行格兰杰检

① 从充分描述变量之间关系的角度来讲，模型中似乎还应当加入其他控制变量，但考虑到 VAR 模型存在滞后期，如引入的变量过多，模型的自由度将会过小，这将直接影响到估计结果的准确性，因此本节模型只引入三个变量进行时间序列分析。

验。最后，为了进一步考察变量之间的短期动态关系，本书将基于平稳的 VAR 模型进行脉冲响应和方差分解分析。考虑到模型稳定性、残差自相关性对研究结论有着较大影响，模型建立时将对此给予充分关注。

7.1.2　面板数据协整检验

1. 变量单位根检验

由表 7.1 可知，"省际人均贷款差异基尼系数"（GFIN）、"省际金融市场效率差异基尼系数"（GEFF）和"省际人均 GDP 差异基尼系数"（GPRG）的原序列都是非平稳的，而其一阶差分序列都是平稳的，因此这三个变量都是一阶单整的。

表 7.1　变量 GFIN、GEFF 与 GPRG 的单位根检验结果（ADF 检验）

变量	检验类型（C,T,L）	ADF 统计值	5%临界值	概率值
GFIN	（C,0,1）	-1.7901	-2.9678	0.3777
GEFF	（C,0,2）	-1.6925	-2.9678	0.4240
GPRG	（C,0,1）	-1.8263	-2.9678	0.3609
D（GFIN）	（C,0,0）	-3.2463	-2.9678	0.0273
D（GEFF）	（C,0,0）	-2.6238	-2.9678	0.0998
D（GPRG）	（C,0,0）	-3.8314	-2.9678	0.0069

注：（C，T，L）分别表示是否具有截距项（C）、时间趋势项（T）和滞后阶数（L）。其中 D（GEFF）的检验在 10%的水平上通过。

2. 协整检验

接着通过 Johansen 检验来确定 GFIN、GEFF、GPRG 三个变量之间是否具有协整关系，最优滞后期的选择依据似然比统计量 LR、赤池准则 AIC、施瓦茨准则 SC 联合确定。

表 7.2 报告了 GFIN、GEFF、GPRG 三个变量之间的协整检验结果，检验在 10%的水平上拒绝了变量之间没有协整关系的原假设，而接受了至多有 1 个协整关系的原假设，因此可以确定这三个变量之间具有唯一的协整关系，协整向量为（1.0000，-0.3952，-0.4476）。

根据误差修正模型（VEC）[①]，可得协整方程如下：

---

① 根据 Granger 表示定理，变量之间存在协整关系，则一定有 VEC 表达式存在。

GPRG=0.0825+0.3952GEFF+0.4476GFIN

(0.1029)   (0.1496)

其中，括号中为标准差。

表7.2   变量 GFIN、GEFF 与 GPRG 之间的协整检验结果

零假设：协整向量个数	特征值	迹统计量	10%临界值	P 值
没有协整关系	0.3970	27.6846	27.0669	0.0860
至多 1 个协整关系	0.2144	13.0141	13.4287	0.1143

由协整方程可见，省际人均贷款差异（GFIN）、省际金融市场效率差异（GEFF）与省际人均 GDP 差异（GPRG）均为正向关系，前两者差异的扩大将会拉大省际经济总量差异。前文使用面板数据的计量分析发现，金融总量发展能够显著促进地区经济总量的增加，但金融市场效率对经济总量的作用则在面板数据研究中没有得到支持，回归结果是不显著的。造成这种不一致的主要原因有两方面：一是面板数据分析采用省际金融效率的原始数据，而本节的时间序列分析则是在对原始面板数据测算省际差异的基础上进行的；二是面板数据分析时变量显著性依赖 t 检验，而本节的分析是基于 VAR 模型的协整分析，这一分析本质上侧重于对变量长期关系的描述。总之，本节的协整分析可以看做对面板数据分析的一次补充，说明金融市场效率差异对区域经济非均衡性的解释作用仅在结合金融总量区域差异的时候才能出现（基于变量之间的协整关系）。由于变量之间存在协整关系，因此本节将基于此建立 VAR 模型进行进一步的分析。综合考虑模型稳定性、残差自相关性以及异方差性，通过反复比较，最终确定滞后期数为 1 阶的 VAR 模型为最优模型。

7.1.3 格兰杰（非）因果性检验

协整分析只给出了变量之间的长期关系，但并未指明变量间相互影响的方向，对这一问题的分析应当使用格兰杰（非）因果性检验来完成。

表 7.3 报告了变量之间格兰杰（非）因果性检验的结果，结论如下：第一，当滞后 1 期时，以省际人均贷款衡量的金融资产总量差异与以省际人均 GDP 衡量的经济总量差异之间的格兰杰非因果性分别在不足 1%和 2%的水平上被拒绝，说明由 FIN 和 PRG 的滞后值所决定的 PRG 的

条件分布与仅由 PRG 的滞后值所确定的 PRG 的条件分布有着显著差异（对于变量 FIN 同样如此）。显然，从统计意义上说，省际金融资产总量差异与省际经济总量差异之间互为格兰杰原因。这事实上验证了前文理论分析中有关"地区发展非均衡性与金融发展差异存在双向反馈效应"的理论推断。第二，当滞后期为 4 时，省际经济总量差异并未引起金融市场效率差异的原假设在5%的水平上被拒绝，而省际金融市场效率差异并未引起经济总量差异的原假设则在很高的概率水平上被接受，这说明当滞后期较长时，省际经济发展水平的差异引起了省际金融市场效率的差异，但反之并不成立。结合上文的协整分析，这再次说明金融市场效率差异仅在结合金融资产总量差异时才会对地区经济发展非均衡性具有解释作用，并且这一作用仅是一种长期影响；而在使用格兰杰检验分析短期关系时，这种影响无法显现。第三，当滞后 2 期时，省际金融总量差异并未引起金融市场效率差异的原假设在 10%的概率水平上被拒绝，而省际金融市场效率差异并未引起金融总量差异的原假设则被接受，这说明金融总量差异造成了金融市场效率的差异，反之则不成立。

表 7.3 变量 FIN、EFF 与 PGR 的格兰杰（非）因果性检验结果

零假设	F 统计值	滞后期	概率值
FIN does not Granger Cause PRG	17.6949	1	0.0003
PRG does not Granger Cause FIN	6.3154	1	0.0182
PRG does not Granger Cause EFF	2.9008	4	0.0500
EFF does not Granger Cause PRG	0.5200	4[①]	0.7574
FIN does not Granger Cause EFF	2.6268	2	0.0929
EFF does not Granger Cause FIN	0.5506	2	0.5837

7.1.4 脉冲响应与方差分解分析

格兰杰因果检验证实了地区发展非均衡性与金融发展差异之间存在双向反馈效应。下面进一步对变量使用基于 VAR 的脉冲响应和方差分解方法，以细化探究二者之间的关系。为了避免因 VAR 模型变量顺序变化

---

① 为了让经验分析不失现实意义，所以在选择格兰杰检验滞后期时，最大滞后期定为 4 期，如果继续延长滞后期，一些不具有格兰杰因果关系的变量之间或许也可以检出格兰杰因果关系，但这已经失去了现实意义。下文中关于城乡差距的格兰杰因果检验同样遵循这一原则。

对脉冲响应函数造成影响，我们通过分析两个变量间关系的一般脉冲响应来回避正交化方法对变量顺序的依赖性。由于脉冲响应函数是否收敛取决于 VAR 模型的稳定性，不稳定的 VAR 模型的脉冲响应函数是发散的，这事实上是没有意义的，所以此时 VAR 模型是否含有单位根对结论的准确性至关重要。经检验（过程从略），基于原序列的 VAR 模型不含单位根，模型是稳定的。

图 7.2 是变量 GFIN 和 GPRG 之间的脉冲响应函数图。左图显示了省际人均 GDP 差异基尼系数（GPRG）对省际人均贷款差异基尼系数（GFIN）新息过程一个标准差冲击的响应，这一反应在第 2 期达到最大，之后逐渐收敛；右图是省际人均贷款差异基尼系数（GFIN）对省际人均 GDP 差异基尼系数（GPRG）新息过程一个标准差冲击的响应，在第 4 期达到最大，之后迅速收敛。脉冲响应分析实际上再次确证了地区发展非均衡性与金融发展差异之间存在双向反馈效应，并且这一效应的方向为正，即地区金融发展差异影响了区域经济发展的非均衡性，而区域非均衡又反过来加剧了地区金融资产总量的配置差异。

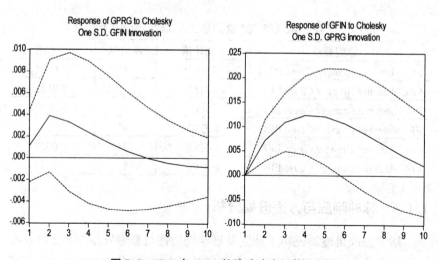

图 7.2   GFIN 与 GPRG 的脉冲响应函数分析

表 7.4 报告了变量 GFIN 和 GPRG 的方差分解结果。省际金融发展差异对经济增长差异预测方差的贡献率最高达到 9.31%。王广谦（1997）[1]的研究认为，在现代经济中，金融对经济的贡献通过三个方面体现：一是金融发展提高了储蓄率，促进了储蓄向投资的转化，增加了就业量，金融通过该渠道对经济总增长率的贡献达到 9.1%；二是促进了要素生产率的提高，金融在此方面的贡献大约为 1.9%；三是金融业产值增长是对经济发展的直接贡献，他认为这一贡献达到 8.6%。依据上述三个方面，可以得到"金融在总经济增长中的贡献约占 1/5"的结论。

表 7.4 GFIN 和 GPRG 的方差分解结果

时期	GFIN的方差分解			GPRG的方差分解		
	S.E.	GFIN（%）	GPRG（%）	S.E.	GFIN（%）	GPRG（%）
1	0.0102	100.00	0.00	0.0090	1.56	98.43
2	0.0145	75.49	24.50	0.0137	8.62	91.37
3	0.0192	54.21	45.78	0.0171	9.31	90.68
4	0.0235	41.65	58.34	0.0194	8.76	91.23
5	0.0267	34.48	65.51	0.0207	8.13	91.86
6	0.0289	30.36	69.63	0.0214	7.69	92.30
7	0.0301	28.08	71.91	0.0217	7.48	92.51
8	0.0308	26.94	73.05	0.0218	7.46	92.53
9	0.0311	26.49	73.50	0.0218	7.55	92.44
10	0.0311	26.41	73.58	0.0218	7.68	92.31

不难发现，王广谦（1997）的研究结论中前两个方面可认为是金融对经济的"间接贡献"，将这两类贡献相加可得金融对经济增长总的间接贡献为 11%。本书中，金融发展差异对区域经济发展非均衡的贡献显然仅体现在上述的"间接贡献"当中，而并未包括金融业产值差异对地区发展差异的直接贡献（这相当于王广谦结论中的第三点），因此本书关于"金融发展差异对区域经济增长差异预测方差的贡献率最高达到 9.31%"的结论正好与王广谦（1997）研究结论中"11% 的间接贡献"相互印证，两者相差不大。省际经济增长差异对金融发展差异预测方差的

---

[1] 王广谦. 经济发展中金融的贡献与效率[M]. 北京：中国人民大学出版社，1997.

贡献率则最高达到 73.58%，这意味着区域金融发展差异的产生主要由地区经济增长的非均衡性来解释，这一结论实际上是对前文面板数据分析及协整分析的一次补充。

第二节 城乡发展非均衡性与金融发展差异的 VAR 模型分析

要直接研究城乡经济增长非均衡性与金融总量差异之间的关系，会囿于城乡 GDP 数据的不可得而无法进行，所以在以往的研究中学者们通常采用城乡人均收入来测度城乡经济发展差距。温涛（2005）、姚耀军（2005）、张立军（2006）、马草原（2009）对金融发展与城乡收入差距的关系进行了实证分析，大多数文献得出了"金融发展将会扩大城乡差距"的结论[①]。由于城乡收入差距的症结归根到底仍然是农民收入过低，所以金融发展与农民收入变动的关系研究也受到重视，但是关于该命题的研究结论却不尽一致，甚至直接对立。例如，一般认为金融深化能促进农村经济的发展，进而增加农民收入，但温涛（2005）基于 1952～2003 年数据的实证研究却认为中国金融发展对农民收入增长具有显著的负向效应。

本节拟对城乡金融发展与经济增长差异的关系进行分析。马草原（2009）认为，在使用统计方法研究两个差距变量的关系时，用无量纲的相对比值衡量的金融差异并不能很好地解释收入差异，甚至会得出虚假的变量关系。本书接受这一建议，使用"城乡人均贷款差"（DC）与"城乡人均收入差"（SC）来分别衡量城乡金融发展差异与经济发展差异，并引入"城市化水平"（UR）作为控制变量。为了消除价格影响，变量均经过消胀处理；样本期限为 1978～2008 年。

7.2.1 变量选取及分析方法

本节的分析方法与上文对 GFIN、GPRG 的分析方法基本一致，只不过是在空间上使用城乡差异来替换上文中的省际差异。但需要注意的是，

---

① 马草原. 金融双重门槛效应与城乡收入差距——基于风险预期的理论模型与实证检验[J]. 经济科学，2009，（3）：59-73.

上文中的三个变量均为相对比值，而本部分的变量则多为绝对额（城乡差值），为了初步消除异方差性，对绝对额数据都做取对数处理。由图 7.3 可见，原变量 DC 与 SC，以及取对数之后的变量 lnDC、lnSC 与 UR 之间在变动趋势上具有一定的相似性。

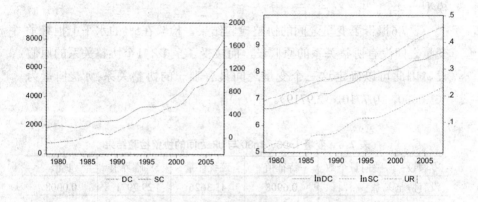

图 7.3 变量 DC、SC 及 UR 取对数前后的协同变动轨迹

7.2.2 面板数据协整检验

1. 变量单位根检验

由表 7.5 可知，"城乡人均贷款差"（lnDC）、"城乡人均收入差"（lnSC）与"城市化水平"（UR）这三个变量都是一阶单整的。

表 7.5 变量 lnDC、lnSC 与 UR 的单位根检验结果（ADF 检验）

变量	检验类型（C,T,L）	ADF 统计值	5%临界值	概率值
lnDC	(c,0,0)	0.4286	-2.9639	0.9809
lnSC	(c,0,4)	1.9036	-2.9810	0.9996
UR	(c,0,1)	1.1677	-2.9677	0.9971
D（lnDC）	(c,0,1)	-5.2052	-2.9718	0.0002
D（lnSC）	(c,0,2)	-4.6574	-2.9762	0.0010
D（UR）	(c,0,0)	-2.8791	-2.9677	0.0814

注：（C，T，L）分别表示是否具有截距项（C）、时间趋势项（T）和滞后阶数（L）。其中，变量 D（UR）在 10%的水平上通过平稳性检验。

2. 协整检验

同样使用 Johansen 检验来确定 lnDC、lnSC 与 UR 三个变量之间是否具有协整关系，最优滞后期的选择仍然依据似然比统计量 LR、赤池准则 AIC、施瓦茨准则 SC 来联合确定，最终确定 VAR（2）为最优模型[①]。

表7.6报告了变量之间的协整检验结果，检验在5%的水平上拒绝了变量之间没有协整关系的原假设，而接受了至多有1个协整关系的原假设，因此可以确定这三个变量之间具有唯一的协整关系，协整向量为（1.0000，-0.7710，-2.9719）。

表 7.6　变量 lnDC、lnSC 与 UR 之间的协整检验结果

零假设：协整向量个数	特征值	迹统计量	5%临界值	P 值
没有协整关系	0.6908	43.3626	29.7971	0.0008
至多 1 个协整关系	0.2830	10.4885	15.4947	0.2450

根据误差修正模型（VEC）可得协整方程如下：

$$LNSC=0.6867+0.7710LNDC+2.9719UR$$
$$\qquad\qquad (0.0838)\qquad\ (0.6753)$$

括号中为标准差。

由协整方程可见，城乡金融发展差距的加大和城市化水平的提高都倾向于扩大城乡收入差距。这与温涛（2005）、张立军（2006）、马草原（2009）等人的研究结论基本一致。

7.2.3　格兰杰（非）因果性检验

由表 7.7 可知，当滞后 1 期时，城乡金融发展差距未引起城乡收入差距和城市化水平未引起城乡收入差距的原假设分别在约4%和7%的水平上被拒绝；当滞后 3 期时，城乡收入差距不是城市化水平提高的格兰杰原因的原假设在约 6%的水平上被拒绝；而即使滞后 4 期时，城乡收入差距不是城乡贷款差距的格兰杰原因和城市化水平与城乡贷款差距的

---

① 事实上这里的 VAR（2）模型是不稳定的，但协整分析主要强调变量之间的"同步漂移"（协整关系），而对模型稳定性并没有严格要求。但在下文进行脉冲响应和方差分解研究时将采用对变量差分的方式构建稳定模型。

双向格兰杰非因果性均被接受。显然，从统计意义上说，城乡金融发展差距引起了城乡收入差距，但反之不成立。这一结论与马草原（2009）的结论不一致，原因可能主要在于样本期限不同。马草原（2009）的研究使用了自 1952 年至 2007 年的样本，而本书的样本期限仅为 1978～2008 年，这说明从建国以来，城乡金融发展差距与收入差距存在互相强化的效应，但改革开放以来这种双向反馈则变成了一种单向影响；城市化进程与城乡收入差距之间存在双向的格兰杰因果关系，这证明了中国城市化进程是建立在牺牲农村利益基础之上的；城市化进程与城乡金融发展差异之间不存在格兰杰因果关系。

表 7.7　变量 lnDC、lnSC 与 UR 的格兰杰（非）因果性检验结果

零假设	F 统计值	概率值	滞后期
lnSC does not Granger Cause lnDC	1.2124	0.3399	4
lnDC does not Granger Cause lnSC	4.9242	0.0350	1
UR　does not Granger Cause lnDC	0.6513	0.6333	4
lnDC does not Granger Cause UR	1.8359	0.1659	4
UR　does not Granger Cause lnSC	3.4590	0.0738	1
lnSC does not Granger Cause UR	2.8627	0.0611	3

7.2.4　脉冲响应与方差分解分析

由于脉冲响应函数和方差分解分析应当建立在稳定的 VAR 模型基础之上，所以首先对原 VAR 模型进行稳定性检验。经检验（过程从略），基于原序列的 VAR 模型含有单位根，模型不稳定，因此建立基于原变量一阶差分的 VAR 模型进行脉冲响应与方差分解分析[①]。事实上，基于一阶差分的模型分析本质上是对变量增长速度的考察，反映在脉冲响应函数上非常容易出现响应函数围绕横轴振荡的现象，这不利于对变量之间影响方向的正确判断。鉴于此，本节采用累积脉冲响应函数来分析这一问题。

图 7.4 描述了 lnDC 与 lnSC 一阶差分变量的累积脉冲响应函数。左图是 lnDC 一阶差分变量对 lnSC 一阶差分变量新息过程一个标准差冲击

---

① 当然基于一阶差分的 VAR 模型会损失部分数据信息，但其结论的可靠性仍然远高于基于不稳定模型的脉冲响应分析。

的响应,这一反应在第 2 期达到最大,之后逐渐收敛为一个正向效应;右图是 lnSC 一阶差分变量对 lnDC 一阶差分变量新息过程一个标准差冲击的响应,在第 3 期达到最大,之后也收敛为一个正向效应。脉冲响应分析的结论与格兰杰因果检验的结果有所不同,主要表现在城乡收入差距对城乡金融发展差距的影响作用上。当然,其原因在于格兰杰检验使用了原变量,而这里的脉冲响应函数分析则使用了一阶差分变量,后者事实上是对变量增量之间相互作用的分析。

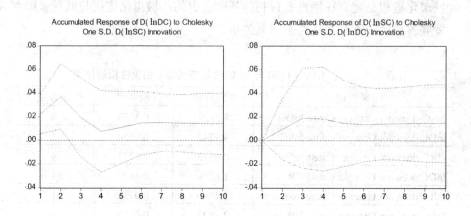

图 7.4　lnDC 与 lnSC 一阶差分变量的累积脉冲响应函数分析

图 7.5 报告了 lnDC 与 lnSC 一阶差分变量的方差分解结果。城乡金融发展差异增量对城乡经济发展差异增量预测方差的贡献率不高,最高尚不足 5%,但城乡经济发展差异增量对城乡金融发展差异增量预测方差的贡献率则最高达到近 39%。这表明,至少从增量上讲,城乡发展差异对城乡贷款差异具有很强的解释力。

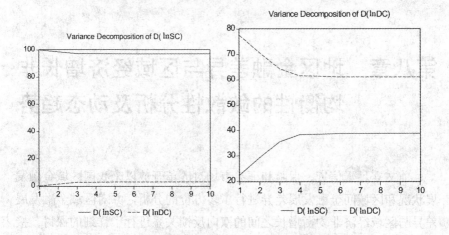

图 7.5 lnDC 与 lnSC 一阶差分变量的方差分解分析

本章使用改革开放以来中国省际与城乡经济发展差异和金融资源配置差异的数据，检验了前文理论部分所指出的金融发展差异与经济非均衡性之间的双向反馈效应。基于VAR模型的短期分析支持了省际之间两类差异的双向反馈效应，即省际经济发展差异与金融资源配置差异的变动互为格兰杰原因（但相互影响的力度存在较大差异）。但实证分析的结果并未支持城乡之间这两类差异的双向影响，仅证明了城乡经济发展差异对城乡金融资源配置差异有着单向的格兰杰原因，但反之并不成立，即城乡金融差异并不是城乡经济发展差异的格兰杰原因。考虑到中国典型的二元经济结构，这一结论是能够得到现实解释的。中国城乡经济发展差异的形成比东中西三大地带之间经济发展差异的出现有着更为长远的历史原因。众所周知，1949年新中国成立以来，中央政府确立了重工业优先发展的战略思路，但重工业发展的资本支持需求，仅靠城镇部门的积累是远远不够的，因此农业剩余便在城乡壁垒与价格剪刀差的制度背景下不断地流向了城市，可以认为，中国城市化的进程就是农业部门被"剥削"的过程，也是乡村积贫积弱的过程。可见，与省际经济发展差异相比，中国城乡经济发展差异在更大程度上源自制度的安排，因此，金融发展差异能够成为解释省际经济发展差异的原因，但对城乡经济发展差异不具备显著的解释力，是符合中国现实的。

第八章　地区金融差异与区域经济增长非均衡性的敛散性分析及动态趋势

前文立足于信贷、保险和证券市场对改革开放以来我国区域金融发展状况和区域间金融发展差异进行了多方位的分析，并对区域金融发展差异与区域经济非均衡增长之间的双向反馈关系进行了详细的探讨。接下来将进一步对区域金融发展和区域经济增长的趋同性进行检验，以考察改革开放以来我国区域金融发展差异与经济增长差异的敛散性，并在此基础上对今后一个时期内我国区域金融发展差异和区域经济非均衡增长的总体趋势做一展望。

第一节　区域金融发展趋同性检验及趋势预测

8.1.1　金融发展敛散性的判别基准

对于一个具备成熟货币金融体系的经济体而言，金融市场的总体结构较为完善，从而区域金融的发展状况可以从信贷市场、保险市场和证券市场三个方面得到均衡反映，进而区域金融发展的趋同性检验也可以基于这三个市场分别展开，通过各个检验结果的相互比对和印证，最终对其区域金融发展差异的敛散性做出判断。但是，在金融市场不健全的发展中经济体，金融结构单一，各个金融市场发展的起点和发展状况参差不齐，并且信贷市场往往是配置金融资源的主要载体。我国的具体情况即是如此，证券市场和保险市场发展滞后，银行体系集中了大部分金融资源，区域经济增长中的金融因素分解也证实了信贷市场对区域经济增长的贡献度最大。考虑到信贷市场在金融发展中的重要地位，我们将区域金融发展的趋同性检验安排在信贷市场上进行。此外，由于经济变量敛散性的判断，尤其是长期趋同性的判断，往往要求一个较长的时间序列。相比于信贷变量，其他金融变量的样本期限较短，不利于全面衡量变量本身敛散性的长期趋势，这也是选择信贷市场趋同性表征区域金融发展差异敛散性的现实原因。

区域金融发展差异的演变可以归结为两种趋势：一是收敛或趋同（Convergence），即地区间的金融发展差异随着时间的推移趋于缩小；二是发散或趋异（Divergence），表示金融差异在地区经济发展过程中趋于扩大。这里对区域金融发展差异敛散性的实证分析基于 β 收敛方法。

基于全国范围内的绝对 β 收敛检验来判断省际金融发展的总体趋同状况。检验式为 $\overline{g_i} = \alpha + \beta \ln\left(Credit_{i,t=1}\right) + \varepsilon_i$，其中 $\overline{g_i}$ 表示省际单位 i 在样本期内人均贷款的平均增速，$Credit_{i,t=1}$ 表示对应省份的期初人均贷款总额。作为以全部省份为样本的绝对收敛检验，抽象掉了各省在区位条件、资源禀赋、社会发展等方面的差异。若回归方程中 β 为负值，即确认了区域间金融发展差异的收敛性，这意味着初始人均信贷资源较少的后进省份获得了较高的贷款增速，从而在信贷资源总量方面赶超信贷资源相对充裕的先进省份，省际金融资源的配置将朝着均衡的方向发展。反之，若 β 为正值，则区域间金融发展差异发散，期初信贷资源匮乏的省份，其贷款增速比信贷资源充沛的省份更低，从而省际信贷资源配置差距不断拉大。再将具有相似区位条件、初始金融发展水平相近的省份归并入东部、中部、西部地区，然后进一步考察地区内各省份之间金融发展差异的敛散性，判断敛散性的依据同样是基于上述方程回归后得到的 β 值。β 值为负，表明地区内金融发展差异趋于收敛，从而金融层面呈现出俱乐部趋同的特征。反之，若 β 值为正，意味着地区内各省虽然区位等经济发展条件相近，但是金融资源配置的非均衡逐步凸显，地区内的金融发展差异不断拉大，从而在金融层面不具有俱乐部收敛特征。

8.1.2　基于 β 收敛方法的区域金融发展趋同性检验

作为判别区域金融发展敛散性的基准，β 系数的测算基础是检验式 $\overline{g_i} = \alpha + \beta \ln\left(Credit_{i,t=1}\right) + \varepsilon_i$，$\overline{g_i}$ 表示 29 个省级单位在样本期内人均贷款的平均增速，$Credit_{i,t=1}$ 表示对应省份期初的人均贷款总额。数据来源为

各省统计年鉴和《新中国 60 年统计资料汇编》。通过基于检验式的 OLS
回归分析，得到样本期内的 β 系数，然后根据 β 取值状况判断这一时段
内区域金融发展差异的敛散性特征。首先，在样本期的划分上，将 1980～
2000 年的总体样本划分为五个时段，各时段的划分与同期的"五年计划"
相对应，通过分别测算各时段的短期 β 系数来揭示敛散性的短期动态变
化特征。其次，在测算各个时段的 β 系数考察全国总体金融发展阶段性
差异的基础上，进一步计算对应时段的东部、中部、西部地区内的 β 系
数，以检验各个时期地区内部金融发展差异的趋同性，具体的计算方法
与总体 β 系数的计算相同，区别只在于检验式的样本省份按照区域进行
了归并。表 8.1 报告了基于 β 收敛方法计算的区域金融发展趋同性检验
结果。

表 8.1　基于 β 收敛方法的区域金融发展趋同性检验

β 系数	1978～1985	1986～1990	1991～1995	1996～2000	2001～2008	1978～2008
全国	-65.9257 **	-7.0082 *	-0.8029	2.5174 *	-0.5200	-16.6064 **
	(8.5766)	(2.6278)	(0.8944)	(1.2553)	(1.0484)	(2.1353)
东部	-6.5993 *	-1.7593	-0.4705	2.6768 *	-1.2368	-2.0509 *
	(3.5280)	(1.6472)	(1.3738)	(2.3823)	(1.7999)	(0.8718)
中部	-95.6688 **	-24.8216 * *	-3.5876 **	4.5415	-8.2137 **	-24.2661 **
	(7.3918)	(7.3292)	(1.5014)	(3.1243)	(2.0753)	(1.7249)
西部	-4.5945 *	4.2172 *	-1.0257	-3.9058 *	-3.9223 *	-2.1271 *
	(3.1913)	(2.1640)	(2.4980)	(2.2420)	(2.6416)	(0.8913)

注：括号内为 β 系数的标准差。 * 和 ** 分别表示系数在10%和5%的显著性水
平下显著。

从检验结果来看，全国范围内金融发展的总体差异具有收敛性，β 系
数在 5% 的显著性水平上显著为负，这意味着改革开放以来我国的区域
信贷资源配置总体呈现出朝均衡方向发展的长期趋势。具体到各个时段，
区域金融发展差异的敛散性也呈现出明显的阶段性特征。改革开放之初
是区域金融发展差异加速收敛的时期，20 世纪 80 年代后半期金融发展
差异的收敛态势有所放缓；延至 90 年代前期，β 系数不显著为负，区
域金融发展差异的收敛性进一步下降；90 年代后半期，β 系数由负转正，
表明区域金融发展差异转而呈现出发散性特征，信贷资源配置的非均衡

性凸显；进入本世纪以来，β系数再次调整为负，但不具有显著性，意味着这一时期省际金融发展差异扩大的趋势得以扭转，信贷资源配置的均衡性得到了一定的体现。这也从侧面反映出我国正着力通过金融资源的均衡配置促进区域经济协调发展。

在改革开放以来的全样本期内，东部地区的β系数在10%的显著性水平上显著为负，绝对水平较全国为低，表明东部地区金融发展差异的收敛特征弱于全国水平。分时段来看，1978～1995年的β系数为负，但只是在改革开放之初至1985年这一时段中显著为负，余下的两个时段中β系数不显著为负，且系数的绝对值在降低，表明在改革的前半段东部地区各省市之间的金融发展差异存在一定的收敛态势，金融发展差异在逐步缩小，但是这种收敛特征逐步弱化。20世纪90年代后半期以来，东部地区的β系数显著为正，表明原先该地区金融发展差异的收敛特征被扭转，地区内部各省市之间的金融发展差异逐步拉大，区域内金融资源配置的非均衡性加剧。进入本世纪以来，β系数由正转负，虽然不具有显著性，但至少说明这一时期东部地区内部金融发展差异的发散度有所下降。

在1978年以来的全样本期内，中部地区的β系数在5%的显著性水平上显著为负，表明中部地区各省份之间的金融发展总体保持了趋同性，无论是β系数的水平值还是系数本身的显著性状况，都表明中部地区金融发展的收敛性特征在三个地区中最为突出。分时段来看，除1996～2000年以外，在其他所有四个时段中，中部地区的β系数均显著为负，前三个时段β系数的绝对值呈现出由高到低连续下降的趋势。这一方面表明改革之初中部地区的金融发展较其他地区表现出了高度的收敛特征，地区内金融发展差异逐步缩小；另一方面，也意味着1978年以来金融发展的收敛趋势本身在变弱，区域内金融发展差异的趋同性以及信贷资源配置的均衡性也在下降。20世纪90年代后半期，中部地区β系数的符号首次变为正，虽不具有显著性，但也表明中部地区在这一时期金融发展差异的演变态势出现了方向性的调整。2001年以来，β系数再次恢复显著为正的状态，从而中部地区金融发展再次呈现出显著的收敛态势，地区内的金融发展差异缩小。

西部地区全样本期内的β系数显著为负，绝对水平上低于全国和中部地区，略高于东部地区，表明西部地区金融发展差异的收敛性适中，地区内信贷资源的配置总体上朝均衡方向发展。分时段来看，西部地区金融发展差异 β 系数除在20世纪80年代后半期为正以外，其他四个时段中均为负。1978～1985年 β 系数显著为负，绝对水平为三个地区最低，西部地区金融发展过程中表现出的趋同性低于其他地区。随后，20世纪80年代后半期 β 系数由负转正，也进一步反映了西部地区原先金融发展的趋同性较为脆弱，这一时期信贷资源配置的非均衡性加强。进入90年代以后，西部地区金融发展的发散性得以扭转，尤其是90年代后半期以来，β 系数显著为负，表明地区内部各省份之间信贷资源配置差异正趋于缩小，金融发展差异的收敛性逐步加强。此外，西部地区各个时段 β 系数的波动幅度相对较小，由于西部地区金融发展起点较低，信贷资源相对匮乏，从而使得地区内部金融发展的趋同性相对较为稳定。

8.1.3　基于 ARMA 模型的区域金融发展差异趋势预测

以上基于 β 收敛方法判断了样本期内我国区域金融发展差异的敛散性特征，接下来将基于1978～2008年省际信贷资源配置的基尼系数进行外推预测，展望2009～2015年的区域金融发展差异演变态势。

时间序列模型（ARMA model）由统计学家 George E. Box 和 Gunlym M. Jenkins 于 1976 年提出。对于非平稳时间序列 y_t，有时须经过 d 次差分之后才能使之平稳，在此基础上建立 p 阶自回归和 q 阶移动平均的时间序列模型：$\Phi_p(L)(\Delta^d y_t) = \Theta_q(L)u_t$。因此在建立时间序列模型之前，首先要判断省际人均贷款基尼系数 $Credit_t$ 的平稳性，若平稳可直接进入模型识别，否则须通过差分保证时间序列的平稳性。从原序列的相关图和偏相关图来看，前者在出现三个峰值后呈现正弦衰减，后者在出现两个峰值后按正弦衰减，表明原序列近似为一个平稳过程，拟建立一个包含二阶自回归项和三阶移动平均项的 ARMA 模型。在进行回归时，二阶移动平均项 MA（2）不具有显著性，予以剔除，最终估计结果为：

$$Credit_t = 0.3954 + 1.9511Credit_{t-1} - 1.0191Credit_{t-2}$$
$$+ u_t - 1.4532u_{t-1} + 0.4989u_{t-3}$$

经检验，上述回归方程中各个参数均可通过显著性水平为 0.01 的 t 检验，从而显著不为零。ARMA 成分的特征根的倒数都落在单位圆以内，因此所估计方程具有平稳性和可逆性。模型的残差序列通过 Q 检验，近似为白噪声序列，其相关图与偏相关图表明残差序列非自相关。

　　根据上述 ARMA 模型进行样本内预测，从图 8.1 描述的样本内预测序列 CREDITF 对原序列 CREDIT 拟合情况来看，模型的样本内预测效果较为理想。

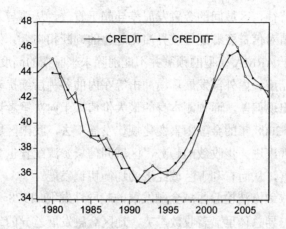

图 8.1　实际值 CREDIT 与静态预测序列 CREDITF

　　进一步利用 ARMA 模型进行样本外动态预测，预测 2009～2015 年我国区域金融发展差异的演变趋势，展望接下来的一个时期内区域信贷资源配置的均衡性。预测结果如图 8.2 所示。

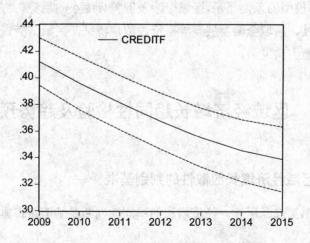

图 8.2　区域金融发展差异的样本外预测序列

　　模型样本外预测表明，2009～2015 年以人均贷款基尼系数表征的金融发展差异将呈下降态势，基尼系数由 2009 年的 0.41 逐步下降到 2015年的 0.34。模型样本外预测与前文对全样本期内总体金融发展差异 β 系数的测算相一致。β 系数显著为负，表明长期内省际金融发展差异具有明显的趋同特征，区域间的金融发展差异趋于收敛，从而与人均信贷基尼系数预测值对信贷资源配置差异演化趋势的判断相吻合。值得注意的是，这里基于 ARMA 模型的预测并不能消除未来时期的高度不确定性，包括政策、制度、内外部发展环境冲击等在内的各种后续扰动因素都可能导致预测出现偏差，而预测本身的最大价值在于向决策者说明如果按照 1978 年至 2008 年的金融因素变化规律发展下去，我国区域金融发展差异可能呈现出进一步收敛的趋势，区域间信贷资源配置也会进一步朝均衡方向发展，从而有利于区域经济的均衡协调发展。

　　基于 β 收敛方法检验区域金融发展的趋同性发现，1978～2008 年省际金融发展差异总体呈显著收敛态势，地区金融发展差异的趋同性特征以中部地区最为明显，东部地区与西部地区的金融发展差异长期演变态势相近。从改革伊始至 1990 年，区域金融发展差异的演变具有稳定的收敛性，20 世纪 90 年代前半期区域金融发展差异趋于发散，进入本世纪以来再次呈现出收敛态势。以人均贷款基尼系数表征金融发展差异，基于 ARMA 模型的预测显示，区域金融发展差异缩小的趋势仍将在今后一个时期延续，区域金融发展差异保持收敛性特征，区域信贷资源配置进一步朝均衡方向发展。

第二节　区域经济增长趋同性检验及趋势预测

8.2.1　区域经济增长敛散性的判别基准

　　如本书第二章所述，经济增长的趋同性判断是基于新古典增长理论趋同结论展开的，假设 $\bar{g}_i = \alpha + \beta \ln\left(y_{i,t=1}\right) + \varepsilon_i$，等式中 $\bar{g}_i$ 表示经济体 i 在样本期内的平均增速，$y_{i,t=1}$ 表示经济体初始的人均 GDP。绝对 β 收敛，即总体样本的回归方程中 β 为负值，表示初始人均收入水平低的经济体平均增速高于人均收入水平高的经济体，保证了整体收入水平的趋同。

以全部省份为样本的经济增长绝对收敛检验，抽象掉了各省在区位条件、资源禀赋、社会发展等方面的差异。如果回归方程中 β 为负值，即确认了区域经济增长的趋同性，这意味着初始人均 GDP 较低的落后省份经济增长速度较快，从而为在经济总量方面赶上先进省份奠定了基础，有利于省际经济的均衡增长。反之，若 β 为正值，则区域间经济增长差异发散，人均 GDP 落后的省份经济增长相对更慢，从而省际经济增长差异不断拉大。再将具有相似区位条件、初始经济发展水平相近的省份归并入东部、中部、西部地区，然后进一步考察地区内各省之间经济增长差异的敛散性，判断敛散性的依据同样是基于上述绝对收敛方程回归后得到的 β 值。β 值为负，表明地区内经济增长收敛，从而该地区经济增长具有俱乐部趋同的特征。反之，若 β 值为正，意味着地区内各省虽然区位等经济发展条件相近，但是经济增长非均衡性逐步加剧，地区内的经济增长差异不断拉大，不存在俱乐部收敛特征。

8.2.2　基于 β 收敛方法的区域经济增长趋同性检验

经济增长 β 系数的测算，对应的检验式为 $\bar{g}_i = \alpha + \beta \ln\left(y_{i,t=1}\right) + \varepsilon_i$，等式中 $\bar{g}_i$ 表示 29 个省级单位在样本期内的平均增速，$y_{i,t=1}$ 表示对应省份初始的人均 GDP。数据来源于各省统计年鉴和《新中国 60 年统计资料汇编》。首先，计算改革开放以来全样本期内的 β 系数，以对区域经济增长敛散性的长期趋势进行判断。其次，以同期的"五年计划"为参照，进一步将总体样本期划分为五个时段，分别测算各时段的短期 β 系数，从而揭示敛散性的短期动态变化特征。在测算全国总体经济增长差异在各个时段的 β 系数的基础上，进一步计算对应时段的东部、中部、西部地区内的经济增长 β 系数，以检验各个时期地区内部的经济增长趋同性。表 8.2 报告了基于 β 收敛方法测算的区域经济增长趋同性检验结果。

表 8.2　基于 β 收敛方法的区域经济增长趋同性检验

β 系数	1978～1985	1986～1990	1991～1995	1996～2000	2001～2008	1978～2008
全国	-0.7517 *	-0.3429	1.6228	1.0009 **	0.5938 *	-0.1011
	（0.5837）	（0.7065）	（1.3139）	（0.3778）	（0.4539）	（0.4219）
东部	-1.0461 *	-2.1874 *	-2.9330	1.6637	0.5977	-0.8829 *
	（0.3004）	（0.0766）	（0.2210）	（0.1159）	（0.4006）	（0.1731）
中部	-3.4573 **	-0.3826 * *	-5.7714 **	-1.4016 *	-0.8777	-2.0106 **
	（0.0611）	（0.8344）	（0.0193）	（0.0891）	（0.3975）	（0.0318）
西部	-3.0268 *	0.5222	-1.1405	-0.6932 *	2.6283 *	-0.5892
	（0.1139）	（0.8335）	（0.7314）	（0.6616）	（0.3561）	（0.5991）

注：括号内为 β 系数的标准差。* 和 ** 分别表示系数在10%和5%的显著性水平下显著。

从表 8.2 的检验结果来看，区域经济增长的总体差异具有一定的收敛性，β 系数为负值，但并不在 10% 的显著性水平上显著。这意味着改革开放以来我国的区域经济增长总体上具有朝均衡方向发展的一般趋势。具体到各个时段，区域经济增长差异的敛散性不尽相同，呈现出多样的动态变化特征。从改革之初到 1985 年，β 系数显著为负，表明区域经济增长显著趋同，区域经济增长差异处于收敛时期。虽然 20 世纪 80 年代后半期，β 系数不具有 10% 的显著性水平，但是符号仍为负，至少排除了同期的区域经济增长差异发散的命题。改革伊始，虽然各地经济基础普遍薄弱，省际人均 GDP 的绝对差异较小，但这一时期是省际经济增长的非均衡性最为突出的时期。改革开放调动了各地发展经济的积极性，农村经济体制的改革进一步促进了落后省份和农业大省加快经济增长，从而缩小了与先进省份的差距。虽然，农业生产力解放的效应趋于衰减，但是落后地区的这种赶超态势在整个 80 年代都得到延续。进入 90 年代，β 系数的符号由负变正，1990～1995 年 β 系数不显著为正，表明区域经济增长的收敛性下降，甚至出现区域经济增长差异的发散。1996 年以后的两个时段中，β 系数显著为正，印证了这一时期区域经济增长的发散性。20 世纪 90 年代以来，一方面，中西部省份进一步保持赶超态势，但受制于地方有限的财政实力，有待中央的资金和政策扶持；另一方面，东部发达省市在享受政策优惠和区位优势的同时，具备了较强的自主发展实力。进入本世纪以后，我国区域经济增长的发散程度较20世纪90年代后半期有所改善，但是增长的发散性格局仍未得到有效扭转。

在改革开放以来的全样本期内，东部地区的β系数在10%的显著性水平上显著为负，东部地区经济增长的收敛性特征较全国更为明显。分时段来看，1978～1995年的β系数为负，并且在20世纪90年代以前的两个时段中显著为负，表明在改革的前半段东部地区各省市之间的经济增长呈现出显著的收敛态势，地区内部的经济增长差异逐步缩小，1986～1990年地区内增长差异的收敛速度最快。90年代后半期以后，东部地区的β系数虽然不具有显著性，但是系数的符号均由负转正，前一时期经济增长的收敛特征逐渐淡化。虽然进入本世纪以来，β系数有所下降，但经济增长差异并未恢复收敛趋势，且总体略呈发散态势。

在1978年以来的全样本期内，中部地区的β系数在5%的显著性水平上显著为负，表明中部地区内部各省份之间经济增长总体保持了趋同性，无论是β系数的水平值还是系数本身的显著性状况，都表明中部地区经济增长的收敛性特征在三个地区中最为突出。分时段来看，2000年以前的四个时段中，中部地区的β系数均显著为负，并且各个时段β系数的水平值表现出了较高的波动性。改革之初中部地区经济增长较其他地区表现出了高度的收敛特征，20世纪80年代后期收敛趋势减弱，90年代前半期是中部地区内部经济增长最具收敛性的时期，随后经济增长的趋同性有所下降。进入本世纪以来，β系数仍为负，但不具有显著性，从β系数的符号来看，在这一时期中部地区经济增长差异的演变态势与全国以及其他地区均相反，正因为如此，中部地区经济增长在整个样本期内呈现出显著的收敛态势，经济增长差异持续缩小。

西部地区全样本期内的β系数为负，考虑到该系数不像东部和中部地区那样可以通过显著性检验，西部地区经济增长差异的弱收敛特征是导致全国省际经济增长差异的β系数不显著为负的主要原因。但是分时段来看，西部地区经济增长差异β系数在个别时段仍是显著为负的。1978～1985年西部地区内部的经济增长趋同性仅次于中部地区。20世纪80年代后半期，β系数由负转正，虽不显著，但仍表明西部地区经济增长差异趋同进程明显放缓。进入20世纪90年代，西部地区经济增长趋同性有所加强，尤其在90年代后半期，β系数虽然绝对水平低于其他地区，但是显著为负。2001年以来，β系数再次由负转正，绝对值和显著性水平均较高，这意味着西部地区经济增长差异呈现出明显的发散特征，地区内各省份之间经济增长差异呈扩大之势。

8.2.3　基于 ARMA 模型的区域经济增长差异趋势预测

上文基于 β 收敛方法判断了样本期内我国区域经济增长差异的敛散性特征，接下来将基于1978～2008年省际人均GDP的基尼系数，建立ARMA模型，然后进行外推预测，展望2009～2015年的区域金融发展差异的演变态势。

建立关于省际人均 GDP 基尼系数的时间序列模型,首先也是要判断省际人均 GDP 基尼系数 $PPGDP_t$ 的平稳性。若原序列平稳，则可直接进入模型识别，进而开展样本外预测；反之，须通过差分保证时间序列的平稳性。从原序列的相关图和偏相关图来看，前者在出现两个峰值后呈现正弦衰减，后者在出现一个峰值后按正弦衰减，表明 $PPGDP_t$ 序列近似为一个平稳过程，拟建立一个包含一阶自回归项和二阶移动平均项的ARMA 模型。

最终估计结果为：

$$PPGDP_t = 0.3056 + 0.5760Credit_{t-1} + u_t + 0.6813u_{t-1} + 0.9242u_{t-2}$$

经检验，模型中各个参数均可通过显著性水平为 0.01 的 t 检验，从而显著不为零。ARMA 成分的特征根的倒数同样都落在单位圆以内，从而所估计的 ARMA 方程具有平稳性和可逆性。模型的残差序列通过 Q 检验，近似为白噪声序列，其相关图与偏相关图显示残差序列非自相关。

根据上述 ARMA 模型进行样本内预测，从图 8.3 描述的样本内预测序列 PPGDPF 对原序列 PPGDP 拟合情况来看，模型的样本内预测效果较为理想。

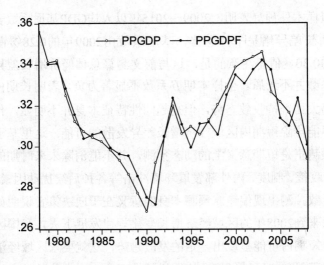

图 8.3 实际值 PPGDP 与静态预测序列 PPGDPF

进一步利用 ARMA 模型进行样本外动态预测，预测 2009～2015 年我国区域经济增长差异敛散性的演变趋势，展望今后一个时期我国区域经济增长非均衡性的演变格局。预测结果如图 8.4 所示。

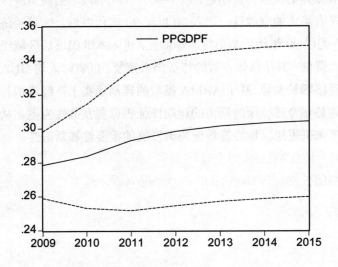

图 8.4 区域经济增长差异的样本外预测序列

模型样本外预测表明，2009～2015年以人均GDP基尼系数表征的区域经济增长差异略呈下降态势，基尼系数由2009年的0.28缓慢上升至2015年的0.30。值得注意的是，这与前文测算总体经济增长差异符号为负的 β 系数并不矛盾。全样本期 β 系数不显著为负，表明长期内区域经济增长仍大体维持收敛态势，但是趋同性特征本身并不明显，作为长期趋势也不能排除短期内区域经济增长差异发散的可能。这里基于ARMA模型的预测正是短期意义上的动态预测，并不能消除未来时期的高度不确定性，政策、制度、内外部发展环境冲击等各种后续扰动因素的影响，都可能导致预测出现偏差。预测本身的意义在于向决策者说明如果按照1978年以来到2008年的区域经济增长变化规律发展下去，我国区域经济增长差异短期内可能呈现出一定的发散趋势，这就要求区域经济发展战略的制定不能忽略区域经济非均衡增长的现实，应在此基础上综合运用各种政策手段促进区域经济均衡协调发展。

基于 β 收敛方法检验区域经济增长的趋同性发现，改革开放以来我国省际经济增长差异总体呈弱收敛态势，中部地区经济增长的趋同性特征最为突出，东部地区其次，西部地区经济增长的收敛性最弱。与区域金融发展差异的收敛特征相近，以 1990 年为界，改革的前半段区域经济增长也具有稳定的收敛性；进入 20 世纪 90 年代以后，区域经济增长趋于发散，尤以 90 年代后半期发散性最强，进入本世纪以后区域经济增长的发散性降低，但是总体收敛的特征仍未恢复。以省际人均 GDP 基尼系数表征经济增长差异，基于 ARMA 模型的预测证实了在经济增长弱收敛的长期趋势下今后一个时期内的短期特征仍以弱发散性为主，从而进一步凸显了未来促进区域经济均衡协调发展的重要性和紧迫性。

第九章　研究结论与政策建议

第一节　主要结论

本书从理论与实证两个方面对改革开放以来中国地区金融发展差异与区域经济增长非均衡性进行了深入研究，主要结论如下：

（一）理论分析表明：第一，同一经济体内部由于社会文化制度的相似性，使得不同区域的储蓄率较为接近，由于资源禀赋、地理区位等的差异，各区域在经济结构和金融市场发展状况方面存在普遍差异，由此可以推断区域间金融资源总量结构及其配置效率方面的差异是导致区域经济增长非均衡性的重要因素。第二，由于经济主体之间的差异，使得金融机构为不同的主体赋予了不同的金融风险预期水平，导致不同群体在金融市场的资金竞争中面临着不同的财富门槛约束，这一问题本质上是一种金融歧视现象。金融机构的利润函数分析显示，对经济主体之间不同风险水平的区分将会提高金融机构自身的预期利润水平，这也激励了金融机构的金融歧视动机。由于金融歧视的存在，一方面引起了经济中金融压抑现象的发生，同时使得经济主体逐渐分化，这一分化不仅体现在财富的增长速度上，而且会更进一步地反馈到下一期的金融市场资本竞争中，从而导致了金融发展的差异逐渐固化。第三，如果两地金融系统运行效率的悬殊使得金融先进地区与其稳态资本存量的距离相对于后进地区足够大，以至大于金融后进地区资本收敛速度对金融先进地区的比，则在收敛过程中金融先进地区的资本累积速度必然大于金融后进地区；反之，若金融后进地区的投融资效率得到改善，缩小了同先进地区稳态资本存量的差距，并且与稳态资本存量的距离小于金融后进地区资本收敛速度对金融先进地区的比，此时条件收敛的特征最为显著，因为后进地区不单经济体趋近于稳态的速度大于先进地区，而且在收敛过程中资本累积的速度也大于先进地区。

（二）通过对比东部、中部、西部地区的总量 GDP 与人均 GDP，考察地区经济总量的非均衡性，发现：改革开放之初，我国地区经济总量发展的起点存在着不一致性，但地区之间的非均衡性尚不明显。1978 年以来，区域间总量 GDP 和人均 GDP 规模的差异持续拉大，梯度差异逐渐形成，从而进一步凸显了区域经济的非均衡性。在这期间，东部地区始终在总量 GDP 和地区人均 GDP 方面保持对中西部地区的绝对优势；进入本世纪以来，西部地区经济总量提升较快，但同期中部地区经济总量的发展相对滞后。地区人均 GDP 的变化方面，20 世纪 80 年代中西部地区人均 GDP 与东部地区的差距持续缩小，90 年代以后转为持续拉大，而且中西部地区人均 GDP 平均指数也明显低于东部地区。至 2004 年后，地区人均 GDP 对比状况有所改善，中西部地区对东部地区比率有所提高，值得注意的是，这一时期地区人均 GDP 增长速度也表现出收敛态势。省际经济总量差异是区域经济发展非均衡性的重要表现。1978 年以来，我国省际经济发展差异的演变具有如下特点，即在总量差异渐次扩大的过程中，经济增长速度有收敛的趋势，同时省际人均差异呈现出 U 形变化的特征。在省际总量 GDP 的对比方面，20 世纪 80 年代总量差异的变动幅度较小，90 年代总量差异加速扩大，2000 年以后在较大的总量差异基础上保持稳定。省际经济总量差异一定程度上可以从省际 GDP 增速对比上得到说明，1978 年以来省际经济增速差异总体较小，而且在后期存在一定的趋同特征。在省际经济基础差异比较大的情况下，经济增长速度的过早收敛或者趋同显然不利于扭转省际经济发展的非均衡局面。省际人均 GDP 对比方面，自改革开放至 20 世纪 80 年代末期，省际差异持续缩小；整个 20 世纪 90 年代至 2004 年，省际人均 GDP 差异持续扩大，前后对比呈现出显著的 U 形变化趋势。

（三）立足于产业结构、经济开放度，从结构层面分析区域经济的非均衡增长，发现：首先，作为区域经济增长非均衡性的结构特征之一，改革开放以来我国省际三次产业增加值占比的总体变化趋势是，第一产业差异由大变小，较大的省际差异是建立在第一产业产值占比高基数的基础之上的，随着工业化水平的提升，第一产业增加值占比总体回落，省际差异降低。第二产业产值占比的省际分布相对集中，省际差异稳步缩小，从而反映了我国工业化进程的整体性推进。第三产业的发展在我国起步较晚，改革初期省际第三产业产值占比差异最小，随着服务业发展水平的提高，省际第三产业产值占比分布也趋于分散，省际差异趋于扩大。改革开放之初，地区间产业结构差异并不十分突出，中部和西部地区产业结构相近，东部地区的产业结构高级化进程较快并迅速拉开了与内陆地区的差距。20 世纪 90 年代各地区工业产值占比均缓慢上升，东部提升幅度大于中西部地区。2000 年以来，地区工业化进程加快，但是产业结构的高级化节奏趋缓。此外，内陆地区不仅产业结构的初始差异低于东部地区，工业化进程中的地区内差异也小于东部地区，同时中部地区工业化程度差异略大于西部地区。东部、中部、西部地区内工业化水平的差异总体均呈下降趋势，区域内的产业结构差异存在趋同性。

（四）通过考察产出增长过程中的要素投入、技术进步和资本积累状况，从效率层面审视投入一产出过程中区域经济增长的非均衡性，发现：资本投入方面，1978 年以来区域固定资本形成总额差异逐步扩大并表现出逆周期波动的特征，宏观经济进入紧缩阶段，区域投资差异下降，而且区域资本存量差异小于投资差异，波动性滞后于投资差异。改革初期，地区资本存量差异较小，此后在地区资本存量的对比中，中西部地区相对东部地区的占比持续下降，地区间资本要素投入的差距不断拉大。本世纪以来，内陆省份加快本地资本要素的累积，地区间资本要素投入差距有所改善。劳动力投入方面，改革开放以来省际劳动力投入差异的波动幅度较资本为小，20 世纪 90 年代后半期省际就业状况的差异扩大，进入本世纪以来区域就业状况的对比格局保持稳定。地区就业人口的对比方面，东部地区就业人口总体规模高于中西部地区，但是劳动要素投入的地区差异远小于资本积累和投资，并且地区劳动要素投入差异相对稳定。这从侧面印证了从要素投入的角度来看，我国区域经济增长差异主要是来源于资本积累。基于区域全要素生产率的分析表明，改革开放初期是省际全要素生产率差异最大的时期，并且最初的改革对各地生产力的刺激效应是非均衡的，农业产值占比较大的省份在改革初期全要素生产率增长相对较快，而城市化水平较高的省份同期的全要素生产率增长相对较慢。同时，内陆地区生产效率的改进明显快于东部地区，地区间差异对全要素生产率非均衡性的贡献度相对较大。随着农村增量改革的生产力带动作用趋于衰减，一直到 20 世纪 90 年代前期，省际全要素生产率的差异趋于缩小，各地区内部省际生产效率的差异也有所缩小。90 年代后期，我国宏观经济进入周期性紧缩阶段，技术创新整体趋缓进一步降低了区域全要素生产率的差异。本世纪以来，随着国内经济的复苏和外部需求的恢复，省际生产效率的差异有拉大的趋势，地区内全要素生产率差异的波动性加大，东部地区全要素生产率差异明显大于中西部地区，同时东部地区全要素生产率增速总体上也快于中西部地区。

（五）对中国省际金融资产总量差异的测度结果显示：第一，从三大类金融资产的地区差异来讲，在相同的样本期内，证券类资产分布的省际差异最大，货币类（银行机构贷款）和保险类金融资产的地区配置差异相当；从东中西三大地带分解结果来看，多数指标中，东部地区的内部差异一般都高于中西部地区。第二，以地区人均贷款与人均存贷款衡量的货币类金融资产的省际差异，从长期变动趋势上来讲，都是 1978～1992 年振荡式下降，此后一直到 2004 年则逐渐上升，然后再次出现下降趋势；从泰尔指数的东中西三大地带分解结果看，组间差异逐年上升，而组内差异逐年下降。第三，对证券市场发展差异的测度从筹资者规模、投资者数量和证券市场筹资效力三个角度展开，除了上市公司数量的地区差异略低于货币类金融资产省际差异之外，其他两个指标的省际基尼系数都远高于省际人均贷款基尼系数，2001～2008 年反映人均证券市场筹资额地区差异的基尼系数的平均值甚至高达 0.7467。第四，使用保险密度和保险深度两个指标测度保险类金融资产的省际差异，保险行业地区差异的变动轨迹与银行业贷款、证券业发展差异的走向是完全不同的，从地区分解结果来看，东中西三大地带的组间差异平均占到总体差异的 60%；东部地区内部差异仍然占总组内差异的大部分，占比约为 64.66%，这一比重比其他金融发展总量差异的测算结果要更高，西部地区次之，中部地区内部的保险密度差异最小。

（六）参考李敬、冉光和和万广华（2007）的做法，使用"地区贷款/存款"来衡量地区金融市场效率，并进行省际差异的测度，结果表明：第一，改革开放以来地区金融效率差异总体不大，基尼系数进入新世纪以来（2000~2008 年）平均仅为 0.0745；并且金融效率的地区差异在 31 年间总体呈现下降趋势。第二，分析金融效率与人均贷款地区差异的发展走向可以发现，在 1996 年以前，这两个指标的区域差异发展走向基本一致，都是改革开放以来下降，进入 20 世纪 90 年代之后出现了短暂的上升；但是自 1996 年开始，这两者的发展趋势开始分化，甚至出现了相反的方向，金融效率地区差异基本上持续下降，但人均贷款地区差异则一路上升，在 2005 年达到了最高，之后小幅收敛。这说明，中央政府自 20 世纪 90 年代以来为东部沿海地区提供金融资源及政策支持，仅表现为发达地区金融资源总量的扩张而非金融效率的提高，这直接导致了地区金融体系效率差异的持续缩小，以及总量差异与效率差异走向的不一致性。

（七）对金融资源产业配置结构地区差异的测算发现：第一，一般而论，发达省区的短期贷款主要配置在工业产业。第二，短期贷款中工业贷款占比的省际差异并不是很大，但这一差异在近年来迅速上升，说明仅就短期贷款的资金流向来说，省际差异在逐渐扩大。第三，地区短期贷款中工业贷款占比差异泰尔指数的分解结果显示，总体差异的大部分可以由三大地带内部差异来解释，解释率平均达到 82.72%，但就趋势来讲，组间差异的解释能力有所上升，而组内差异的贡献度则相应有所下降。

（八）对中国城乡之间金融发展差异进行测算，并将城乡差异和省际差异纳入统一的框架使用泰尔指数分解方法进行分析，结果显示：第一，总体而论，在样本期内城乡金融发展差异普遍大于省际差异。第二，从变动趋势来看，2003~2008 年中国区域金融发展差异趋于收敛，并且在这一阶段性收敛中，省际差异（而非城乡差异）起到了方向性的作用。第三，金融资本由中西部地区向东部地区流失的现象有所缓解，但由农村地区向城市部门集中的局面并未得到有效控制，中央政府对三农的政策倾斜至少在金融领域并未取得明显成效。

（九）通过将金融市场的引入按属性和时段进行划分，并分别加以回归分析，然后对比各个时期信贷、保险和证券市场对区域经济增长的影响，全方位地考察金融因素对区域经济增长贡献度的阶段性特征，发现：

对于经济总量增长、产业结构提升和要素生产效率改进的综合推动作用，以信贷市场变量为最大，其次为证券市场变量，而保险市场变量的影响甚小且多不具有显著性。在促进区域经济增长过程中，信贷变量始终扮演着最为重要的角色，随着市场经济体制的建立和完善，信贷资金的效率取向渐趋加强，对于加快经济总量增长的支持力度也越来越大。资本市场的发展拓宽了资本累积过程中的融资渠道，为区域经济增长注入了越来越多的活力。逐步构建起一个稳健的信贷市场和成熟的证券市场，将为促进区域经济的均衡增长提供更为坚实的金融支持。在区域工业化进程中，信贷变量的推动作用具有顺周期变化的特征，经济扩张阶段信贷资金的加速投放能够较大地提升第二产业产值占比，经济紧缩阶段产业结构的调整导致对信贷资金的依赖度下降。直接融资和资本市场的发展为产业结构升级带来了更有力的金融支持，由于证券市场在培育和引领产业、行业中的优质企业方面更具优势，从而决定了其对产业结构升级的影响更为深远。基础设施建设等硬环境的完善，相比于教育、人力资源等软环境的构建，对提升产业结构促进作用更大。区域全要素生产率的提高与信贷变量的相互关系表现出了一定的波动性，并且具有逆周期变化的特征。在经济扩张阶段，企业自有资金相对充裕，生产设备更新改造、人员培训等提升生产效率的举措对信贷资金的依赖相比于经济紧缩阶段为低；相反，宏观经济景气下降时，企业提升要素生产率往往要求更多的信贷资金支持。随着资本市场的发展，企业融资渠道进一步拓宽，直接融资对要素生产率的积极影响逐步凸显。此外，相比于基础设施等硬件，社会发展和人力资源状况等软件对于促进区域经济增长效率的提升意义更为深远。

（十）地区金融发展差异形成原因的面板数据回归结果显示：第一，地区经济发展水平和社会发育程度对货币类金融资源地区配置差异有着显著影响，并且社会发育程度对金融发展的影响作用可能更为深远。第二，与省际货币类金融资产深化程度的分析结果相比，证券类资产的发展对地区教育发展水平、基础设施建设以及金融市场效率的变动不敏感，这几种能够对货币类金融资产深化程度有显著影响的变量对证券市场的发展则没有解释力。第三，保险类资产的区域分布与地区经济社会发展水平的联系程度不高，大多数地区经济和社会发展变量对保险类资产的省际差异均没有解释力。

（十一）使用 VAR 模型对省际金融发展差异、经济增长差异与金融市场效率差异之间的关系进行协整分析，结果表明：第一，这三个变量之间具有稳定的协整关系。第二，省际金融资产总量差异与省际经济总量差异之间互为格兰杰原因，这事实上验证了理论分析中有关"地区发展非均衡性与金融发展差异存在双向反馈效应"的理论推断；当滞后期较长时，省际经济发展水平的差异引起了省际金融市场效率的差异；但反之并不成立，说明金融市场效率差异仅在结合金融资产总量差异时才会对地区经济发展非均衡性具有解释作用，并且这一作用仅是一种长期影响；金融总量差异造成了金融市场效率的差异，反之则不成立。第三，方差分解分析显示，省际金融发展差异对经济增长差异预测方差的贡献率最高达到 9.31%，而省际经济增长差异对金融发展差异预测方差的贡献率则最高达到 73.58%，这意味着区域金融发展差异的产生主要由地区经济增长的非均衡性来解释。

（十二）基于 β 收敛方法检验区域金融发展和区域经济增长的趋同性发现：首先，1978～2008 年省际金融发展差异总体呈显著收敛态势，地区金融发展差异的趋同性特征以中部地区最为明显，东部地区与西部地区金融发展差异的长期演变态势相近。从改革伊始至 1990 年，区域金融发展差异的演变具有稳定的收敛性，20 世纪 90 年代前半期区域金融发展差异趋于发散，进入本世纪以来再次呈现出收敛态势。以人均贷款基尼系数表征金融发展差异，基于 ARMA 模型的预测显示，区域金融发展差异缩小的趋势仍将在今后一个时期延续，区域金融发展差异保持收敛特征，区域信贷资源配置进一步朝均衡方向发展。改革开放以来，我国省际经济增长差异总体呈弱收敛态势，中部地区经济增长的趋同性特征最为显著，东部地区其次，西部地区经济增长的收敛性最弱。与区域金融发展差异的收敛特征相近，以 1990 年为界，改革的前半段区域经济增长也具有稳定的收敛性；进入 20 世纪 90 年代以后区域经济增长趋于发散，尤以 90 年代后半期发散性最强，进入本世纪以来区域经济增长的发散性降低，但仍未形成总体收敛的基本格局。以省际人均 GDP 基尼系数表征经济增长差异，基于 ARMA 模型的预测也证实，在经济增长弱收敛的长期趋势下，今后一个时期内的经济增长短期特征仍以弱发散性为主，这一变化特征进一步凸显了未来促进区域经济均衡协调发展的重要性和紧迫性。

第二节　政策启示

区域经济的非均衡增长以及与此相伴生的地区金融发展差异是改革开放以来中国经济发展格局的重要特征，理论研究和经验分析同时支持了这两大差异之间交织沉淀、相互强化（或弱化）的双向反馈效应，这不但使得缩小区域差异在经济总量与金融资源配置两个层面取得了方向上的一致性，而且也要求中国金融政策的实施必须考虑巨大的区域经济发展与金融差异这一客观现实。

第一，虽然本书的研究表明，区域金融发展差异自改革开放以来具有长期收敛的趋势，但这一收敛的速度是缓慢的，并且长期收敛与短期振荡性发散是同时存在的，这必然要求依靠政策措施来改善区域金融发展中的巨大差异问题。鉴于区域金融发展差异产生的根源在于区域经济社会发展的非均衡性，但归根到底源自欠发达地区金融生态环境的落后，因此改善落后地区的金融生态环境是遏制金融资源流失的根本所在。为了引导资金向欠发达区域有效流动，地方政府应当提供优惠的配套政策措施，这就要求欠发达地区加快健全法律法规体系，为金融发育提供良好的法制环境，并大力倡导诚信文化理念，加快诚信文化体系的建设，为金融发展营造诚信环境。此外，要制定和实施吸引外部金融资源的相关政策，包括税收方面减免、矿产资源优先利用、宽松的外资准入条件等。

第二，充分发挥财政手段与政策性金融的作用，为金融落后地区的经济发展融入资金。本书的研究揭示了金融歧视在地区和城乡之间广泛存在的事实。欠发达地区经济发展水平低下，金融生态环境差，这直接导致了微观金融机构在金融资产配置选择时的嫌贫爱富。在金融资源总量既定的情况下，东中西三大地带以及城乡之间的金融资源配置必然存在竞争，地区金融资产的获得也必然是此消彼长的关系，欠发达地区在资本市场竞争中的劣势表现得尤为突出。因此，中国的财政转移支付和政策性金融应该进一步加大向欠发达地区倾斜的力度，考虑到中国的经济总量增长迅速，财政实力日渐加强，依靠这一途径的金融资产注入来弥补金融市场领域的资产漏出具有现实可操作性。当然，进入新世纪以来，在中央政府的不断努力下，金融资本由中西部地区向东部地区流失的现象有所缓解，但由农村地区向城市部门集中的局面并未得到有效控制，中央政府对三农的政策倾斜至少在金融领域并未取得明显成效。这就要求向欠发达地区的金融倾斜应当突出资金流向的重点，在继续保持并推进地区之间资金扶持的同时，更加重视城乡之间金融发展的不平衡性，有必要推动金融制度及金融组织创新，探索适合农村地区发展实践的农村基层金融组织，发展农村内部的小额互助信贷。对民间的非正规金融行为应当由打压转为规范、培育和引导，以解决城市流动性充裕而农村内部资金短缺的非均衡局面。

第三，在区域金融与经济发展存在巨大差异的背景之下，无视区域差异的、统一的金融及货币调控政策可能无法达到预期的政策效果，甚至产生逆向效应。王维强（2005）对这一问题的研究具有很强的现实意义。他认为，统一的货币信贷政策的实施效果受区域差异的较大影响，区域差异的存在使得统一的货币信贷政策在不同区域必然会产生不同的效果；由于区域之间在货币化程度、资金周转率、现金漏损率等方面有较大差异，因此货币数量调节政策将会因地区之间货币乘数的差异而造成货币供给的区域不均衡，"欠发达地区货币乘数较低，统一准备金政策会加剧地区货币供给差距，使其陷入资金短缺的恶性循环，因为当调高准备金率时，由于金融结构单一、市场不发达，欠发达地区货币供给缩减幅度大于发达地区，对经济冲击也严重得多，反之则反是"[①]；而统一的公开市场操作以及再贴现政策的效果也必然受到区域货币市场差异的制约。公开市场操作是以统一货币市场为基础的，而目前我国区域货币化程度的差异必然带来公开市场操作效果对区域经济的不同影响；就再贴现政策而言，合理的再贴现利率体系及差别化利率在我国尚未形成，票据市场存在明显的区域割裂，信用的缺失导致票据难以跨系统、跨区域地流通，欠发达地区票据市场发展严重滞后。实施区域货币金融政策操作的首要问题是解决政策的集中决策和区域性操作之间的矛盾。当然，

---

① 王维强. 我国区域金融政策问题研究[J]. 财经研究，2005，（2）：110-119.

金融货币政策的区域化操作并不必然排斥政策制定的集中性，但同时集中决策也不意味着政策的整齐划一，事实上金融货币政策的集中决策应当在承认区域差异的基础之上给予地区在政策实施时机及力度上相机抉择的权力。在对金融机构的监管方面也应当充分考虑区域差异的实际情况，借鉴美国西部开发过程中的经验，不同的地区可以设定不同的准备金率和不同的资本金及拨备率。在进入风险可控的范围之内，应当鼓励区域金融制度创新，探索建立适合当地经济金融发展的地方性金融机构，以充分调动地方储蓄为区域发展服务，并保证货币政策在不同的区域顺利传导。

参考文献

[1] 巴曙松. 转轨经济中的非均衡区域金融格局与中国金融运行[J]. 改革与战略，1998，（4）：21-27.

[2] 白钦先. 金融可持续发展研究导论[M]. 北京：中国金融出版社，2001.

[3] 白钦先. 金融结构、金融功能演进与金融发展理论的研究历程[J]. 经济评论，2005，（5）：39-45.

[4] 贝多广. 中国资金的流动分析[M]. 上海：上海三联书店、上海人民出版社，1995.

[5] 蔡昉，都阳. 中国地区经济增长的趋同与差异[J]. 经济研究，2000，（10）：30-37.

[6] 崔光庆，王景武. 中国区域金融差异与政府行为：理论与经验解释[J]. 金融研究，2006，（6）：79-89.

[7] 崔慧霞. 农村民间金融的脆弱性与相机治理[J]. 经济体制改革，2005，（5）：80-84.

[8] 陈金明. 金融发展与经济增长[M]. 北京：中国社会科学出版社，2004.

[9] 陈亮，杨静. 深化农村金融体制改革的路径选择[J]. 山西财经大学学报，2005，27（2）：114-118.

[10] 陈锡文. 资源配置与中国农村发展[J]. 中国农村经济，2004，（1）：4-9.

[11] 陈秀山，张可云. 区域经济理论[M]. 北京：商务印书馆，2003.

[12] 程亚男. 区域金融生态环境评价指标体系研究[J]. 金融理论与实践，2006，（1）：10-13.

[13] 杜朝运. 制度变迁背景下的农村非正规金融研究[J]. 农业经济问题，

2001，（3）：23-27．

[14] 杜朝运．区域金融与经济发展协调的模型研究[J]．厦门大学学报（哲学社会科学版），2007，（3）：48-54．

[15] 樊纲．金融发展与企业改革[M]．北京：经济科学出版社，2000．

[16] 范建勇，朱国林．中国地区差距演变及其结构分析[J]．管理世界，2002，（7）：25-37．

[17] 范学俊．金融发展与经济增长：1978－2005 年中国的实证检验[M]．上海：上海世纪出版集团，2008．

[18] 费景汉，拉尼斯．增长和发展：演进的观点[M]．北京：商务印书馆，2004．

[19] 高艳．我国农村非正规金融的绩效分析[J]．金融研究，2007，（12）：242-246．

[20] 高铁梅．计量经济分析方法与建模[M]，北京：清华大学出版社，2006．

[21] 郭金龙，王宏伟．中国区域间资本流动与区域经济差距研究[J]．管理世界，2003，（7）：45-58．

[22] 官兵．企业家视野下的农村正规金融与非正规金融[J]．金融研究，2005，（10）：253-160．

[23] 贺强，陈高华，曾琨杰．改革开放以来我国证券市场发展的回顾与展望[J]．中国金融，2008，（11）：43-45．

[24] 胡鞍钢，邹平．社会与发展：中国社会发展地区差距研究[M]．杭州：浙江人民出版社，2000．

[25] 贾俊雪，郭庆旺．中国区域经济趋同与差异分析[J]．中国人民大学学报，2007，（5）：61-68．

[26] 金雪军，田霖．金融地理学视角下区域金融成长差异的案例研究[J]．河南师范大学学报（哲学社会科学版），2004，（2）：37-40．

[27] 金雪军，田霖．我国区域金融成长差异的态势：1978—2003 年[J]．经济理论与经济管理，2004，（8）：24-30．

[28] 林毅夫，孙希访．信息、非正规金融与中小企业融资[J]．经济研究，2005，（7）：35-44．

[29] 林毅夫，蔡昉，李周．中国经济转型的地区差距分析[J]．经济研究，

1998，（6）：3-10．

[30]李扬．中国城市金融生态环境评价[M]．北京：人民出版社，2005．

[31]李扬，张涛．中国地区金融生态环境评价（2008－2009）[M]．北京：中国金融出版社，2009．

[32]李江，冯涛．转轨时期金融组织成长与经济绩效的关联性——区域差异的考察与分析[J]．数量经济技术经济研究，2004，（10）：95-103．

[33]李敬，熊德平．农村金融与农村经济发展不协调的原因：发展战略与思想认识[J]．开发研究，2007，（1）：72-75．

[34]梁琪，滕建州．中国宏观经济和金融总量结构变化及因果关系研究[J]．经济研究，2006，（1）：11-22．

[35]刘夏明，魏英琪，李国平．收敛还是发散？——中国区域经济发展争论的文献综述[J]．经济研究，2004，（7）：70-81．

[36]刘乃全，郑秀君，贾彦利．中国区域发展战略政策演变及整体效应研究[J]．财经研究，2005，（1）：25-37．

[37]刘仁伍．区域金融结构和金融发展理论与实证研究[M]．北京：经济科学出版社，2003．

[38]陆文喜，李国平．中国区域金融发展的收敛性分析[J]．数量经济技术经济研究，2004，（2）：125-128．

[39]卢颖．中国金融资源地区分布差异性研究[D]．辽宁大学博士学位论文，2009．

[40]米建国，李建伟．金融发展与经济增长关系实证分析[J]．管理世界，2002，（4）：23-26．

[41]麦勇．自由化进程中的中国区域金融比较研究[M]．北京：中国经济出版社，2005．

[42]马草原．金融双重门槛效应与城乡收入差距——基于风险预期的理论模型与实证检验[J]．经济科学，2009，（6）：59-73．

[43]潘文卿，张伟．中国资本配置效率与金融发展相关性研究[J]．管理世界，2003，（8）：16-23．

[44]冉光和，李敬，熊德平，温涛．中国金融发展与经济增长关系的区域差异[J]．中国软科学，2006，（2）：102-110．

[45]冉光和．金融产业可持续发展的理论研究[M]．北京：商务印书馆，

2004.

[46] 冉光和，李敬，熊德平，温涛．农村金融与农村经济发展不协调的制度分析[J]．经济体制改革，2006，（3）：111-115.

[47] 谈儒勇．中国金融发展和经济增长关系的实证研究[J]．经济研究，1999，（10）：53-61.

[48] 唐旭．货币资金流动与区域经济发展[D]．中国人民银行研究生部博士学位论文，1995.

[49] 田霖．中国区域金融成长差异——基于金融地理学视角[M]．北京：经济科学出版社，2006.

[50] 沈坤荣，马俊．中国经济增长的"俱乐部收敛"特征及其成因研究[J]．经济研究，2002，（1）：33-39.

[51] 史晋川．浙江民营金融业的发展[J]．浙江社会科学，1998，（5）：23-28.

[52] 宋宏谋，陈鸿泉，刘勇．中国农村金融区域发展程度实证分析[J]．金融研究，2006，（8）：111-119.

[53] 万广华．解释中国农村区域间的收入不平等：一种基于回归方程的分解方法[J]．经济研究，2004，（8）：117-127.

[54] 万广华，陆铭，陈钊．全球化与地区间收入差距：来自中国的证据[J]．中国社会科学，2005，（3）：17-26.

[55] 汪兴隆．货币资金区域配置失衡的考察及其调整[J]．财经研究，2000，（6）：60-64.

[56] 王婷．区域发展的非均衡性与金融资源配置差异研究——基于2000—2008年中国省际面板数据[J]．经济问题，2010，（10）：22-28.

[57] 王婷．中国区域经济增长效率的非均衡性分析[J]．河北师范大学学报（哲学社会科学版），2011，（5）：59-64.

[58] 王婷．中国区域投资效率的非均衡性分析[J]．经济纵横，2011，（8）：100-103.

[59] 王婷．中国城乡金融资源配置差异的测度与分析[J]．经济问题，2011，（8）：95-98.

[60] 王小鲁，樊纲．中国地区差距的变动趋势和影响因素[J]．经济研究，2004，（1）：33-44.

[61] 王铮，葛昭攀. 中国区域经济发展的多重均衡态与转变前兆[J]. 中国社会科学，2002，(4)：31-39.

[62] 王维强. 我国区域金融政策问题研究[J]. 财经研究，2005，(2)：110-119.

[63] 王景武. 中国区域金融发展与政府行为：理论与实证[M]. 北京：中国金融出版社，2007.

[64] 谢平. 中国金融资产结构分析[J]. 经济研究，1992，(11)：30-37.

[65] 徐现祥，舒元. 中国省区经济增长分布的演进[J]. 经济学（季刊），2004，(3)：619-638.

[66] 徐小林. 区域金融生态环境评价方法[J]. 金融研究，2005，(11)：39-45.

[67] 熊彼特. 经济发展理论[M]. 北京：商务印书馆，1997.

[68] 严存宝. 差别金融政策与欠发达地区的经济发展[J]. 中国乡镇企业会计，2008，(3)：84-85.

[69] 杨国中，李木祥. 我国信贷资金的非均衡流动与差异性金融政策实施的研究[J]. 金融研究，2004，(9)：119-133.

[70] 杨小凯. 经济学——新兴古典与新古典[M]. 北京：社会科学文献出版社，2003.

[71] 叶军. 中国蔬菜产业国际竞争力实证分析[J]. 中国农机化，2010，(6)：31-35.

[72] 叶军. 都市农业与城市生态系统保护[J]. 中国农机化，2011，(6)：49-52.

[73] 中国人民银行货币政策分析小组. 2005 年中国区域金融运行报告[M]. 北京：中国金融出版社，2006.

[74] 中国人民银行货币政策分析小组. 2006 年中国区域金融运行报告[M]. 北京：中国金融出版社，2007.

[75] 中国人民银行货币政策分析小组. 2007 年中国区域金融运行报告[M]. 北京：中国金融出版社，2008.

[76] 张杰. 经济的区域差异与金融成长[J]. 金融与经济，1994，(6)：16-19.

[77] 张杰. 中国的高货币化之谜[J]. 经济研究，2006，(6)：59-69.

[78] 张杰. 中国国有金融体制变迁分析[M]. 北京：经济科学出版社，1998.

[79] 张杰. 中国金融发展的经济分析[M]. 北京：中国经济出版社，1995.

[80] 张杰. 中国农村金融制度：结构、变迁与政策[M]. 北京：中国人民大学出版社，2003.

[81] 张军，施少华. 中国经济全要素生产率变动：1952－1998[J]. 世界经济文汇，2003，（2）：17-24.

[82] 张军洲. 中国区域金融分析[M]. 北京：中国经济出版社，1995.

[83] 张俊生，曾亚敏. 社会资本与区域金融发展——基于中国省际数据的实证研究[J]. 财经研究，2005，31（4）：37-45.

[84] 赵伟，马瑞永. 中国区域金融发展的收敛性、成因及政策建议[J]. 中国软科学，2006，（2）：94-101.

[85] 赵志君. 金融资产总量、结构与经济增长[J]. 管理世界，2001，（3）：126-149.

[86] 郑长德. 中国金融发展地区差异的泰尔指数分解及其形成因素分析[J]. 财经理论与实践，2008，（4）：7-13.

[87] 郑长德. 当代西方区域金融研究的演进及其对我国区域金融研究的启示[J]. 西南民族大学学报（人文社科版），2005，（11）：151-157.

[88] 郑京海，胡鞍钢. 中国改革时期省际生产率增长变化的实证分析（1979－2001）[J]. 经济学（季刊），2005，（2）：263-296.

[89] 周立，胡鞍钢. 中国金融发展的地区差距状况分析(1978－1999)[J]. 清华大学学报（哲学社会科学板），2002，（2）：60-74.

[90] 周立，王子明. 中国各地区金融发展与经济增长实证分析：1978－2000[J]. 金融研究，2002，（10）：1-13.

[91] 周好文，钟永红. 中国金融中介发展与地区经济增长分析：多变量VAR系统分析[J]. 金融研究，2004，（6）：130-137.

[92] 周小川. 法治金融生态[J]. 中国经济周刊，2005，（3）：11.

[93] 周志平. 金融生态的层次结构与金融资源配置：张家界个案分析[J]. 金融研究，2005，（11）：156-163.

[94] 朱新天，詹静. 关于区域经济与区域金融问题的探讨[J]. 金融研究，1993，（9）：48-52.

[95] Acemoglu, D. Credit Market Imperfections and Persistent Unemployment[J]. European Economic Review, 2001,（45）: 665-679.

[96] Acs, Z., Audretsch, D., Braunerhjelm, P. and Carlsson, B. The Missing Link: The Knowledge Filter and Entrepreneurship in Endogenous Growth[R]. CEPR Discussion Paper, 2004.

[97] Adlai, E. Stevenson. Regional Financial Cooperation in Asia[J]. Journal of Asian Economic, 2004, 15（5）: 837-841.

[98] Alwyn Young. The Tyranny of Numbers: Confronting the Statistical Realities of the East Asian Growth Experience[J]. The Quarterly Journal of Economics, 1995, 110（3）: 641-680.

[99] Amyx Jennifer. What Motivates Regional Financial Cooperation in East Asia Today?[R]. Analysis from the East-west Center, 2005.

[100] Arestis, P., Demetriades, P. Financial Development and Economic Growth: Assessing the Evidence[J]. Economic Journal, 1997,（107）: 783-799.

[101] Atje, R., Jovanovic, B. Stock Market and Development[J]. European Economic Review，1993,（37）: 623-640.

[102] Bartelsmann, E., S. Scarpetta and Schivardi, F. Comparative Analysis of FirmDemographics and Survival: Micro-level Evidence for the OECD Countries[J]. Industrial and Corporate Change, 2005,（14）: 365-391.

[103] Bencivenga, V. R., and B. D. Smith. Financial Intermediation and Endogenous Growth[J]. Review of Economic Studies, 1991,（58）: 195-209.

[104] Binder, John, J. and David, T. Brown. Bank Rates of Return and Entry Restrictions, 1869－1914[J]. The Journal of Economic History, 1991,（51）: 47-66.

[105] Bodenhorn Howard. Capital Mobility and Financial Integration in Antebellum America[J]. The Journal of Economic History, 1992, 52（3）: 585-610.

[106] Bourguignon, F., Fournier, M., Gurgand, M. Fast Development with a

Stable Income Distribution: Taiwan, 1979—1994[J]. Review of Income and Wealth, 2001（47）: 139-163.

[107] Brouwer Gorden. The IMF and East Asia: A Changing Regional Financial Architecture[R]. Pacific Economic Papers, No. 324, February, 2002.

[108] Carlino, G. and R. DeFina. The Differential Regional Effects of Monetary Policy: Evidence from the U.S. States[J]. Journal of Regional Science, 1999, （39）: 339-358.

[109] Chen, B.-L., Lin, J., Yang, X. Empirical Evidence for Sequential Divergence and Convergence of Per Capita Income[R]. Discussion Paper, Department of Economics, Monash University, 1999.

[110] Cheng, W. Specialization and the Emergence and the Value of Money[A]. In Arrow, K., Ng, Y.-K., Yang, X.（Eds.）, Increasing Returns and Economic Analysis. Macmillan, London, 1998: 71-89.

[111] Cheng, W. Division of Labor, Money, and Economic Progress[J]. Review of Development Economics, 1999, （3）: 354-367.

[112] Cheng, W., Liu, M., Yang, X. A Ricardo Model with Endogenous Comparative Advantage and Endogenoustrade Policy Regime[J]. Economic Record, 2000（76）: 172-182.

[113] Choi, I. Unit Root Tests for Panel Data[J]. Journal of International Money and Finance, 2001, （20）: 249-272.

[114] Cingano, F. and Schivardi, F. Identifying the Sources of Local Productivity Growth[J]. Journal of the European Economic Association, 2004, （2）: 720-742.

[115] Clarida, R., J. Gali, and M. Gertler. Monetary Policy Rules and Macroeconomic Stability：Evidence and Some Theory[J]. Quarterly Journal of Economics, 2000, （115）: 147-180.

[116] Deaton, Angus. The Analysis of Household Surveys[M]. Baltimore: Johns Hopkins University Press, 1997.

[117] Dimitris, K. Christopoulos, Efthymios, G. Tsionas. Financial Development and Economic Growth: Evidence from Panel Unit Root and

Cointegration Tests[J]. Journal of Development Economics, 2004, (73): 55-74.

[118] Dring, T., J. Schnellenbach. What Do We Know about Geographical Knowledge Spillovers and Regional Growth: A Survey of the Literature [J]. Regional Studies, 2006, 40 (3): 375-395.

[119] Du, J. Endogenous, Efficient Long-run Cyclical Unemployment, Endogenous Long-run Growth, and Division of Labor[J]. Review of Development Economics, 2003, (7): 266-278.

[120] Dutta, B., Mutuswami, S. Stable Networks[J]. Journal of Economic Theory, 1997, (76): 322-344.

[121] Fernandez, G., Maudos, J., Joaquin. Regional Financial Development and Bank Competition: Effects on Economic Growth[R]. MPRA Paper. No.15255, University Library of Munich, 2007.

[122] Fields, Gary S., Yoo, Gyeongjoon. Falling Labor Income Inequality in Korea's Economic Growth: Patterns and Underlying Causes[J]. Review of Income and Wealth, 2000 (43): 139-159.

[123] Garcia-Herreo, A. and P. Wooldridge. Global and Regional Financial Integration: Progress in Emerging Markets[J]. Bank for International Settlements (BIS) Quarterly Review, 2007, (9).

[124] Goldsmith, R. W. Financial Structure and Development[M]. New Haven: Yale University Press, 1969.

[125] Greenwood, Jeremy and Smith. Financial Markets in Development, and the Development of Financial Markets[J]. Journal of Economic Dynamics and Control, 1997, 21 (1): 145-148.

[126] Guiso, L. and Schivardi, F. Learning to be an Entrepreneur[R]. CEPR Discussion Paper 5290, 2005.

[127] Hirschman, A. The Strategy of Economic Development[M]. New Heaven: Yale University Press, 1958.

[128] Harris, R. D. F., Tzavalis, E. Inference for Unit Roots in Dynamic Panels Where the Time Dimension Is Fixed[J]. Journal of Econometrics, 1999, (91): 201-226.

［129］Hoover, K., S. Perez. Post Hoc Ergo Propter Once More: An Evaluation of "Does Monetary Policy Matter?" in the Spirit of James Tobin[J]. Journal of Monetary Economics, 1994,（34）: 47-73.

［130］Hugh Rockoff. Monetary Policy and Regional Interest Rates in the UnitedStates: 1880—2002[R]. Working paper, w10924, 2004.

［131］Jovanovic, B., Rousseau, P. Why Wait? A Century of Life Before IPO[J]. American Economic Review, 2001, 91（2）: 336-341.

［132］Juhn, Chinhui, Murphy, Kevin M. Pierce, Brooks. Wage Inequality and the Rise in Returns to Skill[J]. Journal of Political Economy, 1993,（101）: 410-442.

［133］Jongkyou, J., Yonghyup, O., Doo Yong Yang. Financial Market Integration in East Asia: Regional or Global? [J]. Asian Economic Papers. 2006, 5（1）: 73-89.

［134］Katherine, A. Samolyk. The Role of Banks in Influencing Regional Flows of Funds[R]. Working Paper 8914, Federal Reserve Bank of Cleveland, 1989.

［135］Katherine, A. Samolyk. A Regional Perspective on the Credit View[J]. Economic Review, Federal Reserve Bank of Cleveland, 1991,（2）: 27-38.

［136］Katherine, A. Samolyk. Banking Conditions and Regional Economic Performance[J]. Journal of Monetary Economics, 1994,（34）: 259-278.

［137］Kellee, S. Tsai. Banking Behind the State: Private Entrepreneurs and the Political Economy of Informal Finance in China, 1978—1998[D]. Columbia University, 1999.

［138］Levine, R. Law, Finance and Economic Growth[J]. Journal of Financial Intermediation , 1999,（8）: 8-35.

［139］Levine, R. Loayza, N., Beck, T. Financial Intermediation and Growth: Causality and Causes[J]. Journal of Monetary Economics, 2000,（46）: 31-77.

［140］Li, C., Sun, G. Diversity of Specialization Patterns, Schur Convexity and Transference:a Note on the Axiomatic Measurement of the Division of Labor[R]. Discussion Paper, Department of Economics, Monash University, 2003.

[141] Li, G. The Emergence of the Multinational Enterprise—a Model Formalizing Dunning's Eclectic Paradigm[A]. In Paper presented in International Symposium of Economics of E-Commerce and Networking Decisions, Monash University, 2001.

[142] Li, K. A General Equilibrium Model with Impersonal Networking Decisions and Bundling Sales[A]. In Ng, Y.-K., Shi, H., Sun, G. (Eds.), The Economics of E-Commerce and Networking Decisions: Applications and Extensions of Inframarginal Analysis. Macmillan, London, 2003.

[143] Lio, M., Liu, M. An Empirical Study on the Division of Labor and Economic Structural Changes[A]. In Ng, Y.-K., Shi, H., Sun, G.(Eds.), The Economics of E-Commerce and Networking Decisions: Applications and Extensions of Inframarginal Analysis, 2003.

[144] Mckillop, D. and R. Hutchinson. Banking Activities and Local Output Growth: Does Distance from Centre Matter? [J]. Regional Studies, Macmillan, London, 2008, 42 (2): 229-244.

[145] McKinnon, R. I. Money and Capital in Economic Development[M]. Washington. D. C.: Brookings Institution, 1973.

[146] Myrdal, G. Economic Theory and Under-Developed Regions[M]. London: Duckworth, 1957.

[147] Perroux, F. Economic Space: Theory and Application[J]. Quarterly Journal of Economics, 1950, 64 (44): 89-104.

[148] Romer, P. M. Capital Accumulation in the Theory of Long Run Growth [R]. Center for Economic Research (RCER) Working Papers, No. 123, 1986.

[149] Santiago, V., Humphrey, D. and R. Francisco. Deregulation, Bank Competition and Regional Growth [J]. Regional Studies, 2003, 37(3): 227-237.

［150］Schreiner, M. Informal Finance and the Design of Microfinance[J]. Development in Practice, 2001, 11（11）: 637-640.

［151］Shahid, S. Hamid, Satyendra, K. Verma. Regional Variations in Technological Change and in Potential Gains from Consolidation among US Commercial Banks[J]. Journal of Regional Science, 2006, 34（3）: 411-423.

［152］Sheila, D. and J. Carlos. Regional Finance: A Survey [J]. Regional Studies, 1997, 31（9）: 903-920.

［153］Smith, D. Neoclassical Growth Models and Regional Growth in the U.S.[J]. Journal of Regional Science, 2006, 15（2）: 165-182.

［154］Stiglitz, J., Weiss A. Credit Rationing in Markets with Imperfect Information[J]. American Economic Review, 1981, 71（3）: 393-410.

［155］Wen, M., King, S. Push or pull? The Relationship between Development, Trade and Primary Resource Endowment[J]. Journal of Economic Behavior and Organization, 2004,（53）: 569-591.

［156］Wenli Cheng, Xiaokai Yang. Inframarginal Analysis of Division of Labor A Survey[J]. Journal of Economic Behavior & Organization, 2004,（55）: 137-174.

［157］Woo, S. J. Financial Development and Economic Growth: International Evidence[J]. Economic Development and Cultural Change, 1986, 34（2）: 333-346.

［158］Yang，X. A New Theory of Demand and the Emergence of International Trade from Domestic Trade[J]. Pacific Economic Review, 1996,（1）: 215-217.

［159］Yang, X. The Division of Labor, Investment, and Capital[J]. Metroeconomica, 1999,（20）: 301-324.

［160］Yongil Jeon & Stephen M. Miller. The Geographic Distribution of the Size and Timingof Monetary Policy Actions[R]. Working Papers. University of Connecticut, Department of Economics, 2004.

［161］Zhang Jun, Guanghua Wan, Yu Jin. The Financial Deepening-Productivity Nexus in China: 1987—2001[J]. Journal of Chinese Economic and

Business Studies, 2007, （5）: 37-49.

[162] Zhang, Y., Zhao, X. Tests of the Scale Effects in the Fujita–Krugman Urbanizationmodel[R]. Discussion Paper. Department of Economics, Monash University, 2003.

后　记

　　改革开放以来我国总量经济的增长取得了举世瞩目的巨大成就，而反观这一时期区域经济的发展则呈现出了较明显的空间非均衡性，省际之间和东中西三大地带之间在经济总量、产业结构和增长效率等层面的差距扩大，并已经形成了区域经济的非均衡增长格局。虽然我国地区经济的非均衡增长在改革开放以来东部沿海率先发展的"梯度性"区域制度背景之下具有现实必然性，但是这种非均衡增长在客观上拉大了区域间的贫富差距。因此，必须控制区域经济发展的非均衡程度，充分发挥经济发达区域对欠发达区域的示范及辐射作用，以解决我国经济发展中区域发展严重失衡的瓶颈问题。

　　正是基于对以上问题的考虑，作者有了创作的想法，从金融发展差异的角度审视区域经济发展的非均衡格局，认识金融因素在区域发展过程中的影响和作用，进而通过金融环境的塑造和金融工具的运用促进区域经济的均衡增长和协调发展。

　　本书的写作思路和结构框架源于王婷博士，除第九章外，全书大部分内容也由其完成。衷心感谢所有对完成本书提供过帮助和支持的人。

　　感谢王婷博士的博士导师南开大学陈文玲教授、指导老师刘秉镰教授、硕士导师王燕教授。在本书创作过程中，三位教授循循善诱的教诲和不遗余力的帮助，高屋建瓴的见解和悉心到位的指导对本书的完成帮助良多。

　　感谢南开大学的芦岩、张沛东、魏然、张鹏、过晓颖、李金辉、李兰冰等。他们提出了许多极其宝贵的意见和建议。

　　感谢天津理工大学国际工商学院的领导和同事们。他们的热情鼓励让作者在写作的过程中充满信心。

　　本书的部分内容由天津理工大学叶军教授主持的中日国际合作项目"地域生态环境的管理与规划"专项研究课题所资助。在本书的写作过程中，叶军教授提供了大量有价值的文献资料，与第一作者王婷博士共同理清写作思路，并撰写了本书的第九章。

作者

2012 年 3 月